Ein herzliches Dankeschön an **Viola-Christin Rosenberg** *für die sorgfältige Überarbeitung und die wertvollen Anregungen bei der Bearbeitung der deutschen Ausgabe.*

Published by
Big Enough Productions
www.bigenough.co.uk/books

15 DINGE, DIE DIR DIE SCHULE NICHT BEIBRINGT

WAS UNS BEIGEBRACHT WIRD, IST NICHT DAS, WAS WIR WIRKLICH WISSEN MÜSSEN

MARCO CABRIOLU

Copyright © 2025 von Marco Cabriolu

Urheberrechte

Alle Rechte vorbehalten. Kein Teil dieses Buches darf ohne vorherige schriftliche Genehmigung des Verlags oder des Rechteinhabers in irgendeiner Form – ob digital, mündlich oder gedruckt – vervielfältigt, kopiert, verbreitet, übertragen oder archiviert werden. Die unbefugte Verbreitung dieser Publikation ist strengstens untersagt.

Haftungsausschluss

Die Richtigkeit und Vollständigkeit der in diesem Buch enthaltenen Informationen wurden sorgfältig geprüft. Dennoch übernehmen der Autor und der Verlag keine Haftung für etwaige Fehler, Auslassungen oder Fehlinterpretationen. Die Nutzung der bereitgestellten Informationen erfolgt ausschließlich auf eigenes Risiko und in eigener Verantwortung des Lesers. Weder der Autor noch der Verlag haften für Schäden, Verluste oder Konsequenzen, die direkt oder indirekt aus der Verwendung der Inhalte dieses Buches entstehen.

Rechtlicher Hinweis

Dieses Buch ist urheberrechtlich geschützt und ausschließlich für den persönlichen Gebrauch bestimmt. Es ist untersagt, Inhalte dieses Buches ohne die schriftliche Genehmigung des Autors oder Rechteinhabers zu verändern, zu verbreiten, zu verkaufen, zu zitieren oder in abgewandelter Form wiederzugeben. Jede Zuwiderhandlung wird nach geltendem Recht verfolgt.

Disclaimer

Der Inhalt dieses Buches dient ausschließlich Informations-, Bildungs- und Unterhaltungszwecken. Obwohl große Sorgfalt auf die Genauigkeit der Informationen gelegt wurde, werden keinerlei ausdrückliche oder stillschweigende Garantien übernommen. Die vom Autor geäußerten Meinungen ersetzen keine rechtliche, finanzielle oder professionelle Beratung. Leserinnen und Leser werden aufgefordert, sich vor Entscheidungen, die auf den Informationen dieses Buches beruhen, an qualifizierte Fachpersonen zu wenden.

Für Rechte und Genehmigungen wenden Sie sich bitte an:

Big Enough Productions Ltd.

71–75 Shelton Street, Covent Garden

London – UK WC2H 9JQ

publishing@bigenough.co.uk

„*Das Geld, das man besitzt, ist das Instrument der Freiheit; dasjenige, dem man nachjagt, ist das Instrument der Knechtschaft.*"

JEAN-JACQUES ROUSSEAU

INHALTSVERZEICHNIS

Prämisse	9
Einführung	11
Zweifel, Fehler, Erfolge und Lektionen für das Leben	17
1. Wie man denkt	23
2. Die Wichtigkeit des Reisens	37
3. Die Grundlagen des Erfolgs	57
4. Wie man eine Karriere aufbaut	85
5. Wie man ein Unternehmen gründet	103
6. Wie man ein:e gute:r Partner:in ist	127
7. Wie man gut kommuniziert	149
8. Wie man eine Wirkung erzielt	173
9. Zeitmanagement	205
10. Verhandlungen	225
11. Wie man verkauft	245
12. Wie man mit Geld umgeht	265
13. Wie man Geld investiert	279
14. Wie man wirtschaftliche Freiheit erreicht	305
15. Wie man mit Misserfolgen umgeht	325
Schlusswort	353

PRÄMISSE

Dieses Buch bietet keine magische Formel, um reich zu werden, und es möchte dir auch keine wundersamen Ratschläge geben, wie du dein Geld investieren und garantiert Erfolg haben kannst. Was du hier findest, ist vielmehr eine andere Art, die Dinge zu betrachten – anders als das, was dir in der Schulzeit beigebracht wurde. Es ist ein neuer Blickwinkel, der dir die Augen öffnen und dir helfen kann, über die gewohnten Überzeugungen hinauszublicken.

Beim Lesen dieses Buches wirst du feststellen, dass einige Konzepte in verschiedenen Kapiteln mehrfach auftauchen. Das ist eine bewusste Entscheidung: Ich bin fest davon überzeugt, dass Wiederholung dabei hilft, die wichtigsten Ideen besser zu verinnerlichen, sodass sie leichter zu merken und anzuwenden sind.

Jedes Kapitel steht für sich und kann unabhängig gelesen werden. Ich habe das Buch bewusst so aufgebaut, um dir die Freiheit zu geben, die Themen in der Reihenfolge zu lesen, die dir am meisten zusagt. Du kannst also problemlos zwischen den Abschnitten springen, zurückblättern oder vorwärtslesen und deinen eigenen Leseweg wählen.

Dieses Buch stellt weder eine Finanzberatung noch eine Empfehlung für Investitionen dar. Alle geteilten Informationen dienen ausschließlich zu Informations- und Bildungszwecken und basieren auf meinen persönlichen Erfahrungen und Beobachtungen, die ich über die Jahre gesammelt habe.

Finanzielle und investive Entscheidungen sind immer mit Risiken verbunden und sollten mit Bedacht getroffen werden – idealerweise nach sorgfältiger Recherche und, wenn nötig, in Absprache mit qualifizierten Fachleuten.

Das Ziel dieses Buches ist es, dir zu helfen, ein unternehmerisches und strategisches Denken zu entwickeln. Es soll Denkanstöße geben, wie du mit Geld, Investitionen und dem Aufbau passiver Einkommensquellen umgehen kannst. Dennoch ist jede finanzielle Entscheidung individuell und muss anhand der eigenen Bedürfnisse, Ziele und Fähigkeiten sorgfältig abgewogen werden.

EINFÜHRUNG

Schon in den ersten Schuljahren habe ich mich gefragt, ob das, was ich gerade lernte, im echten Leben überhaupt nützlich sein würde. Ich erinnere mich, wie ich an meinem Schreibtisch saß, während der Lehrer Trigonometrie oder lateinische Syntax erklärte – doch meine Gedanken waren ganz woanders: *Wird mir das wirklich helfen, mir eine Zukunft aufzubauen?*

Ich glaube, die meisten Menschen haben sich irgendwann dieselbe Frage gestellt. In der Schule lernen wir, komplizierte Gleichungen zu lösen, historische Daten auswendig zu lernen, Gedichte zu rezitieren – aber niemand bringt uns bei, wie man Geld verdient und verwaltet, wie man ein Unternehmen gründet, wie man Wohlstand aufbaut oder wie man sich überhaupt in der Welt da draußen zurechtfindet.

Ich bin die Dinge schon immer etwas anders angegangen. Ich habe mit vier Jahren lesen gelernt, und ein Jahr später schrieb ich bereits kleine Aufsätze – dank meiner Mutter, einer Grundschullehrerin, die meine kreative Neigung früh erkannt hat. Sie zwang mich nie zu einem starren Bildungsweg, sondern ermutigte mich dazu, Neues zu entdecken. Sie gab mir ein leeres Blatt Papier und eine Herausforderung: eine Geschichte erfinden – zum Beispiel basierend auf einem Ort und zwei Figuren. So begann meine Leidenschaft für kreatives Schreiben.

Aber nicht nur das Schreiben hat mich fasziniert. Mit sechs Jahren, wenn Verwandte und Freunde zu Besuch kamen, lief ich mit meinem Notizbuch herum, in dem ich all meine Projekte festhielt. Ich erinnere mich noch genau an den Tag, als ich meinem Onkel – einem Geometer, den ich sehr schätzte – mein Konzept für ein Doppeldeckerflugzeug mit Tretantrieb zeigte. Ich hatte es bis ins kleinste Detail gezeichnet und beschrieben, und statt zu lachen, ermutigte er mich, gab mir wertvolle Hinweise zu Proportionen und Maßen. Kurze Zeit später nahm das Flugzeug mit Hilfe meines Großvaters Gestalt an – gebaut aus Holzbrettern und Teilen eines alten Fahrrads. Nicht alle meine Projekte funktionierten so, wie ich sie mir vorgestellt hatte, aber jeder Fehler war eine Lektion. Ich habe gelernt: Kreativität ohne Umsetzung ist nur eine Illusion. Wenn du etwas Reales erschaffen willst, musst du dich reinhängen, ausprobieren, Fehler machen und dich verbessern.

Mit der Zeit wurde mir klar: Die Welt da draußen belohnt keine Träumer. Zumindest nicht, wenn ihre Träume nur in ihren Köpfen existieren.

Als Kind lebte ich – wie viele in meinem Alter – in einer Welt, die ich mit meiner Vorstellungskraft erschaffen hatte. Alles schien möglich, und meine Fantasie war der Motor all meiner Ideen. Doch mit dem Älterwerden sah ich, wie viele Menschen aufhörten zu träumen, gefangen in den Erwartungen der Gesellschaft, die uns vordefinierte Wege aufzwingt. Heute beobachte ich, wie die Neugier junger Menschen zu schwinden scheint. Sie stellen keine Fragen mehr, einfach aus dem Wunsch heraus zu verstehen – sie nehmen alles passiv hin, als wären die vermittelten Inhalte unumstößliche Wahrheiten ohne Raum für Alternativen.

Oft fühlte ich mich wie ein Idiot, weil ich im Unterricht so viele Fragen stellte – mal aus echtem Interesse, mal einfach, weil ich von Natur aus alles hinterfrage und nichts als selbstverständlich annehme. Erst später erkannte ich, wie wichtig diese Fragen waren – sie halfen mir, das Gelernte zu verinnerlichen. Ich musste die Seiten nur ein- oder zweimal lesen und konnte den Stoff problemlos behalten. Nicht, weil

EINFÜHRUNG

ich ein fotografisches Gedächtnis hatte, sondern weil ich Fragen stellte und versuchte, das Wissen mit etwas Konkretem zu verknüpfen.

Doch immer wieder stellte ich mir die Frage: *Muss ich wirklich wissen, wie man mit Wurzeln rechnet oder Latein übersetzt? Wird mir Kants Philosophie helfen, meine Rechnungen zu bezahlen? Wird mir Trigonometrie dabei helfen, meinen Lebensunterhalt zu verdienen? Oder das Auswendiglernen von Gedichten wie „A Silvia" von Leopardi oder „I Sepolcri" von Foscolo? Die Prosa-Version der Göttlichen Komödie von Dante?*

Alles, was wir in der Schule lernen, mag uns im Moment überflüssig erscheinen, aber auf indirekte Weise ist es irgendwann im Leben doch von Nutzen. Die Antworten auf diese Fragen erhielt ich erst später – als ich die Schwelle zur Arbeitswelt überschritt.

Latein, Kunstgeschichte, Philosophie und all die anderen Fächer haben mir geholfen, mein Denken zu schärfen, ein Grundverständnis für die Welt zu entwickeln, das, was mich umgibt, zu schätzen. Besonders in meinem Beruf – ich arbeite in einem künstlerischen Bereich wie Film, Poesie und Kultur – sind genau diese Inhalte eine ständige Quelle der Inspiration.

Doch von all dem, was uns in der Schule vermittelt wird, ist kaum etwas wirklich praxisnah. Und sobald wir sie verlassen, müssen wir uns allein zurechtfinden. Erst dann merken wir: Die Schule hat uns nicht auf die echten Herausforderungen des Lebens vorbereitet.

Niemand hat uns gezeigt, wie man unabhängig Geld verdient, seine Finanzen klug verwaltet, ein Unternehmen gründet und es zum Erfolg führt oder so investiert, dass das Geld für einen arbeitet. Niemand hat uns beigebracht, wie wichtig es ist, mit Menschen umzugehen, zu verhandeln, zu verkaufen oder klar zu kommunizieren. Und doch sind genau das die Fähigkeiten, die wir im echten Leben brauchen – aber in der Schule kommen sie kaum vor.

Wenn wir die Schule abschließen, sind wir oft orientierungslos. In den meisten Fällen stehen wir vor einer Entscheidung, während die Uhr tickt. Wir müssen wählen, welches Studium wir beginnen wollen – in einem Alter, in dem wir eigentlich noch völlig unentschlossen sind. Eine Entscheidung, die unser ganzes Leben prägen soll. Aber wie viele beenden ihr Studium wirklich? Und wie viele arbeiten später auch tatsächlich in dem Bereich, den sie studiert haben?

Uns wurde immer gesagt: *Mach einen Abschluss, und du wirst einen guten Job finden!* Aber ist das wirklich so? Die Realität und die Statistiken sprechen eine andere Sprache.

Tausende von Absolvent:innen finden keine Anstellung in ihrem Fachgebiet; viele junge Menschen arbeiten unterbezahlt, obwohl sie akademische Titel haben. Ein System, das Arbeitnehmer:innen formt, aber nicht Selbstständigkeit lehrt.

Einen Hochschulabschluss zu besitzen bedeutet nicht automatisch, intelligenter zu sein.

Oft wird Intelligenz mit Bildung verwechselt. Intelligenz zeigt sich in der Fähigkeit, logisch zu denken, Ursachen und Wirkungen zu erkennen – basierend auf dem, was man weiß oder zu lernen bereit ist. Bildung hingegen ist ein Wissensschatz, der oft nur eine gute Merkfähigkeit erfordert.

Ein Blick in die Geschäftswelt zeigt: Viele der erfolgreichsten Unternehmer:innen haben nie einen Hochschulabschluss gemacht. Steve Jobs, Mitbegründer von Apple, brach sein Studium nach wenigen Monaten ab; Richard Branson, Gründer der Virgin Group, schloss die Schule nicht ab; Mark Zuckerberg verließ Harvard, um sich Facebook zu widmen; Amancio Ortega, der Mann hinter Zara, verließ die Schule mit 14 ... und die Liste ist lang. Es gibt sogar Unternehmer:innen, die nur die Grundschule besucht haben – und trotzdem Wirtschaftsimperien aufgebaut haben. Das zeigt: Erfolg hängt nicht von einem Stück Papier ab, sondern von Innovationsgeist und Tatkraft.

Versteh mich nicht falsch: Ich sage nicht, dass Bildung nutzlos ist. Ich sage, dass sie nicht ausreicht.

Die Schule bereitet uns darauf vor, Teil eines Systems zu sein – aber nicht darauf, ein eigenes System zu erschaffen. Und genau das ist das Problem.

Die Schule bietet keine Alternative. Man kann seinen Lebensunterhalt nicht verdienen, indem man Dante Alighieri zitiert oder ein Shakespeare-Sonett aufsagt.

Früher gab es keine Supermärkte, Lebensmittelläden oder Einkaufszentren. Wenn man essen wollte, musste man jagen. Wenn man ein Dach über dem Kopf brauchte, musste man es selbst bauen. Es gab keine Angel- oder Jagdshops, keine Baumärkte mit fertigen Werk-

EINFÜHRUNG

zeugen. Man musste alles selbst herstellen – aus dem, was die Natur einem bot.

Das Wissen, das für das Überleben nötig war, wurde nicht in Schulen vermittelt, sondern von den Alten weitergegeben. Die Jungen lernten durch Beobachtung, durch Ausprobieren, durch Fehler – bis sie fähig genug waren, selbstständig zu überleben.

Heute stopft man uns mit Theorien voll – aber wissen wir wirklich, wie man im Leben allein zurechtkommt? Unabhängigkeit entsteht nicht durch einen Abschluss, sondern durch die Fähigkeit, Geld zu verdienen und zu verwalten, das Steuersystem zu verstehen, bewusst zu investieren, eine Karriere aufzubauen und kluge Entscheidungen zu treffen. Keine dieser Kompetenzen wird in der Schule vermittelt. Und so treten wir mit einem Diplom in der Hand, aber voller Unsicherheit in die Berufswelt ein.

Dieses Buch ist eine Reflexion über diesen Widerspruch – über das, was uns beigebracht wird, und das, was wir wirklich wissen sollten. Denn am Ende bedeutet „Überleben" nicht nur, Nahrung zu beschaffen, sondern zu verstehen, wie man in einer Welt lebt, die dich beherrscht, wenn du nicht lernst, sie zu beherrschen.

Ich möchte dir deshalb **15 zentrale Lektionen** mitgeben, die uns in der Schule nie beigebracht wurden, die aber – meiner Meinung nach – essenziell sind, um das Leben und die Arbeitswelt zu meistern. Ich möchte dir praktische Impulse und Motivation bieten, wenn du ein eigenes Projekt verwirklichen, finanziell unabhängig werden oder einfach anfangen willst, wie ein:e Unternehmer:in zu denken.

Mein Ziel ist es, dich dazu zu inspirieren, eine stabile finanzielle Grundlage für dein Leben zu schaffen – langfristig und eigenständig. Es geht nicht nur darum, Geld zu verdienen, sondern darum, dein Geld für dich arbeiten zu lassen.

Wenn du weiterhin glauben willst, dass die Schule bereits alle Antworten hat, dann ist dieses Buch nichts für dich.

Aber wenn du bereit bist, die Dinge aus einem neuen Blickwinkel zu betrachten und deinen eigenen Weg zum Erfolg zu gehen – im Leben wie im Beruf – dann lass uns gemeinsam auf diese Reise aufbrechen.

ZWEIFEL, FEHLER, ERFOLGE UND LEKTIONEN FÜR DAS LEBEN

Ich bezeichne mich gern als kreativen Unternehmer, aber in Wirklichkeit bin ich einfach jemand, der seine Leidenschaften in einen täglichen Lebensweg verwandelt hat. Ich bin in einer ganz normalen italienischen Familie aufgewachsen, mit einer Mutter, die Lehrerin war, und einem Vater, der als Chemieanalytiker arbeitete. Zwei wunderbare Menschen – nur leider ohne jegliche unternehmerische Erfahrung, die sie mir hätten mitgeben können. Ich hatte keine Vorbilder, keine Handbücher zum Lernen. Nur eine riesige Neugier und einen unaufhaltsamen Drang, etwas Eigenes zu schaffen.

Das Interesse für die Welt des Geschäfts hatte ich schon immer. Mit sieben Jahren baute ich kleine Verkaufsstände an der Straßenecke auf. Ich nahm Comics, alte Zeitschriften, Geschenkartikel, Spielzeuge und allerlei vergessene, aber gut erhaltene Dinge – alles, was bei uns zu Hause oder bei den Großeltern nicht mehr gebraucht wurde – und versuchte, es an vorbeigehende Passant:innen zu verkaufen.

Natürlich war es für mich ein Spiel – aber nicht nur. Mir gefiel die Idee, mit etwas eigenem Geld zu verdienen. Meine Großmutter schenkte mir mein erstes Sparschwein, und das wollte ich unbedingt füllen. Mit dem bisschen Geld konnte ich Ersatzteile für mein Fahrrad kaufen, mir beim kleinen Lebensmittelladen in der Hauptstraße ein Eis oder Erdbeerkaugummis holen, oder neue Fußballsticker am Kiosk kaufen.

Ich war ein kleiner Verkäufer – und ohne es zu wissen, hatte ich bereits ein zentrales Prinzip des Unternehmertums verstanden: Im Paket zu verkaufen war schneller und profitabler. Wenn ich also eine:n Kund:in fand – oder besser gesagt jemanden/eine, der/die nett genug war, mein kleines Unternehmer-Spiel zu unterstützen – schlug ich gleich ein günstiges Komplettpaket vor. Ich erklärte, wie vorteilhaft es sei, mehrere Dinge auf einmal zu kaufen. Meine beste Idee aber waren die *Überraschungstüten*. Ich war fasziniert davon, die Neugier anderer Kinder zu nutzen – und ich erkannte schnell, dass das Unbekannte sich besser verkaufte als das Bekannte. Also füllte ich Umschläge mit Stickern, kleinen Spielzeugen oder kuriosen Gegenständen. Das Geheimnis machte den Kauf spannender – und die Überraschungstüten wurden mein Verkaufsschlager, mit deutlich höherer Gewinnspanne.

Dieses Spiel zeigte bereits konkrete Resultate. Ohne es zu merken, lernte ich die Grundlagen von Marketing, Verkaufsstrategien und Preisgestaltung – Wissen, das mir viele Jahre später zugutekommen sollte. Wenn ich heute daran denke, muss ich schmunzeln.

Später, als ich mit dem Schlagzeugspielen anfing, war meine Stadt – wie viele andere Orte – voller Bands und natürlich auch voller Schlagzeuger. Mir wurde schnell klar: Ich muss lernen, mir selbst zu helfen – Trommelfelle wechseln, Mechaniken reparieren, gerissene Becken flicken… sogar Schlagzeuge neu lackieren, um ihnen ein zweites Leben zu schenken.

Mit der Zeit baten mich immer mehr Schlagzeugerfreunde, ihre Instrumente zu reparieren – und fast unbemerkt hatte ich mir eine neue Einnahmequelle geschaffen. Zwischen einem kleinen Auftritt und dem nächsten (die damals kaum oder gar nicht bezahlt wurden) kam mir eine Idee: Warum nicht gebrauchte Schlagzeuge kaufen, sie restaurieren und weiterverkaufen?

Zusammen mit meinem Schlagzeugerkollegen Williams, der sich gut mit Lackierungen auskannte, verwandelte sich meine Garage regelmäßig in eine kleine Werkstatt. Wir kauften gebrauchte Drumsets, setzten sie instand, lackierten sie neu – und verkauften sie als generalüberholte Instrumente weiter. Und es funktionierte wirklich!

Immer wenn ich eine Gelegenheit entdeckte, ein bisschen Geld zu verdienen, fühlte es sich für mich wie ein Spiel an. Es ging nicht nur ums Geld, sondern ums Lernen, ums Verstehen, ums Ausprobieren neuer Wege – und vor allem darum, nichts unversucht zu lassen.

Nach dem Schulabschluss wussten fast alle meine Mitschüler:innen ganz genau, welches Studium sie beginnen wollten – Medizin, Jura, Ingenieurwesen... Sie hatten einen klaren Plan. Ich dagegen nicht. Keine dieser Wege fühlte sich für mich richtig an. Ich wusste nur eines: Meine Leidenschaft war die Musik. Mit elf hatte ich angefangen, Schlagzeug zu spielen – und mit der Zeit wurde mein Traum klar: Ich wollte Musiker werden, die Welt bereisen und meine Leidenschaft zum Beruf machen.

Für meine Eltern war das unvorstellbar. Für sie war der „richtige" Weg ein anderer: Einen „echten" Beruf lernen und einen sicheren Job finden. Aber in mir drin wusste ich: Das war nicht mein Weg. Also verließ ich meine Heimat, Sardinien, und ging nach New York. Ich hatte keinen genauen Plan, aber ich war überzeugt: Wenn ich Englisch beherrsche, öffnen sich neue Türen.

In New York besuchte ich eine private Sprachschule mit Schwerpunkt Business und belegte gleichzeitig Schlagzeugunterricht an einer Musikschule. Während des Englischkurses sollten wir ein Berufsfeld wählen, um praktische Erfahrung zu sammeln. Eine Möglichkeit war ein Praktikum bei einer Castingagentur für Film und Fernsehen. Ohne lange zu überlegen, sagte ich zu. Diese Entscheidung veränderte mein Leben.

Nach dieser Erfahrung kehrte ich nach Italien zurück – mit einer völlig neuen Vision. Ich wollte etwas Eigenes aufbauen. Ich hatte nie eine Filmschule besucht, keinen Drehbuchkurs belegt, keinen Regieunterricht genommen. Ich habe direkt im Feld gelernt – durch Beobachtung, Ausprobieren, Fehler und Neubeginn. Ohne Erfahrung, ohne Kapital und mit einer noch vagen Idee gründete ich mit 20 meine erste Firma: ein Dienstleistungsunternehmen für Film und Werbung – direkt auf Sardinien, meiner geliebten Heimatinsel.

Viele hielten mich für verrückt: In Sardinien, so sagten sie, sei Film kein Business. Für mich war es wie eine leere Leinwand. Ich sah eine unberührte Landschaft, einen Markt, der erst entstehen musste – eine Chance.

In der Familiengarage begann ich – mit einem Computer, einer kleinen Videokamera, einer Fotokamera und Internetzugang. Ich baute eine Datenbank mit über 1.000 Drehorten und ein Casting-Archiv mit etwa 2.000 Kompars:innen und Künstler:innen auf, kontaktierte Firmen – und entgegen aller Erwartungen kamen die ersten Aufträge. Mein Business war gestartet. Doch wie so oft brachte der erste Erfolg auch neue Herausforderungen.

Dieses Geschäftsmodell funktionierte nur in den warmen Monaten – in den anderen gab es kaum Einnahmen. Also beschloss ich zu diversifizieren und gründete mit zwei Partnern eine Firma zur Verwaltung von Sportanlagen. Ein Reinfall. Ich war der Einzige, der wirklich arbeitete – die anderen kümmerten sich kaum. Das Unternehmen scheiterte – und ich verlor Zeit und Geld. Doch ich lernte eine wichtige Lektion: Mach keine Geschäfte mit Menschen, die deine Vision nicht teilen.

Mein Konto war im Minus, die Schulden wuchsen. Ich fühlte mich wie in einem Tunnel ohne Ausgang. Eines Tages sah ich mir Fotos aus New York an – und blieb bei einem Bild von Times Square hängen. Diese riesigen Werbedisplays brachten mich auf eine Idee: Warum nicht solche Bildschirme in meiner Stadt aufstellen?

Ich recherchierte und fand ein Unternehmen in Apulien, das LED-Videowände mit Fernsteuerung herstellte. Ich fragte nach Preisen und Spezifikationen – der Preis war so hoch wie eine kleine Wohnung am Stadtrand. Doch statt zu denken „Das kann ich mir nicht leisten", fragte ich: *Wie kann ich es mir leisten?* Ich begann, Werbeflächen im Voraus an lokale Händler zu verkaufen. Innerhalb eines Monats hatte ich genug Geld gesammelt, um die Anzahlung zu leisten und das Projekt zu starten. Bald hatte ich eine neue Einnahmequelle geschaffen.

Diese Erfahrung zeigte mir: Erfolg hängt stark davon ab, wie wir denken und auf Schwierigkeiten reagieren. Von da an sah ich überall Geschäftsmöglichkeiten. Im Laufe der Jahre entwickelte ich viele unternehmerische Projekte: von einer interaktiven Shopping-Card über das erste Mode-Outlet in Sardinien bis hin zu einem Online-Filmfestival, das ich an einen US-Kunden verkaufte – und vieles mehr. Ich habe über 50 Werbespots für internationale Marken geschrieben, inszeniert oder mitproduziert und mit Talenten aus aller Welt gearbeitet.

Ich habe in verschiedenen Ländern gelebt – die Zusammenarbeit mit ausländischen Produktionen ermöglichte mir den Austausch mit international renommierten Kreativen. Bis heute habe ich über 40 originelle Filmideen und Drehbücher geschrieben, drei internationale TV-Formate und die Plots für fünf Serien. Ich arbeite als Produzent und Regisseur und baue ein Netzwerk auf, das Kino, Werbung und Fernsehen verbindet.

Doch eines habe ich mehr als alles andere begriffen: Reichtum liegt nicht nur im Geld, sondern im Mindset. Im Laufe der Jahre habe ich gelernt, aus Fehlern Chancen zu machen – und auf dem aufzubauen, was ich liebe. Das Schreiben ist zu einem meiner wichtigsten Assets geworden – durch Investitionen in geistiges Eigentum als Wert für die Zukunft.

Mein Leben ist ein ständiges Wechselspiel aus Musik, Film, Werbung, Büchern und Unternehmertum. Jede Leidenschaft, jedes Interesse hat sich fast wie von selbst in ein greifbares Projekt verwandelt. In den letzten Jahren habe ich auch begonnen, Bücher zu schreiben – als neuen Weg, mich auszudrücken, zu kommunizieren und zu teilen.

Heute habe ich beschlossen, mich ganz auf das zu konzentrieren, was ich wirklich liebe – und meine Zeit darauf zu verwenden, das zu tun, was mir Freude bereitet und mein Wissen weiterzugeben. Und wenn ich dir sagen müsste, wie viele Geschäftsideen mir täglich durch den Kopf gehen – nun, ich bräuchte wohl zehn Leben, um sie alle umzusetzen.

Und so bin ich hier, bereit, einen Teil meiner Erfahrungen mit dir zu teilen – in der Hoffnung, dass sie dich dazu inspirieren, dem zu folgen, was dich wirklich erfüllt.

Dieses Buch ist aus dem Wunsch entstanden, das Gelernte meines Weges weiterzugeben. Es spielt keine Rolle, wo du beginnst oder wie viele Hindernisse du unterwegs findest. Entscheidend ist, wie du denkst, wie du reagierst – und wie du aus Schwierigkeiten Wachstumschancen machst.

Wenn ich dir eines mit Sicherheit sagen kann, dann das: Erfolg ist keine Frage des Glücks – sondern des Denkens und Handelns.

Es gibt Menschen, die Dinge geschehen lassen – und solche, die nur zusehen, wie sie geschehen. Du entscheidest, zu welcher Gruppe du gehören willst. Werde zur Hauptfigur deines Lebens – und übernimm selbst die Kontrolle!

1 WIE MAN DENKT

Unsere Gedanken sind keine einfachen mentalen Impulse, sondern energievolle Kräfte, die unsere Realität formen. Jede Erfahrung, die wir machen, jedes Ziel, das wir erreichen, hat seinen Ursprung in unserem Geist. Das bedeutet: Die Qualität unseres Lebens hängt direkt von der Qualität unserer Gedanken ab.

Viele glauben, das Leben werde vom Zufall oder von äußeren Umständen bestimmt – doch in Wahrheit ist unsere Wahrnehmung der Welt das direkte Ergebnis unseres inneren Dialogs. Wenn wir glauben, zum Scheitern verurteilt zu sein, verhalten wir uns unbewusst so, dass wir diesen Glauben bestätigen. Glauben wir hingegen an unseren Erfolg, beginnen wir, Entscheidungen zu treffen und Schritte zu unternehmen, die uns genau dorthin führen.

Ein klassisches Beispiel: Zwei Menschen stehen vor derselben Herausforderung – der eine sieht darin eine Chance zum Wachsen, der andere ein unüberwindbares Hindernis. Ihre Erlebnisse werden grundverschieden sein – nicht wegen der Situation selbst, sondern wegen ihrer geistigen Einstellung.

Positive Gedanken geben uns Energie, Selbstvertrauen und Entschlossenheit. Sie nähren unsere Motivation und helfen uns, Schwierigkeiten zu überwinden. Wenn wir an unsere Fähigkeiten glauben und eine optimistische Denkweise pflegen, schaffen wir einen mentalen Zustand, der den Erfolg begünstigt.

Negative Gedanken hingegen erzeugen Angst, Unsicherheit und mentale Blockaden. Sie lassen uns an uns selbst zweifeln und verhindern, dass wir Chancen wahrnehmen. Wenn wir uns ständig sagen: „Ich bin nicht gut genug" oder „Ich schaffe das nie", programmieren wir unseren Geist auf Misserfolg.

WIE MAN EINE GEWINNER-MENTALITÄT ENTWICKELT

1. **Werd dir deiner Gedanken bewusst** – Der erste Schritt zur Veränderung deiner Denkweise ist das Erkennen negativer Gedanken. Achte darauf, wie du mit dir selbst sprichst, und ersetze jeden einschränkenden Gedanken durch eine stärkende Aussage.
2. **Visualisier den Erfolg** – Stelle dir vor, wie du deine Ziele erreichst. Die Visualisierung schafft in deinem Geist ein mentales Modell, das konkrete Handlungen erleichtert.
3. **Umgib dich mit Positivität** – Die Menschen, mit denen du am meisten Zeit verbringst, beeinflussen deine Denkweise. Wähle Menschen, die dich inspirieren und motivieren.
4. **Ersetz Angst durch Vertrauen** – Jedes Mal, wenn ein Zweifel aufkommt, erinnere dich: Du hast die Fähigkeit, jede Herausforderung zu meistern. Mut bedeutet nicht die Abwesenheit von Angst, sondern die Entscheidung, trotz Angst zu handeln.
5. **Übe dich in Dankbarkeit** – Dankbarkeit für das, was man hat, lenkt den Fokus von Mangel auf Fülle und steigert das Gefühl von Wohlstand und Zufriedenheit.

WIE MAN ANDERS ÜBER GELD DENKT

Schon als Kinder hören viele von uns Sätze wie: „Das können wir uns nicht leisten" oder „Geld wächst nicht auf Bäumen". Diese Aussagen verankern eine Denkweise der Knappheit und Begrenzung. Sie prägen unser Verhältnis zum Geld und lassen uns glauben, unsere finanziellen Möglichkeiten seien von Natur aus begrenzt.

Doch wenn wir finanziellen Erfolg wirklich erreichen wollen, müssen wir lernen, anders zu denken.

In meiner unternehmerischen Laufbahn habe ich erkannt: Die Lösung liegt nicht darin, sich auf das zu konzentrieren, was fehlt – sondern auf die Frage, wie man diese Lücke füllen kann. Ein sehr empfehlenswertes Buch dazu ist **„Rich Dad, Poor Dad"** von Robert Kiyosaki. Er betont, wie wichtig es ist, die richtige Frage zu stellen. Anstatt zu sagen „Das kann ich mir nicht leisten", sollten wir fragen: „Wie kann ich es mir leisten?" – Eine einfache Änderung der Perspektive kann eine Welt voller Möglichkeiten eröffnen.

MANGELDENKEN VS. FÜLLEBEWUSSTSEIN

Diese sprachliche Nuance macht einen gewaltigen Unterschied. *„Ich kann mir das nicht leisten"* verschließt unseren Geist. Es ist ein Punkt. Ein Stopp. Unser Gehirn hört auf, kreativ zu denken und Lösungen zu suchen.

Fragen wir stattdessen: *„Wie kann ich mir das leisten?"*, aktivieren wir unser Denken. Es ist kein Hindernis mehr, sondern eine Tür zu neuen Wegen, Ideen und Lösungen.

Ein konkretes Beispiel: Als ich nach meiner Zeit in New York nach Sardinien zurückkam, wollte ich ein Unternehmen für Film- und Werbeproduktion gründen. Ich hatte große Ideen – aber kein Kapital. Hätte ich gedacht: *„Ich kann mir das nicht leisten"*, hätte ich alles aufgegeben. Stattdessen fragte ich mich: *„Wie kann ich das auch ohne Geld umsetzen?"*

Ich suchte nach Alternativen: Ich nutzte die Ausrüstung, die ich hatte, verwandelte mit Hilfe meiner Eltern unsere Garage in ein Büro und erstellte ein Location-Archiv mit Tausenden von Fotos, um Kund:innen zu gewinnen. Bald kamen die ersten Aufträge. Es war keine Frage des Geldes – sondern des Mindsets.

DIE MACHT DER RICHTIGEN FRAGEN

Wenn du deine Beziehung zu Geld und Chancen transformieren willst, musst du lernen, dir die richtigen Fragen zu stellen.

Konzentrierst du dich auf das, was dir fehlt, findest du nur Bestätigungen deiner Grenzen. Richtest du deinen Fokus jedoch auf Lösungen, beginnt dein Gehirn, neue Wege zu entdecken.

Hier ein paar Fragen, die den Unterschied machen können:

- Statt zu sagen: *„Ich habe nicht genug Geld, um ein Unternehmen zu gründen"*, frage dich: *„Wie kann ich die Mittel finden, um mein Projekt zu starten?"*
- Statt zu sagen: *„Ich kann mir dieses Haus nicht leisten"*, frage dich: *„Wie kann ich einen finanziellen Plan aufstellen, um es zu kaufen?"*
- Statt zu sagen: *„Ich werde nie genug verdienen"*, frage dich: *„Welche Fähigkeiten kann ich entwickeln, um mein Einkommen zu steigern?"*

Jeder große Erfolg beginnt mit der richtigen Frage – zur richtigen Zeit. Und die Antwort? Die liegt immer in uns. Man muss nur lernen, sie mit dem richtigen Mindset zu finden.

DIESE DENKWEISE IM ALLTAG ANWENDEN

Deine Sicht auf Geld und Chancen zu verändern, geschieht nicht über Nacht, aber durch kleine tägliche Schritte. Hier ein paar praktische Tipps, die mir persönlich geholfen haben:

1. **Änder deine Sprache** – Immer wenn du sagen willst *„Ich kann mir das nicht leisten"*, halte kurz inne – und formuliere um: *„Wie kann ich es mir leisten?"*
2. **Schreib deine Lösungen auf** – Führe ein Ideen-Journal. Notiere, was dir einfällt, wenn du dir konstruktive Fragen stellst – oft entstehen die besten Ideen aus einem einzigen Gedanken.

3. **Entwickle finanzielle Kompetenzen** – Lerne, mit Geld strategisch umzugehen. Beschäftige dich mit Investitionen, Unternehmertum und Ressourcenmanagement.
4. **Umgib dich mit Menschen mit Gewinner-Mentalität** – Vermeide jene, die nur Probleme sehen – und umgib dich mit Menschen, die Chancen erkennen. Die Energie deines Umfelds formt dein Denken.
5. **Mach finanzielle Kreativität zur Gewohnheit** – Warte nicht darauf, reich zu sein, um wie eine erfolgreiche Person zu denken. Beginne jetzt – unabhängig von deiner aktuellen Situation – Lösungen zu suchen und zu handeln.

DIE WICHTIGSTE LEKTION

Als ich beschloss, die erste LED-Werbetafel in meiner Stadt zu installieren, hatte ich nicht das nötige Geld. Doch anstatt zu denken: *„Ich kann es mir nicht leisten"*, fragte ich mich: *„Wie kann ich es mir leisten?"*

Die Antwort war einfach: Kund:innen finden, bevor das Produkt überhaupt existierte.

Also lief ich durch die Stadt, sprach mit Dutzenden von Geschäftsleuten und bot ihnen Werbeflächen auf einem Bildschirm an, den es noch gar nicht gab. Innerhalb eines Monats hatte ich genug Geld gesammelt, um die Anzahlung zu leisten und die Installation zu starten.

Hätte ich gedacht: *„Ich kann es mir nicht leisten"*, hätte es diese Werbetafel nie gegeben. Und doch hatte ich nach weniger als zwei Monaten nicht nur ein neues Business, sondern auch ein Netzwerk von Kund:innen aufgebaut, die mir später weitere Werbeaufträge gaben.

Finanzieller Erfolg hängt nicht nur davon ab, wie viel du verdienst, sondern vor allem davon, wie du über Geld denkst.

Immer wenn du innerlich hörst: *„Ich kann mir das nicht leisten"*, halte inne. Formuliere um. Frage dich stattdessen: *„Wie kann ich es mir leisten?"* In dieser einfachen Perspektivänderung liegt oft die Lösung, die dein Leben verändern kann.

Merke dir: Geld ist nie die eigentliche Grenze. Die einzige Grenze ist die Art, wie du denkst.

DIE KRAFT DER DENKWEISE

Ist dir schon mal aufgefallen, dass sich plötzlich alles um ein Thema zu drehen scheint, sobald du dich stark darauf fokussierst – sei es ein Problem, ein Wunsch oder ein Ziel? Das ist keine Magie, sondern genau so funktioniert unser Gehirn. Dieses Prinzip wird oft als **Gesetz der Anziehung** bezeichnet – die Idee, dass unsere Gedanken und Gefühle die Realität beeinflussen, die wir erleben.

Ich persönlich habe schon immer daran geglaubt, dass unsere Mentalität eines der mächtigsten Werkzeuge ist, die wir besitzen. Es war kein Buch, das mich darauf gebracht hat – es war meine eigene Erfahrung. Doch als ich *„The Law of Attraction – Ask and It Is Given"* von Esther und Jerry Hicks las, fand ich viele Bestätigungen für das, was ich in meinem Leben bereits beobachtet hatte.

WIE FUNKTIONIERT DAS GESETZ DER ANZIEHUNG?

Die Grundprinzipien des Gesetzes der Anziehung lauten:

1. **Gedanken erzeugen Energie** – Jeder Gedanke wirkt sich auf unsere Realität aus. Positive Gedanken ziehen positive Erfahrungen an, während negative Gedanken unsere Frequenz senken und zu schwierigen Situationen führen.
2. **Aufmerksamkeit verstärkt Realität** – Je mehr wir uns auf etwas konzentrieren, desto stärker manifestiert es sich in unserem Leben. Wenn wir uns auf Geldmangel fokussieren, wird dieser sich verstärken. Wenn wir uns auf Fülle konzentrieren, werden wir Chancen für finanzielles Wachstum wahrnehmen.
3. **Emotionen sind der Motor der Anziehung** – Es reicht nicht, nur positiv zu denken – wir müssen uns auch so fühlen. Unsere Emotionen sind der wahre Katalysator für unser Schicksal.

VON DER THEORIE ZUR PRAXIS: DAS GESETZ DER ANZIEHUNG ANWENDEN

Bewusstsein allein reicht nicht – wir müssen es **anwenden**. Hier sind ein paar Schritte, die ich selbst im Alltag umsetze:

1. Definier klar, was du willst

Wenn du kein klares Ziel hast, wie willst du es erreichen?

Als ich mein erstes Unternehmen gründete, war meine Idee zunächst vage: Ich wollte im Bereich Film und Werbung arbeiten. Erst als ich konkrete Ziele definierte – z. B. ein Location-Archiv aufbauen, internationale Produktionen anziehen, ein Kundennetzwerk schaffen – begannen sich Chancen zu zeigen.

Praktische Übung: Formuliere deine Ziele konkret. Statt *„Ich will mehr Geld"* schreibe: „Ich möchte bis Ende des Jahres 5.000 € im Monat verdienen – mit einer Arbeit, die ich liebe."

2. Visualisier deinen Erfolg täglich

Jeden Morgen stelle ich mir vor, dass ich meine Ziele bereits erreicht habe. Als ich mein erstes LED-Werbedisplay plante, sah ich es schon vor mir – eingeschaltet, mit rotierenden Werbungen, von Menschen bestaunt. Diese Vision gab mir die Energie zum Handeln.

Praktische Übung: Nehme dir täglich 5–10 Minuten Zeit für Visualisierung. Stell dir vor, wie du dein Ziel erreicht hast – mit allen Details, Gefühlen und Beteiligten. Je öfter du es tust, desto klarer wird dein inneres Bild – und dein Gehirn arbeitet daran, es umzusetzen.

3. Nutz positive Affirmationen

Was du dir selbst sagst, hat großen Einfluss auf deine Realität. Ich habe gelernt, Sätze wie *„Ich schaffe das nie"* durch *„Ich finde eine Lösung"* zu ersetzen.

Hier einige Affirmationen, die du ausprobieren kannst:

- „Ich kann jedes Ziel erreichen."

- „Ich ziehe Fülle und Chancen in mein Leben."
- „Ich bin von positiven und erfolgreichen Menschen umgeben."

Praktische Übung: Wiederhole diese Sätze morgens und abends – mit Überzeugung und Gefühl.

4. Ersetz negative Gedanken durch positive
Unser Gehirn neigt dazu, sich auf Sorgen zu fokussieren. In einer schwierigen Phase dachte ich ständig: *„Was, wenn alles scheitert?"* – das blockierte mich. Ich musste lernen, diesen Gedanken umzuprogrammieren, z. B. in: *„Was kann ich heute tun, um meine Situation zu verbessern?"*

Praktische Übung: Erkenne negative Gedanken bewusst – und formuliere sie positiv um. Statt *„Ich schaffe das nie"* sage dir: *„Mit jedem Tag werde ich stärker und fähiger."*

5. Übe dich in Dankbarkeit
Dankbarkeit ist eines der mächtigsten Werkzeuge, um Positives anzuziehen. Wenn ich mich auf das konzentriere, was ich bereits habe, anstatt auf das, was fehlt, verändert sich meine Perspektive vollständig.

Praktische Übung: Schreibe täglich drei Dinge auf, für die du dankbar bist. Das trainiert dein Gehirn, Fülle statt Mangel zu erkennen.

6. Handle im Einklang mit deinen Zielen
Nur denken und hoffen reicht nicht. Du musst auch handeln. Als ich mein Business ausbauen wollte, blieb ich nicht in der Vorstellung – ich kontaktierte potenzielle Kundschaft, lernte Marketingstrategien, ging kalkulierte Risiken ein.

Praktische Übung: Willst du einen neuen Job? Dann verschicke Bewerbungen, verbessere deine Fähigkeiten und vernetze dich mit

Menschen aus der Branche. Das Universum reagiert auf diejenigen, die bereit sind, aktiv zu empfangen.

ZWEIFEL UND MENTALE BLOCKADEN ÜBERWINDEN

Viele zweifeln am Gesetz der Anziehung, weil sie nicht sofort Ergebnisse sehen. Doch das Geheimnis liegt in der Beständigkeit.

Wenn du über Jahre ein Mangeldenken gepflegt hast, kannst du nicht erwarten, es über Nacht zu ändern. Es braucht Zeit, um dein Unterbewusstsein neu zu programmieren und dich mit der Schwingung des Erfolgs zu synchronisieren.

Wenn du auf Hindernisse triffst, frag dich:

- Glaube ich wirklich an das, was ich will?
- Handle ich im Einklang mit meinen Zielen?
- Lasse ich zu, dass Angst oder Zweifel mein Wachstum sabotieren?

Als ich begann, in die Werbebranche zu investieren, hatte ich keine Erfahrung. Aber anstatt mich auf die Risiken zu konzentrieren, richtete ich meinen Fokus auf die Chancen. Ich lernte, sprach mit Experten, machte kleine Schritte. Und letztlich kam der Erfolg. Es war kein Glück – es war die Kombination aus der richtigen Denkweise und entschlossenem Handeln.

Das Gesetz der Anziehung ist keine Magie, sondern ein Prinzip. Es basiert auf dem Zusammenspiel von Denken und Handeln. Wenn wir erfolgreiche Gedanken kultivieren, mit Vertrauen agieren und eine positive Haltung bewahren, ziehen wir das in unser Leben, was wir uns wünschen.

Merke dir: Unsere größte Kraft liegt in unserem Geist. Nutzen wir ihn richtig, um das Leben zu erschaffen, das wir wirklich wollen.

DENKEN UND HANDELN WIE EIN:E MILLIONÄR:IN: DAS ZIEL IST ES, REICH ZU WERDEN – NICHT, REICH AUSZUSEHEN

Viele Menschen träumen davon, reich zu werden, doch wie viele konzentrieren sich tatsächlich darauf, Wohlstand aufzubauen statt nur den Anschein von Reichtum zu wahren? Der Unterschied zwischen denen, die ein solides Vermögen anhäufen, und denen, die nur auf den äußeren Schein setzen, liegt ganz in der Denkweise und in den täglichen Handlungen.

Wahre Millionär:innen beschränken sich nicht darauf, Luxus zur Schau zu stellen – sie bauen ihr Vermögen durch kluge Finanzstrategien, gezielte Investitionen und eine wachstumsorientierte Denkweise auf. Das Geheimnis liegt nicht im Verdienen astronomischer Summen, sondern im Annehmen von Gewohnheiten und Entscheidungen, die zu echter finanzieller Freiheit führen.

Zu Beginn meiner unternehmerischen Laufbahn erlebte ich eine schwierige Phase. Die Hindernisse schienen endlos, und ich fragte mich, ob ich wirklich die richtige Entscheidung getroffen hatte. Ich fühlte mich machtlos und zunehmend frustriert.

In dieser Zeit schenkte mir mein lieber Freund Davide ein Buch, das mich tief berührte: *„Der Millionär"* von Mark Fisher. Es ist mehr als ein Finanzratgeber – es ist eine Geschichte, die zeigt, wie erfolgreiche Menschen denken. Die wichtigste Lektion für mich? Reichtum ist nicht nur eine Frage des Geldes, sondern der Denkweise, der Einstellung und des Handelns. Wenn du reich sein willst, musst du zuerst so denken und handeln.

Der erste Schritt auf dem Weg zum Reichtum ist das Ablegen limitierender Glaubenssätze. Viele Menschen wachsen mit der Überzeugung auf, dass es schwer sei, Geld zu verdienen, und dass Reichtum nur wenigen Privilegierten vorbehalten sei. Diese Mangelmentalität blockiert sie und lässt sie Chancen nicht erkennen.

Millionär:innen hingegen denken völlig anders:

- Sie glauben, dass Reichtum im Überfluss vorhanden ist und für jeden erreichbar ist, der bereit ist, sich dafür einzusetzen.

- Sie konzentrieren sich auf Chancen statt auf Schwierigkeiten.
- Sie sehen Probleme als Herausforderungen und nicht als unüberwindbare Hindernisse.
- Sie investieren kontinuierlich in ihre Bildung und persönliche Entwicklung.

Praktische Übung: Beobachte deine Gedanken über Geld. Sagst du oft: „Ich kann mir das nicht leisten" oder „Reich werden ist unmöglich"? Versuche, deinen inneren Dialog durch positive Aussagen zu ersetzen wie:

- *„Wie kann ich mein Einkommen steigern?"*
- *„Geld ist im Überfluss vorhanden, und ich kann es in mein Leben ziehen."*

DIE GEWOHNHEITEN, DIE ZU REICHTUM FÜHREN

Groß zu denken ist der erste Schritt – aber ohne Handeln bleibt es ein Traum. Millionär:innen warten nicht auf den perfekten Moment: Sie handeln, probieren aus und lernen aus ihren Fehlern.

Hier sind einige grundlegende Gewohnheiten:

1. Verantwortung für die eigenen Finanzen übernehmen

Ein:e Millionär:in überlässt es nicht dem Schicksal oder den Umständen, sondern übernimmt aktiv die Kontrolle über sein/ihr Geld, verwaltet es sorgfältig und plant gezielt dessen Vermehrung.

- Lerne, klug zu sparen und zu investieren.
- Vermeide unnötige Schulden und überflüssige Ausgaben.
- Setze dir klare finanzielle Ziele und überwache deinen Fortschritt.

2. In sich selbst und in die eigene Bildung investieren

Reichtum entsteht nicht zufällig, sondern ist das Ergebnis von angewandtem Wissen und Kompetenzen. Millionär:innen investieren Zeit und Ressourcen in ihre persönliche Entwicklung.

- Sie lesen Bücher über Finanzen, Unternehmertum und Persönlichkeitsentwicklung.
- Sie nehmen an Kursen und Seminaren teil, um ihre Fähigkeiten zu verbessern.
- Sie suchen sich Mentor:innen und Vorbilder, von denen sie lernen können.

Praktische Übung: Widme täglich mindestens 30 Minuten der Lektüre von Büchern über Finanzmanagement und Investitionen. Schon ein einziges Buch kann dir Ideen geben, die dein Leben verändern.

3. Mehrere Einkommensquellen schaffen

Sich nur auf ein einziges Gehalt zu verlassen, ist riskant. Millionär:innen diversifizieren ihre Einnahmen, um finanzielle Sicherheit zu erhöhen und ihren Vermögensaufbau zu beschleunigen.

- Sie starten Unternehmen oder Nebentätigkeiten.
- Sie investieren in Immobilien, Aktien oder andere Anlageformen.
- Sie entwickeln Produkte oder Dienstleistungen, die passives Einkommen generieren.

4. Kalkulierte Risiken eingehen

Finanzieller Erfolg erfordert Mut und Weitblick. Millionär:innen fürchten sich nicht vor Risiken – sie gehen sie klug ein.

- Sie analysieren Entscheidungen sorgfältig, bevor sie handeln.
- Sie sind bereit zu scheitern und aus Fehlern zu lernen.
- Sie sehen Risiko als Chance zum Wachstum, nicht als Bedrohung.

Praktische Übung: Identifiziere einen Bereich deines Lebens, in dem du aus Angst vor Misserfolg ein Risiko vermieden hast. Mache einen kleinen Schritt in diese Richtung – kalkuliere das Risiko, aber lass dich nicht von der Angst lähmen.

5. Sich mit erfolgreichen Menschen umgeben
Das Umfeld beeinflusst unser Denken und Handeln maßgeblich. Millionär:innen wählen bewusst, mit wem sie Zeit verbringen.

- Sie umgeben sich mit motivierten, ehrgeizigen und erfolgsorientierten Menschen.
- Sie meiden negative Menschen, die nur Probleme und Begrenzungen sehen.
- Sie bauen ein Netzwerk auf, das sie inspiriert und unterstützt.

Praktische Übung: Erstelle eine Liste der fünf Menschen, mit denen du am meisten Zeit verbringst. Helfen sie dir zu wachsen oder halten sie dich in deiner Komfortzone?

DER FEHLER, DEN MAN VERMEIDEN SOLLTE

Viele Menschen verschulden sich, um Luxusautos, Designerkleidung oder teure Accessoires zu kaufen – in dem Glauben, dass äußere Erscheinung gleichbedeutend mit Erfolg sei. In Wirklichkeit investieren wahre Millionär:innen zuerst in den Vermögensaufbau – und erst danach in Luxus.

Der Unterschied zwischen reich wirken und reich sein:

- **Dinge kaufen, um andere zu beeindrucken** vs. investieren, um Vermögen aufzubauen
- **Über die eigenen Verhältnisse leben** vs. unter den eigenen Möglichkeiten leben, während man Reichtum aufbaut
- **Geld für Verbindlichkeiten ausgeben** (Auto, Mode, teure Urlaube) vs. Geld für Vermögenswerte verwenden (Investitionen, Bildung, Business)

Goldene Regel: Baue zuerst Reichtum auf, dann genieße ihn – nicht umgekehrt!

Merke dir: Das Ziel ist nicht, reich zu erscheinen, sondern es wirklich zu sein. Und das ist für jeden erreichbar, der bereit ist, die richtigen Gewohnheiten zu entwickeln und langfristig dranzubleiben.

ZUSAMMENFASSUNG

Reich zu werden ist keine Frage des Glücks, sondern der Denkweise und des Handelns. Wie ein:e Millionär:in zu denken bedeutet, an die eigenen Fähigkeiten zu glauben und eine Fülle-Mentalität zu entwickeln. Wie ein:e Millionär:in zu handeln heißt, kluge Entscheidungen zu treffen, in sich selbst zu investieren, mehrere Einkommensquellen zu schaffen und finanzielle Disziplin zu wahren.

2 DIE WICHTIGKEIT DES REISENS

Reisen ist eine der reichhaltigsten und transformativsten Erfahrungen, die wir im Leben machen können. Es öffnet uns Türen zu neuen Welten, lässt uns unterschiedliche Kulturen hautnah erleben und gibt uns die Möglichkeit, Seiten an uns selbst zu entdecken, von denen wir nichts wussten.

Lass uns gemeinsam erkunden, wie wichtig das Reisen ist – um uns inspirieren zu lassen, zu leben, zu erfahren, zu beobachten, zu dokumentieren, zu reflektieren, weiterzugeben – und mach dich bereit für eine Reise, die dein Leben verändern wird.

Reisen ist nicht nur Freizeit, sondern ein mächtiges Werkzeug zur geistigen Erweiterung, Perspektivwechsel und Ideenfindung. Jeder Ort, den wir besuchen, jede Person, der wir begegnen, und jede Kultur, die wir entdecken, liefert uns Impulse, Einsichten und Möglichkeiten, die wir nie entdeckt hätten, wenn wir in unserer Komfortzone geblieben wären.

Schon bei meinen ersten Auslandsreisen habe ich erkannt, dass die Welt voller Businessmodelle, Arbeitsansätze und Denkweisen ist, die sich anpassen und in erfolgreiche Chancen verwandeln lassen. Viele meiner besten Ideen entstanden, als ich außerhalb meines gewohnten Umfelds war.

REISEN ALS QUELLE VON KREATIVITÄT UND INNOVATION

Ein Szenenwechsel wirkt wie ein Katalysator für Kreativität.
Warum fördert Reisen neue Ideen?

- Es konfrontiert dich mit anderen Kulturen und Denkweisen.
- Es bricht mit dem Alltag und lässt dich Dinge aus neuer Perspektive sehen.
- Es zeigt dir innovative Geschäftsmodelle, Strategien und Trends, die auf deine Realität übertragbar sind.
- Es zwingt dich, mit Unerwartetem umzugehen – und fördert dadurch Problemlösungskompetenz und Resilienz.

Praxisbeispiele: *Richard Branson hatte die Idee für Virgin Airlines, nachdem er bei einer Karibikreise eine schlechte Erfahrung mit einer Fluggesellschaft machte. Statt sich zu beschweren, sah er eine Chance: Er charterte ein Flugzeug, verkaufte Tickets an gestrandete Passagier:innen – und machte aus einem Problem ein Business.*

„Howard Schultz, Gründer von Starbucks, ließ sich von italienischen Bars inspirieren, wo Kaffee nicht nur ein Getränk, sondern ein soziales Erlebnis war. Er verwandelte diese Idee in eine globale Marke, indem er die italienische Kaffeekultur in den USA neu interpretierte."

Praktische Übung: Denke an ein Reiseerlebnis, das dir eine neue Perspektive gegeben hat. Wie könntest du diese Erfahrung auf dein Business oder dein persönliches Wachstum übertragen?

BEOBACHTEN UND ANPASSEN: ERFOLGREICHE IDEEN INS EIGENE LAND BRINGEN

Man muss das Rad nicht neu erfinden – viele erfolgreiche Geschäftsideen entstehen durch die Anpassung bestehender Modelle.

Wie erkennst du Geschäftsideen im Ausland und passt sie deinem Markt an?

- **Beobachte, was in anderen Ländern funktioniert**: Welche Trends entstehen in innovativen Städten wie New York, London, Tokio oder Berlin?
- **Analysier, wie Menschen dort leben und konsumieren**: Gibt es Unterschiede zu deinem Heimatland?
- **Achte auf ungestillte Bedürfnisse**: Gibt es ein Produkt oder eine Dienstleistung im Ausland, die auch bei dir erfolgreich sein könnte?
- **Prüf die Übertragbarkeit der Idee**: Ist sie kulturell anpassbar? Kann sie verbessert werden, um auf dein Publikum zugeschnitten zu sein?

Praxisbeispiele: *Das Konzept der Escape Rooms – ursprünglich in Asien entwickelt – wurde in Europa und den USA erfolgreich mit neuen Formaten angepasst und zählt heute zu den beliebtesten Freizeitangeboten.*

Glovo und Deliveroo brachten das in den USA etablierte On-Demand-Food-Delivery-Konzept nach Europa, wo sie es an lokale Konsumgewohnheiten anpassten.

Praktische Übung: Denke an eine Business-Idee, die du im Ausland gesehen hast und die auch in deinem Land funktionieren könnte. Wie würdest du sie anpassen?

REISEN ALS GELEGENHEIT FÜR NETWORKING UND BERUFLICHES WACHSTUM

Reisen bedeutet nicht nur Beobachten – es bedeutet auch, mit den richtigen Menschen in Kontakt zu treten.
Wo findest du Networking-Chancen auf Reisen?

- **Internationale Konferenzen und Fachmessen**: Perfekt, um Investore:innen, Partner:innen und Innovator:innen kennenzulernen.
- **Globale Coworking-Spaces**: Orte des Austauschs, der Zusammenarbeit und neuer Ideen.
- **Lokale Events und Networking-Gruppen**: Meetups, Workshops und Treffen bieten Einblicke in lokale Märkte.
- **Universitäten und Startup-Acceleratoren**: Quellen für neue Ideen und Talente.

Praxisbeispiel: Viele Unternehmer:innen haben strategische Partnerschaften aufgebaut, indem sie Veranstaltungen wie den Web Summit, die CES in Las Vegas oder den American Film Market besuchten – Orte, an denen globale Verbindungen zu echten Geschäftsmöglichkeiten werden.

Praktische Übung: Plane eine Reise mit dem Ziel, an einem Networking-Event teilzunehmen oder ein innovatives Unternehmensekosystem zu erkunden.

VORURTEILSFREI ENTDECKEN: VON ANDEREN KULTUREN LERNEN

Die größte Lektion liegt manchmal nicht in einem Geschäftsmodell, sondern in einer anderen Denkweise.
Was kannst du von verschiedenen Kulturen lernen?

- **Asiatisches Gemeinschaftsdenken**: Teamarbeit und kollektives Wachstum stehen im Fokus.

- **Amerikanischer Innovationsgeist**: Mutig, experimentell, risikofreudig.
- **Skandinavische Work-Life-Balance**: Wohlbefinden als Schlüssel zur Produktivität.
- **Mediterrane Gastfreundschaft**: Fokus auf zwischenmenschliche Beziehungen und Service.

Praxisbeispiel: *In Dänemark wurde das Konzept ‚Hygge' (Wohlbefinden und Gemütlichkeit) zu einem globalen Trend, der Design, Tourismus und Lifestyle beeinflusst.*

Praktische Übung: Überlege dir einen kulturellen Wert, den du im Ausland beobachtet hast – wie könntest du ihn in dein Unternehmen oder deinen Lebensstil integrieren?

GELERNTE REISELEKTIONEN IN DIE PRAXIS UMSETZEN

Reisen inspiriert – aber Inspiration muss in Handeln übergehen.
Wie verwandelst du Reiseerfahrungen in konkrete Ergebnisse?

- Führ ein Reisetagebuch mit Business-Ideen oder persönlichen Reflexionen.
- Halte Kontakte und bleibe mit Menschen, die du getroffen hast, in Verbindung.
- Definier eine neue Gewohnheit oder Strategie, die du in deinen Alltag integrieren kannst.
- Teste eine Business-Idee, die du auf Reisen entdeckt hast, in kleinerem Maßstab in deinem Markt.

Praxisbeispiel: *Nach einer Asienreise brachten viele Unternehmer:innen das Konzept von Bubble Tea nach Europa – und machten daraus einen wachsenden Trend.*

Praktische Übung: Schreibe drei Dinge auf, die du auf Reisen gelernt hast, und wie du sie nutzen kannst, um deine Karriere oder dein Business zu verbessern.

REISEN IST WEIT MEHR ALS DAS BESUCHEN NEUER ORTE

- Beobachte, was im Ausland funktioniert, und passe es deinem Land an.
- Nutz die Reise für Networking und wertvolle Verbindungen.
- Studier kulturelle Unterschiede und lerne neue Strategien für Business und Lifestyle.
- Verwandle Inspiration in Aktion: notiere Ideen, experimentiere, teste Chancen.

Merke dir: Die Welt ist voller Ideen, Innovationen und Entwicklungspotenzial – du musst nur bereit sein, sie zu erkennen.

REISEN, UM ZU WACHSEN, ZU INNOVIEREN UND CHANCEN ZU SCHAFFEN

Wie wir gesehen haben, ist Reisen weit mehr als das bloße Wechseln des Ortes – es ist eine Erfahrung, die unsere Weltsicht verändert, unsere Kreativität bereichert und uns neue persönliche wie berufliche Perspektiven eröffnet. Jede Reise ist eine Gelegenheit, zu lernen, sich zu verbinden und sich von neuen Kulturen und Lebensweisen inspirieren zu lassen. Oft entstehen gerade unterwegs die innovativsten Ideen – sowohl für unternehmerische als auch persönliche Weiterentwicklung.

Reise bewusst – um neue Kompetenzen zu entwickeln, aus der Komfortzone auszubrechen und Geschäftsideen zu finden, die du anpassen und in deinem Land verwirklichen kannst.

MIT OFFENEM GEIST REISEN: SEI KEIN:E TOURIST:IN – ERLEBE DEINE REISE BEWUSST

Die bedeutendste Reise ist nicht die mit der Kamera in der Hand, sondern die, die du mit offenem Geist unternimmst.
Wie du eine Reise in eine echte Wachstumserfahrung verwandelst:

- Tauch in die lokale Kultur ein: Nehme an Traditionen teil, entdecke alltägliche Gewohnheiten und lebe das Land wie seine Bewohner:innen.
- Probier die lokale Küche: Essen ist ein zentraler kultureller Ausdruck – entdecke typische Gerichte und ihre Geschichte.
- Tausch dich mit Einheimischen aus: Lerne ihre Sichtweisen, Lebenserfahrungen und Träume kennen.
- Lern etwas Neues: Sprachen, traditionelle Künste, lokale Sportarten – jede Kultur hat etwas Einzigartiges zu bieten.

Praxisbeispiel: *Anthony Bourdain begnügte sich nicht mit bekannten Restaurants – er setzte sich zu gewöhnlichen Menschen, hörte ihre Geschichten und lernte Kulturen durch Essen kennen.*

Praktische Übung: Welche lokale Gewohnheit hast du auf einer Reise entdeckt und könntest du in deinen Alltag integrieren?

REISEN ALS WERKZEUG, UM DIE KOMFORTZONE ZU VERLASSEN

Nichts verändert dich so sehr wie eine Herausforderung in einem unbekannten Umfeld.
Strategien, um dich über deine Grenzen hinauszuwagen:

- Reise mindestens einmal allein: Du wirst unabhängiger und gewinnst Vertrauen in deine Fähigkeiten.
- Probier einen anderen Lebensstil: Lebe für ein paar Wochen oder Monate in einer Stadt mit völlig anderen Gewohnheiten.

- Sieh Unvorhergesehenes als Chance: Jede Schwierigkeit unterwegs kann dir eine Lektion fürs Leben geben.

Praxisbeispiel: *Elizabeth Gilbert nutzte im Buch „Eat, Pray, Love" das Reisen, um neue Lebensweisen zu entdecken und ihr inneres Gleichgewicht zu finden.*

Praktische Übung: Welche Erfahrung außerhalb deiner Komfortzone würdest du in deiner nächsten Reise wagen?

NEUE FÄHIGKEITEN DURCH REISEN ERLERNEN

Jede Kultur hat dir etwas Einzigartiges zu lehren.
Beispiele für Fähigkeiten, die du auf Reisen lernen kannst:

- Traditionelle Gerichte kochen.
- Lokale Kampfsportarten oder Sportarten praktizieren.
- Meditations- oder Wellness-Techniken erlernen.
- Neue Technologien oder Business-Modelle entdecken.

Praxisbeispiel: *Viele digitale Unternehmer:innen entdeckten das Konzept des Remote Work beim Reisen in Länder wie Thailand, wo der digitale Nomaden-Lifestyle bereits etabliert ist.*

Praktische Übung: Wähle ein Reiseziel und suche eine lokale Aktivität, die du lernen kannst, um deine Erfahrung zu bereichern.

REISEN, UM EINEN POSITIVEN EINFLUSS ZU SCHAFFEN

Reisen bedeutet nicht nur, Erfahrungen zu sammeln – sondern auch, Wert zu stiften.
Wie du deine Reise bedeutungsvoll machst:

- Nimm an Freiwilligenprojekten oder sozialen Initiativen teil.
- Teil dein Wissen mit der lokalen Gemeinschaft.

- Unterstütz nachhaltigen Tourismus und lokale Wirtschaften.

Praxisbeispiel: *Viele Reisende fanden durch Erlebnistourismus ihren Lebenssinn – z. B. durch Freiwilligenarbeit in Afrika oder Bildungsprojekte in Südamerika.*

Praktische Übung: Was könntest du zu einem Ort beitragen, den du besuchst?

Reisen ist weit mehr als neue Orte zu sehen: Es ist leben, lernen, verbinden und sich inspirieren lassen.

- Erleb jede Reise mit offenem und neugierigem Geist.
- Verlass deine Komfortzone und probiere Neues.
- Beobachte Trends und Geschäftsideen, die sich auf dein Land übertragen lassen.
- Knüpf Netzwerke und baue globale Verbindungen auf.
- Lern neue Fähigkeiten und integriere sie in dein Leben.

Merke dir: Reisen kann deine Perspektive, dein Business und dein Leben verändern.

LERNEN, ZU BEOBACHTEN: SEHEN ALLEIN GENÜGT NICHT – MAN MUSS WIRKLICH *HINSEHEN*

Beobachtung ist eine der unterschätztesten Fähigkeiten – dabei ist sie eines der kraftvollsten Werkzeuge, um die Welt zu verstehen, besser zu lernen und neue Chancen zu entdecken. Es reicht nicht, einfach zu *sehen*: Beobachten heißt, Details zu erkennen, Dynamiken zu verstehen und zwischen den Zeilen zu lesen, was um uns herum geschieht.

Ob beim Reisen, im Business oder in zwischenmenschlichen Beziehungen – wer lernt zu beobachten, verändert die Art, wie er die Welt interpretiert und Entscheidungen trifft.

Es gibt einen großen Unterschied zwischen etwas ansehen und wirklich beobachten.

Wie du deine Beobachtungsgabe schärfst:

- **Nimm dir Zeit:** Eile ist der Feind der Beobachtung. Halte inne und analysiere, was dich umgibt.
- **Entwickle eine neugierige Haltung:** Frage dich, warum Dinge so sind, wie sie sind, und suche den kulturellen Kontext.
- **Nutz alle Sinne:** Verlass dich nicht nur auf deine Augen – höre, rieche, fühle bewusst.
- **Beobachte das Verhalten der Menschen:** Wie interagieren sie? Welche Muster wiederholen sich?
- **Trainier dich darin, verborgene Details zu erkennen:** Was verändert sich im Laufe der Zeit? Welche Elemente sagen viel über eine Kultur aus?

Praxisbeispiel: *Viele Schriftsteller:innen finden Inspiration, indem sie Menschen an öffentlichen Orten beobachten – Gesten, Mimik, Details, die ihre Geschichten authentisch machen.*

Praktische Übung: Beobachte bei deinem nächsten Ausflug für zehn Minuten die Menschen an einem belebten Ort. Welche Details nimmst du wahr, die dir sonst entgangen wären?

BEOBACHTUNG ALS WERKZEUG FÜR PERSÖNLICHES WACHSTUM

Andere zu beobachten hilft uns, uns selbst besser zu verstehen.

Wie Beobachtung dein Leben verbessern kann:

- **Bessere Entscheidungen treffen:** Wer Details erkennt, kann Situationen und Menschen besser einschätzen.
- **Emotionale Intelligenz stärken:** Durch Mimik und Körpersprache lernst du, Gefühle besser zu deuten.
- **Mehr Empathie entwickeln:** Das Verständnis für andere Kulturen und Gewohnheiten verbessert deine zwischenmenschlichen Beziehungen.

- **Probleme früher erkennen:** Kleine Anzeichen zu deuten, bevor sie zu Problemen werden, ist eine Schlüsselkompetenz.

Praxisbeispiel: Viele erfolgreiche Unternehmer:innen beobachten ihre Kund:innen im Laden oder in sozialen Netzwerken genau, um deren Bedürfnisse besser zu verstehen und Produkte zu optimieren.

Praktische Übung: Höre dir ein Gespräch an (ohne zu unterbrechen) und achte nicht nur auf die Worte, sondern auch auf Tonfall und Körpersprache.

DIE WELT BEOBACHTEN, UM NEUE CHANCEN ZU ENTDECKEN

Viele großartige Ideen entstehen einfach dadurch, dass man aufmerksam beobachtet, was fehlt oder verbessert werden könnte.
Wie man durch Beobachtung Inspiration findet:

- **Beobachte ausländische Märkte:** Gibt es ein Produkt oder eine Dienstleistung, die auch in deinem Land funktionieren könnte?
- **Achte auf alltägliche Probleme:** Die besten Erfindungen lösen kleine, alltägliche Herausforderungen. Welche Ineffizienzen bemerkst du in deinem eigenen Alltag oder dem anderer?
- **Analysier Trends:** Was verändert sich im Verhalten der Menschen? Welche neuen Bedürfnisse entstehen?
- **Hör auf das Feedback der Menschen:** Kund:innen äußern oft Probleme oder Wünsche, die sich in unternehmerische Ideen verwandeln lassen.

Praxisbeispiel: Sara Blakely bemerkte, dass viele Frauen Schwierigkeiten hatten, bequeme Shapewear zu finden – sie erfand „Spanx" und wurde durch ihre Beobachtung zur Milliardärin.

Praktische Übung: Identifiziere heute mindestens ein häufiges Problem, das durch ein innovatives Produkt oder eine Dienstleistung gelöst werden könnte.

BUSINESS UND KOMMUNIKATION DURCH BEOBACHTUNG VERBESSERN

Beobachtung ist auch im Geschäftsleben und in zwischenmenschlichen Beziehungen entscheidend.

Wie du Beobachtung im beruflichen Kontext nutzt:

- **Studier deine Konkurrenz:** Was machen sie anders oder besser als du?
- **Analysier die Reaktionen deiner Kund:innen:** Sieh zu, wie sie dein Produkt oder deine Dienstleistung nutzen. Höre auf ihr Feedback, beachte Schwierigkeiten.
- **Achte auf nonverbale Signale in Gesprächen:** Körpersprache verrät oft mehr als Worte.
- **Verbesser dein Storytelling:** Menschen lieben authentische Geschichten mit aussagekräftigen Details. Durch Beobachtung lernst du, dein Publikum besser zu verstehen.

Praxisbeispiel: *Aufmerksame Profis wissen: Erfolg bedeutet nicht nur zu verkaufen, sondern das Verhalten und die Bedürfnisse der Menschen zu verstehen – und daraufhin maßgeschneiderte Lösungen zu entwickeln.*

Praktische Übung: Beobachte für einen Tag das Verhalten deiner Kund:innen oder Nutzer:innen und notiere dir mindestens drei Punkte, die du verbessern könntest.

DEN GEIST SCHÄRFEN, UM AUCH KLEINE VERÄNDERUNGEN ZU BEMERKEN

Wer aufmerksam beobachtet, erkennt Details, die anderen entgehen.

Übungen zur Entwicklung einer detailorientierten Wahrnehmung:

- **Führ tägliche Notizen:** Das Aufschreiben deiner Beobachtungen trainiert deine Aufmerksamkeit.
- **Wechsle die Perspektive:** Betrachte einen vertrauten Ort, als würdest du ihn zum ersten Mal sehen.
- **Trainier dein visuelles Gedächtnis:** Versuche nach dem Besuch eines neuen Ortes, dich an möglichst viele Details zu erinnern.
- **Stell offene Fragen:** Aktives Zuhören hilft dir, die Bedürfnisse und Perspektiven anderer besser zu verstehen.

Praxisbeispiel: *Ein:e erfahrene:r Detektiv:in bemerkt winzige Details – wie Veränderungen in der Umgebung oder im Verhalten einer Person – und kann dadurch komplexe Fälle lösen.*

Praktische Übung: Wenn du das nächste Mal einen neuen Ort betrittst, versuche dir möglichst viele Details einzuprägen – und prüfe später, woran du dich erinnerst.

Beobachtung zu lernen ist eine grundlegende Fähigkeit, die dein Leben, deine Karriere und deine Beziehungen verbessern kann.

- Beobachte bewusst und nutze all deine Sinne.
- Nutz Beobachtung, um dich selbst und andere besser zu verstehen.
- Verwandle sie in ein Werkzeug zur Ideenfindung und Geschäftsentwicklung.
- Schärf deine Detailwahrnehmung, um deine Kommunikation und Entscheidungsfähigkeit zu verbessern.

Merke dir: Die Welt ist voller wertvoller Informationen – du musst nur lernen, sie mit anderen Augen zu sehen.

DOKUMENTIEREN, REFLEKTIEREN UND WEITERGEBEN: DEINEN ERFAHRUNGEN WERT VERLEIHEN

Reisen, Entdecken und Beobachten sind unglaublich bereichernde Erlebnisse – doch was sie noch wertvoller macht, ist die Fähigkeit, sie zu dokumentieren, darüber nachzudenken und sie weiterzugeben. Schreiben, aufzeichnen und teilen hilft dir, den Sinn deiner Erlebnisse zu erfassen, Details festzuhalten, die sonst verloren gingen, und andere zu inspirieren.

Wie du deine Erfahrungen wirkungsvoll dokumentierst, reflektierst und weitergibst – ohne ihre Authentizität zu verlieren.

DOKUMENTIEREN: WARUM ES WICHTIG IST, ERLEBNISSE AUFZUSCHREIBEN ODER AUFZUZEICHNEN

Man reist nicht nur, um zu sehen – sondern auch, um sich zu erinnern und zu lernen.

Vorteile des Dokumentierens:

- **Langzeitgedächtnis:** Emotionen und Details verblassen mit der Zeit. Schreiben hält Erinnerungen lebendig.
- **Mentale Klarheit:** Erfahrungen schriftlich festzuhalten, hilft dir, Ereignisse zu verarbeiten und zu verstehen.
- **Ideensammlung:** Ein Reisetagebuch kann eine Inspirationsquelle für zukünftige Projekte sein.
- **Inspiration für andere:** Deine Geschichten können anderen Mut machen, ihre eigenen Wege zu gehen.

Praxisbeispiel: *Entdecker wie Marco Polo hielten jede Einzelheit ihrer Reisen fest – nicht nur Orte, sondern auch Kulturen, Bräuche und Emotionen. Durch ihre Aufzeichnungen konnten spätere Generationen ferne Welten kennenlernen und sich zu neuen Entdeckungen inspirieren lassen.*

Praktische Übung: Wenn du es noch nie gemacht hast, beginne ein

Reisetagebuch. Es muss nicht täglich geführt werden – notiere einfach besondere Details oder Emotionen.

REFLEKTIEREN: ERLEBNISSE IN LERNEN VERWANDELN

Erleben allein reicht nicht – es geht darum, den Wert der Erfahrung zu erkennen.

Wie du über deine Erlebnisse reflektierst:

- **Stell dir sinnvolle Fragen:** Was habe ich aus dieser Reise gelernt? Was hat mich besonders berührt? Welche Gefühle hat sie ausgelöst?
- **Analysier persönliche Veränderungen:** Wie habe ich mich durch diese Erfahrung verändert? Welche Überzeugungen habe ich hinterfragt?
- **Erkenn deine Wachstumsphasen:** Welche Herausforderungen habe ich gemeistert und was habe ich daraus gelernt?

Praxisbeispiel: *Nach einer Reise nach Indien reflektierte Steve Jobs über Einfachheit und Reduktion – Ideen, die später das minimalistische Design von Apple-Produkten prägten.*

Oft erkennen Menschen nach einem Aufenthalt in einer völlig anderen Kultur, wie relativ ihre eigenen Sichtweisen und Gewohnheiten sind. Diese Erkenntnis macht sie offener, flexibler und anpassungsfähiger.

Praktische Übung: Nach einem bedeutenden Erlebnis – schreibe drei Dinge auf, die du gelernt hast, und wie sie deine Zukunft beeinflussen könnten.

WEITERGEBEN: ERLEBNISSE TEILEN, OHNE IHRE AUTHENTIZITÄT ZU VERLIEREN

Teilen ist kraftvoll – aber es sollte bewusst geschehen.
Wie man Erlebnisse wirkungsvoll teilt:

- **Sei authentisch:** Versuche nicht, andere zu beeindrucken – erzähle deine Erfahrungen so, wie du sie wirklich erlebt hast.
- **Nutz eine mitreißende Sprache:** Beschreibe nicht nur Fakten, sondern auch Gefühle und Empfindungen.
- **Find deinen persönlichen Stil:** Ob Tagebuch, Blog, Podcast oder Social Media – wähle das Medium, das am besten zu dir passt.
- **Stifte Mehrwert:** Teile Ratschläge, Erkenntnisse und Reflexionen, die anderen weiterhelfen können.

Praxisbeispiel: *Ernest Hemingway nutzte seine Reisen und Erlebnisse als Inspiration für seine Romane – und verwandelte Realität in Erzählung, ohne je ihre Echtheit zu verlieren.*

Praktische Übung: Schreibe einen kurzen Beitrag oder Artikel über eine prägende Erfahrung und versuche, deren Essenz auf ehrliche Weise zu vermitteln.

DIE ROLLE DER TECHNOLOGIE: SOZIALE MEDIEN UND BEWUSSTE KOMMUNIKATION

Soziale Medien bieten eine Plattform zum Teilen – sollten aber intelligent genutzt werden.
Strategien für ausgewogene Online-Kommunikation:

- **Erleb den Moment zuerst – teile ihn später:** Genieße die Erfahrung ohne den Druck, sie sofort festhalten zu müssen.
- **Streb nicht nach Perfektion:** Spontane, authentische Inhalte haben oft mehr Wirkung als künstlich inszenierte.

- **Sei wählerisch:** Nicht alles muss geteilt werden. Wähle Momente mit echtem Wert – für dich und dein Publikum.
- **Interagier mit deiner Community:** Teilen heißt auch zuhören. Antworte auf Kommentare, schaffe Dialoge, tausche Erfahrungen aus.

Praxisbeispiel: *Viele digitale Erzähler:innen haben sich eine Community aufgebaut, indem sie ihre Erlebnisse ehrlich zeigten – mit Blick hinter die Kulissen und praktischen Tipps statt nur perfekten Bildern.*

Praktische Übung: Verbringe einen Tag, ohne etwas auf Social Media zu posten. Lebe den Moment für dich – und schreibe anschließend auf, wie du dich dabei gefühlt hast und ob sich deine Wahrnehmung der Erfahrung verändert hat.

ERZÄHLEN, UM ZU INSPIRIEREN: DIE KRAFT VON GESCHICHTEN

Geschichten sind das wirkungsvollste Mittel, um eine Botschaft zu vermitteln.

Wie du eine Geschichte erzählst, die berührt:

- **Bau eine klare Struktur auf:** Beginne mit dem Kontext, beschreibe den Höhepunkt und schließe mit einer Reflexion.
- **Verwende sinnliche Details:** Farben, Geräusche, Gerüche, Gefühle – sie lassen deine Geschichte lebendig wirken.
- **Füg eine Botschaft hinzu:** Jede Geschichte sollte etwas beim Zuhörer oder Leser hinterlassen.

Praxisbeispiel: *Brandon Stanton erschuf 'Humans of New York' durch authentische Porträts und Geschichten – und zeigte, wie eine starke Erzählung tiefe Verbindungen schafft.*

Praktische Übung: Erzähle eine Erfahrung, die dein Leben verändert hat – in weniger als 300 Wörtern, auf eine fesselnde und bedeutungsvolle Weise.

Erfahrungen zu dokumentieren, zu reflektieren und weiterzugeben bedeutet nicht nur, sie zu erzählen – sondern ihnen Bedeutung zu geben und sie mit anderen zu teilen.

- Schreib oder nimm sie auf, um Erinnerungen festzuhalten und ihnen langfristigen Wert zu verleihen.
- Reflektier darüber, um neue Perspektiven und Erkenntnisse zu gewinnen.
- Teil sie authentisch, mit dem Ziel zu inspirieren und Verbindungen zu schaffen.
- Nutz Technologie bewusst – ohne den Moment aus den Augen zu verlieren.

Merke dir: Erfahrungen entfalten ihre volle Kraft, wenn wir sie verstehen und weitergeben.

ZUSAMMENFASSUNG

Reisen ist eine Erfahrung, die uns bereichert und tiefgreifend verändert. Es lässt uns unbekannte Seiten an uns selbst entdecken und eröffnet neue Perspektiven auf das Leben. Reisen, um sich inspirieren zu lassen, zu leben, zu erfahren, zu beobachten, zu dokumentieren, zu reflektieren und weiterzugeben – das ist ein Schlüssel zum Erfolg im Leben. Auf Reisen finden wir neue Inspiration, nähren unsere Kreativität und entdecken unsere Leidenschaft. Wenn wir jeden Moment bewusst leben, lernen wir aus Erlebnissen, verlassen unsere Komfortzone und nehmen die Herausforderungen des Lebens an.

Aufmerksames Beobachten unserer Umgebung hilft uns, Details, Geschichten und Nuancen zu erkennen, die sonst unbemerkt bleiben. Es fördert unser Selbstverständnis und unser Verständnis für die Welt um uns herum. Das Dokumentieren unserer Erfahrungen – sei es in einem Reisetagebuch oder Blog – ermöglicht uns, zu reflektieren, uns zu erinnern und unsere Geschichten mit anderen zu teilen. Durch das Weitergeben unserer Reiseerlebnisse inspirieren wir andere dazu, ihre eigenen Wege zu gehen und ihr Leben bewusst zu gestalten.

DIE WICHTIGKEIT DES REISENS

Social Media ermöglicht es, Gedanken, Bilder und Gefühle zu teilen – doch genauso wichtig ist es, den Moment wirklich zu leben, ohne sich in der Technologie zu verlieren. Reisen ist eine Erfahrung, die mit allen Sinnen erlebt werden sollte.

Wenn wir reisen, entdecken wir nicht nur die Schönheit der Welt, sondern auch die Schönheit in uns selbst. Jede Reise ist eine Gelegenheit zum Wachsen, Lernen und zur Transformation. Sie befreit uns von der täglichen Routine, erweitert unseren Horizont und öffnet unseren Geist für neue Ideen und Perspektiven.

Reisen lehrt uns Flexibilität und Anpassungsfähigkeit. Es zeigt uns, wie wichtig Offenheit und Dankbarkeit sind – für das, was wir haben, und für das, was wir erleben dürfen. Reisen ist eine unerschöpfliche Quelle der Inspiration, des Wissens und der Veränderung.

Reisen, um sich inspirieren zu lassen, zu leben, zu lernen, zu beobachten, zu dokumentieren, zu reflektieren und weiterzugeben – all das führt uns zu persönlichem und beruflichem Erfolg. Es öffnet Türen zu neuen Welten, bereichert unser Leben und ermutigt uns, das Leben in vollen Zügen zu leben. Verpasse nicht die Gelegenheit, deine Reise zu beginnen – und zu entdecken, was dich erwartet.

3 DIE GRUNDLAGEN DES ERFOLGS

Lernen wir die wesentlichen Grundlagen kennen, um im Leben durch Leidenschaft, das Verlassen der Komfortzone, Ausdauer, Handeln, Reflexion, Innovation und Problemlösung erfolgreich zu sein. Bereite dich darauf vor, die Kraft zu entdecken, die diese Eigenschaften haben können, um dein Leben zu verändern.

Leidenschaft ist der Treibstoff, der unsere Ambitionen antreibt. Wenn wir uns wirklich für etwas begeistern, fühlt sich Arbeit nicht mehr wie ein Opfer an, sondern wie eine Gelegenheit zu wachsen, zu lernen und uns zu verbessern. Es ist kein Zufall, dass erfolgreiche Menschen eines gemeinsam haben: Sie lieben, was sie tun.

Doch wie findet man seine Leidenschaft? Und vor allem: Wie kann man sie in etwas Konkretes verwandeln, das unser Leben verbessert und vielleicht sogar Einkommen generiert?

WIE ENTDECKT MAN SEINE LEIDENSCHAFT?

Manche Menschen werden mit einer klaren Berufung geboren, andere müssen sie suchen, ausprobieren und experimentieren, bis sie den Funken finden.

Ich zum Beispiel wusste schon immer, dass mich Kreativität und Unternehmertum faszinieren, aber es hat gedauert, bis ich herausgefunden habe, wie ich diese Energie in etwas Konkretes kanalisieren kann.

Hier ein paar Fragen, die dir helfen können, deine Leidenschaft zu entdecken:

- Was würdest du tun, auch wenn du dafür kein Geld bekommst?
- Welche Aktivitäten lassen dich lebendig und voller Energie fühlen?
- Worüber sprichst du oft mit Begeisterung?
- Wobei verlierst du jegliches Zeitgefühl?

Praxisbeispiel: *Ich habe gemerkt, dass mein Enthusiasmus jedes Mal wuchs, wenn ich über unternehmerische Ideen sprach. Da wurde mir klar, dass es nicht nur ein Interesse, sondern eine echte Leidenschaft ist.*

Praktische Übung: Erstelle eine Liste mit Aktivitäten, die dich begeistern und die du auch ohne Bezahlung ausüben würdest.

DIE LEIDENSCHAFT IN EIN LEBENSPROJEKT VERWANDELN

Eine Leidenschaft zu haben ist großartig, aber ohne Plan bleibt sie nur ein Hobby.

Wenn du wirklich etwas Größeres daraus machen willst, musst du einen Weg finden, sie in eine produktive Aktivität umzuwandeln.

Wie gelingt das?

- **Studier das Feld, das dich begeistert** – lies Bücher, besuche Kurse, lerne von den Besten.
- **Find Wege, sie in der realen Welt anzuwenden** – sei es als Beruf, Unternehmen oder gewinnbringendes Hobby.
- **Experimentier, ohne Angst zu scheitern** – der erste Schritt ist immer, es einfach zu versuchen.

Praxisbeispiel: *Wenn Fitness meine Leidenschaft ist, kann ich anfangen, meinen Weg in den sozialen Medien zu teilen, Zertifikate erwerben und vielleicht ein eigenes Geschäft in diesem Bereich starten.*

Praktische Übung: Finde einen Weg, deine Leidenschaft produktiv in deinen Alltag zu integrieren.

SCHWIERIGKEITEN ÜBERWINDEN UND FOKUSSIERT BLEIBEN

Auch wenn wir unserer Leidenschaft folgen, sind Hindernisse unvermeidlich.

Der Unterschied zwischen Erfolg und Aufgeben liegt in der Fähigkeit, trotz Schwierigkeiten fokussiert zu bleiben.

Strategien, um motiviert zu bleiben:

- **Erinner dich daran, warum du angefangen hast** – behalte deine Vision im Kopf.
- **Umgib dich mit Menschen, die dich ermutigen** – meide jene, die dich entmutigen.
- **Akzeptier das Scheitern als Teil des Weges** – jeder Fehler ist eine Wachstumslektion.

Praxisbeispiel: *Wenn meine Leidenschaft Musik ist, ich aber Schwierigkeiten habe, mich durchzusetzen, erinnere ich mich daran, dass jeder große Künstler klein angefangen hat und Kritik und Misserfolge überwinden musste.*

Praktische Übung: Schreibe einen motivierenden Satz auf, den du jedes Mal lesen kannst, wenn du auf ein Hindernis stößt.

LEIDENSCHAFT ALS DIFFERENZIERUNGSMERKMAL

Wer für das, was er tut, brennt, hebt sich automatisch von anderen ab.

Begeisterung und Hingabe sind in jedem Projekt spürbar und machen eine Person beruflich wie privat attraktiver.

Wie nutzt man Leidenschaft, um hervorzustechen?

- **Sei authentisch** – Leidenschaft kann man nicht vortäuschen, sei du selbst.
- **Schaff Mehrwert durch deine Einzigartigkeit** – tu die Dinge auf deine eigene Weise.
- **Werd zur Inspirationsquelle** – teile dein Wissen und inspiriere andere.

Praxisbeispiel: *Wenn ich eine Leidenschaft fürs Kochen habe und einen Blog mit innovativen Rezepten starte, wird meine Leidenschaft in den Inhalten sichtbar sein und ein treues Publikum anziehen.*

Praktische Übung: Finde heraus, wie deine Leidenschaft dich in deinem Bereich einzigartig machen kann.

DIE VERBINDUNG ZWISCHEN LEIDENSCHAFT UND ERFOLG

Die erfolgreichsten Menschen der Welt haben eines gemeinsam: Sie sind leidenschaftlich bei dem, was sie tun.

Leidenschaft liefert die Energie, sich zu verbessern, zu innovieren und Herausforderungen zu meistern.

Was verbindet erfolgreiche Menschen?

- Sie arbeiten nicht nur für Geld, sondern um etwas Sinnvolles zu schaffen.
- Sie begegnen Schwierigkeiten mit Entschlossenheit, weil sie lieben, was sie tun.
- Sie strahlen Energie aus und inspirieren andere.

Praxisbeispiel: *Steve Jobs war besessen von der Perfektion seiner Produkte, weil er Technologie und Design liebte. Das machte ihn zu einem Pionier.*

Praktische Übung: Schreibe den Namen einer Person auf, die du wegen ihrer Leidenschaft bewunderst, und analysiere, was sie erfolgreich gemacht hat.

Finde deine Leidenschaft, pflege sie täglich und nutze sie als Hebel, um die Zukunft zu gestalten, die du dir wünschst.

Merke dir: Leidenschaft ist die Kraft, die ein gewöhnliches Leben in ein außergewöhnliches verwandeln kann. Sie ist nicht nur ein Gefühl, sondern ein Motor, der – wenn er gepflegt wird – zu unglaublichen Ergebnissen führen kann.

DIE KOMFORTZONE VERLASSEN: DER ERSTE SCHRITT ZUM ERFOLG

Die Komfortzone ist jener mentale Ort, an dem wir uns sicher fühlen. Kein Risiko, keine Überraschungen, alles unter Kontrolle. Ein perfekter Zufluchtsort – zumindest auf den ersten Blick. Das Problem? Wenn wir zu lange dort bleiben, ersticken wir unser persönliches und berufliches Wachstum.

Ich war selbst in einer solchen Routine gefangen, die mir Sicherheit gab, mich aber gleichzeitig blockierte. Ich hatte Angst, Neues auszuprobieren, zu scheitern, mich unwohl zu fühlen. Doch ich erkannte: Jede große Chance liegt außerhalb dieser Komfortzone. Dort beginnt die wahre Transformation.

WARUM IST ES ENTSCHEIDEND, DIE KOMFORTZONE ZU VERLASSEN?

In einer vorhersehbaren Umgebung zu verharren, hat einen hohen Preis. Vielleicht merken wir es nicht sofort, aber auf lange Sicht raubt es uns Wachstum und Chancen.

Warum kann die Komfortzone dich limitieren?

- **Sie blockiert persönliches Wachstum** – ohne neue Herausforderungen entwickeln wir keine neuen Fähigkeiten.

- **Sie hält dich in der Routine gefangen** – zu viel Vorhersehbarkeit führt zu Langeweile und Stagnation.
- **Sie reduziert Chancen** – die besten Möglichkeiten entstehen oft in neuen, ungewohnten Situationen.

Vorteile des Verlassens der Komfortzone:

- **Mehr Selbstvertrauen** – jedes überwundene Hindernis stärkt unser Selbstwertgefühl.
- **Erweiterte Chancen** – neue Erfahrungen und Kontakte eröffnen unerwartete Wege.
- **Bessere Anpassungsfähigkeit** – die Welt verändert sich schnell, wer sich anpassen kann, hat die Nase vorn.

Praxisbeispiel: *Ich hatte Angst, öffentlich zu sprechen, und vermied jede Gelegenheit dazu. Doch eines Tages nahm ich eine Einladung zu einer Präsentation an. Ich war nervös, machte Fehler, aber am Ende bekam ich Applaus. Da verstand ich: Der einzige Weg, Angst zu überwinden, ist, sich ihr zu stellen.*

Praktische Übung: Schreibe etwas auf, das du schon immer tun wolltest, aber aus Angst oder Unsicherheit vermieden hast. Was ist der erste kleine Schritt, den du tun kannst, um es anzugehen?

WIE ERKENNT MAN, DASS MAN IN DER KOMFORTZONE FESTSITZT?

Oft merken wir gar nicht, dass wir in unserer Routine gefangen sind.
Hier einige Anzeichen:

- Du wiederholst ständig die gleichen Aktivitäten ohne Abwechslung.
- Du vermeidest Herausforderungen aus Angst zu scheitern.
- Du fühlst dich gelangweilt oder unzufrieden, schiebst Veränderungen aber ständig auf.

Praxisbeispiel: *Jahrelang sagte ich, dass ich eine neue Sprache lernen will, aber ich fing nie an. Es lag nicht an Zeitmangel, sondern an der Angst, mich unzureichend zu fühlen. Dann begann ich mit zehn Minuten pro Tag und merkte, dass schon wenig reicht, um Fortschritte zu machen.*

Praktische Übung: Erstelle eine Liste mit Dingen, die du schon immer machen wolltest, aber immer wieder aufgeschoben hast. Was steckt hinter jedem Aufschub?

PRAKTISCHE STRATEGIEN, UM DIE KOMFORTZONE ZU VERLASSEN

Du musst dein Leben nicht an einem einzigen Tag umkrempeln. Das Geheimnis liegt in kleinen, beständigen Schritten.

Methoden, um deine Komfortzone zu erweitern:

- **Probier jede Woche etwas Neues aus** – ein neues Hobby, einen anderen Weg zur Arbeit, eine neue Bekanntschaft.
- **Umgib dich mit Menschen, die dich herausfordern** – jene, die dich zum Besseren anspornen, sind deine besten Verbündeten.
- **Akzeptier das Scheitern als Teil des Weges** – jeder Fehler bringt dich voran, nicht zurück.

Praxisbeispiel: *Ich habe Gespräche mit Fremden immer vermieden. Dann begann ich mit kleinen Schritten: ein paar Worte mit dem Barista, eine Frage an jemanden im Fitnessstudio. Heute kann ich viel sicherer und natürlicher interagieren.*

Praktische Übung: Schreibe drei Aktivitäten auf, die außerhalb deiner gewohnten Routine liegen, und nehme dir vor, mindestens eine davon diese Woche umzusetzen.

DIE ROLLE DER DENKWEISE BEIM VERLASSEN DER KOMFORTZONE

Wie wir Veränderung wahrnehmen, bestimmt unser Maß an Erfolg.

Wenn wir Erfolg als Bedrohung sehen, bleiben wir blockiert. Wenn wir ihn als Chance sehen, wachsen wir.

Denkweisen, die du entwickeln solltest:

- **Wachstumsmentalität** – Jede Herausforderung ist eine Lernchance.
- **Resilienz** – Anfangs ist Unbehagen normal, akzeptiere es und geh weiter.
- **Risikobereitschaft** – Scheitern ist kein Ende, sondern Teil des Prozesses.

Praxisbeispiel: *Ich dachte immer, ich sei nicht für das Business gemacht – bis ich es einfach ausprobierte. Ich scheiterte oft, aber jede Erfahrung hat mir etwas Wertvolles beigebracht.*

Praktische Übung: Immer wenn du eine mentale Blockade gegenüber einer Veränderung spürst, schreibe einen positiven, alternativen Gedanken auf.

ERFOLG ALS ERGEBNIS VON HANDLUNGEN AUSSERHALB DER KOMFORTZONE

Erfolgreiche Menschen haben Risiko und Unsicherheit akzeptiert.

Was sie gemeinsam haben:

- Sie haben begonnen, ohne sich zu 100 % bereit zu fühlen.
- Sie haben gelernt, mit Kritik und Misserfolgen umzugehen.
- Sie haben sich auf Neues eingelassen und dabei unerwartete Chancen entdeckt.

Praxisbeispiel: *J.K. Rowling schrieb Harry Potter in finanziell schwierigen Zeiten und wurde von unzähligen Verlagen abgelehnt. Hätte sie sich* *von der Angst vor dem Scheitern aufhalten lassen, gäbe es heute eines der ikonischsten Bücher der Welt nicht.*

Praktische Übung: Schreibe den Namen einer Person auf, die du bewunderst, und analysiere, wie sie ihre Komfortzone überwunden hat, um erfolgreich zu werden.

Die Komfortzone zu verlassen bedeutet nicht, sich kopfüber ins Ungewisse zu stürzen, sondern neue Herausforderungen anzunehmen und sie entschlossen anzugehen. Jedes Mal, wenn wir eine Grenze überwinden, erweitern wir unser Potenzial und öffnen Türen zu neuen Chancen.

Merke dir: Wachstum beginnt dort, wo deine Komfortzone endet. Veränderung macht Angst – aber Angst ist nur ein Zeichen dafür, dass du auf dem richtigen Weg bist.

BESTÄNDIGKEIT: DAS WAHRE GEHEIMNIS DES ERFOLGS

Erfolg ist nie Glück oder Zufall. Er ist das Ergebnis von konsequenter Hingabe – tägliche kleine Schritte, selbst wenn niemand zuschaut. Diese Lektion habe ich mit der Zeit gelernt, nachdem ich viele talentierte Menschen scheitern sah, weil sie sofortige Resultate erwarteten. Gleichzeitig sah ich scheinbar „durchschnittliche" oder „unscheinbare" Menschen unglaubliche Ziele erreichen – einfach, weil sie nie aufgehört haben.

Viele glauben, Erfolg hänge von Talent oder Glück ab. In Wahrheit bringt Talent ohne Disziplin wenig – aber Beständigkeit kann auch ohne außergewöhnliche Begabung Großes bewirken.

Warum ist Beständigkeit der Schlüssel zum Erfolg?

- **Sie übertrifft momentane Motivation** – Anfangseuphorie vergeht, Disziplin hält den Fortschritt aufrecht.
- **Sie führt zu kontinuierlicher Verbesserung** – kleine tägliche Schritte führen über Zeit zu großen Ergebnissen.

- **Sie schafft Vertrauen und Glaubwürdigkeit** – wer konstant bleibt, wird zuverlässig.

Praxisbeispiel: *Als ich mein erstes Buch schrieb, war ich anfangs voller Energie. Nach einem Monat ließ die Motivation nach. Ich war versucht aufzugeben, aber ich zwang mich, jeden Tag 500 Wörter zu schreiben. Ein Jahr später war das Buch fertig. Nicht Talent brachte mich zum Ziel, sondern Beständigkeit.*

Praktische Übung: Schreibe eine Fähigkeit oder ein Ziel auf, das du verbessern möchtest, und definiere eine kleine tägliche Handlung, um daran zu arbeiten.

WIE MAN DIE GEWOHNHEIT DER BESTÄNDIGKEIT AUFBAUT

Beständigkeit ist kein angeborenes Talent, sondern eine erlernbare Gewohnheit. Und wie jede Gewohnheit entsteht sie durch Zeit und Wiederholung.

Schritte zur Entwicklung von Beständigkeit:

- **Beginn mit kleinen Schritten** – lieber täglich ein bisschen als einmal im Monat zu viel.
- **Erstell eine Routine** – verknüpfe die Aktivität mit einem festen Tageszeitpunkt.
- **Eliminier Ablenkungen** – finde einen Ort, der Konzentration fördert.
- **Mess deinen Fortschritt** – Fortschritte zu sehen, hilft, motiviert zu bleiben.

Praxisbeispiel: *Ich sagte mir immer, dass ich keine Zeit zum Lesen habe. Dann beschloss ich, jeden Tag 30 Minuten zu lesen, ohne auf den perfekten Moment zu warten. Nach sechs Monaten hatte ich mehrere Bücher beendet und fühlte mich bereichert. Alles, was es brauchte, war Beständigkeit.*

Praktische Übung: Bestimme eine Gewohnheit, die du entwickeln möchtest, und lege fest, zu welcher Tageszeit du sie ohne Unterbrechung ausüben willst.

WIE MAN SCHWIERIGE PHASEN ÜBERWINDET

Auch mit der besten Disziplin gibt es Tage, an denen man aufgeben will.

Der Unterschied zwischen Erfolgreichen und jenen, die scheitern, liegt in der Fähigkeit, trotz Widrigkeiten weiterzumachen.

Strategien, um in schwierigen Momenten beständig zu bleiben:

- **Erinner dich, warum du angefangen hast** – finde Motivation in deiner ursprünglichen Vision.
- **Pass deinen Ansatz an** – wenn eine Methode nicht funktioniert, ändere die Strategie statt aufzugeben.
- **Find Unterstützung** – umgib dich mit Menschen, die dich ermutigen und dir helfen, dranzubleiben.
- **Akzeptier "schlechte Tage"** – auch wenn du nicht dein Bestes gibst, ist ein wenig immer besser als nichts.

Praxisbeispiel: *Beim Aufbau meines ersten Unternehmens gab es Zeiten, in denen alles schieflief. Ich hätte aufgeben können, aber ich entschied mich, mich auf kleine tägliche Fortschritte zu konzentrieren. Am Ende brachte genau diese Beharrlichkeit den Erfolg.*

Praktische Übung: Erstelle einen Plan, wie du mit Schwierigkeiten umgehen wirst, die beim Verfolgen eines aktuellen Ziels auftreten könnten.

ERFOLG IST DIE SUMME VIELER KLEINER, WIEDERHOLTER HANDLUNGEN

Viele geben ihre Träume auf, weil sie sofortige Ergebnisse wollen. Doch echter Erfolg entsteht über Zeit.

Beispiele für Erfolg durch Beständigkeit:

- Spitzensportler:innen trainieren jeden Tag, auch wenn sie keine Lust haben.
- Erfolgreiche Unternehmer:innen verbessern täglich ihre Produkte und Strategien.
- Finanzielle Freiheit erreicht man durch konsequentes Investieren, nicht durch Glückstreffer.

Praxisbeispiel: *Warren Buffett wurde nicht durch einen einzigen Glücksgriff Milliardär. Er baute seinen Reichtum durch Disziplin und kontinuierliches Investieren über Jahre hinweg auf.*

Praktische Übung: Schreibe ein langfristiges Ziel auf und definiere die täglichen oder wöchentlichen Schritte, die notwendig sind, um es zu erreichen.

BESTÄNDIGKEIT ALS WETTBEWERBSVORTEIL

Wir leben in einer Welt, in der viele etwas mit Begeisterung anfangen, es aber schnell wieder aufgeben.

Beständig zu sein, macht dich automatisch anders – und erfolgreicher als die Mehrheit.

Wie du Beständigkeit als Vorteil nutzen kannst:

- **Mach weiter, wenn andere aufgeben** – Durchhaltevermögen bringt dich weiter.
- **Werd eine verlässliche Person** – das stärkt deinen Ruf.
- **Zeig Disziplin und Engagement** – Chancen kommen zu denen, die konsequent handeln.

Praxisbeispiel: *Viele starten einen Blog oder YouTube-Kanal und geben nach wenigen Monaten auf. Wer jahrelang dranbleibt, baut eine echte Community und langfristigen Erfolg auf.*

Praktische Übung: Bestimme einen Bereich deines Lebens, in dem du dich allein durch mehr Beständigkeit von anderen abheben kannst.

Das wahre Geheimnis des Erfolgs ist nicht, mit Begeisterung zu beginnen, sondern weiterzumachen, wenn die Begeisterung nachlässt. Beständigkeit ermöglicht es dir, deine Ziele zu erreichen, neue Fähigkeiten aufzubauen und der Konkurrenz einen Schritt voraus zu sein.

Merke dir: Nicht der/die Schnellste gewinnt das Rennen, sondern der/die, der/die bis zum Ende läuft.

HANDELN: DER SCHLÜSSEL, DER TRÄUME IN REALITÄT VERWANDELT

Ideen allein reichen nicht aus. Ich habe Menschen mit brillanten Einfällen kennengelernt, die ganze Branchen hätten revolutionieren können – und doch haben sie nie etwas daraus gemacht. Warum? Weil sie nie gehandelt haben. Sie verbrachten ihre Zeit mit Planen, Nachdenken, Details optimieren – in der Hoffnung auf den perfekten Moment, um zu starten.

Das Problem ist: Dieser perfekte Moment existiert nicht.

Erfolg geschieht nicht plötzlich – er ist das Ergebnis konsequenten Handelns. Selbst das genialste Projekt bleibt nur eine Idee, wenn es nicht in die Tat umgesetzt wird. Sehen wir uns an, wie man Trägheit überwindet, eine Gewohnheit des Handelns entwickelt und die Angst vor Fehlern meistert.

HANDELN IST WICHTIGER ALS PERFEKTION

Viele zögern den Start hinaus, weil sie zuerst perfekt vorbereitet sein wollen. Ich habe schmerzlich gelernt: Handeln ist der wahre Motor für Verbesserung.

Darum ist es besser, sofort zu handeln:

- **Handeln bringt Erfahrung** – Man lernt nicht schwimmen, indem man ein Buch liest – man muss ins Wasser springen.
- **Perfektion ist eine Illusion** – Wer auf 100 % Bereitschaft wartet, startet oft nie.

- **Tun ist besser als Überdenken** – Erfolg kommt durch Ausprobieren, Korrigieren und Verbessern

Praxisbeispiel: Als ich mein erstes Unternehmen gründen wollte, hatte ich nicht alle Antworten. Aber ich wusste: Wenn ich nicht beginne, bleibe ich stehen. Also habe ich gestartet, Fehler gemacht, korrigiert und verbessert. Hätte ich auf den perfekten Plan gewartet, würde ich noch heute planen.

Praktische Übung: Wähle ein Ziel, das du schon zu lange aufgeschoben hast, und mache heute den ersten Schritt – selbst wenn er klein ist.

DIE ANGST ZU SCHEITERN ÜBERWINDEN

Der größte Fehler ist, nichts zu tun – aus Angst zu scheitern.

Scheitern ist nicht das Ende, sondern eine wertvolle Lektion auf dem Weg zum Erfolg.

Wie man die Angst vor dem Handeln meistert:

- **Akzeptier Fehler als Teil des Prozesses** – Jeder Erfolg ist auf überwundene Misserfolge gebaut.
- **Starte mit kleinen Schritten** – Du musst keine riesigen Sprünge machen, beginne mit dem, was machbar ist.
- **Änder deine Sicht auf das Scheitern** – Es ist keine Niederlage, sondern ein notwendiger Schritt zur Verbesserung.

Praxisbeispiel: Als ich meinen ersten Film drehen wollte, hatte ich tausend Zweifel. Was, wenn er schlecht wird? Wenn ihn niemand mag? Lange zögerte ich – wartete auf das perfekte Budget, Equipment, Team. Dann sagte ich mir: 'Lieber etwas Unvollkommenes drehen als gar nichts.' Dieser erste Schritt war entscheidend, um eine Idee in Realität zu verwandeln.

Praktische Übung: Schreibe einen Fehler auf, den du gemacht hast, und benenne, was du daraus gelernt hast.

VON DER ABSICHT ZUM HANDELN: WIE MAN EINEN UMSETZUNGSPLAN ERSTELLT

Ein Ziel zu haben ist wichtig, aber ohne klaren Plan bleibt man oft stecken.

Effektives Handeln entsteht durch eine konkrete Strategie.
So verwandelst du eine Idee in eine Handlung:

- **Definier dein Ziel klar** – Je konkreter, desto erreichbarer.
- **Teil das Ziel in kleine Schritte auf** – Ein großes Ziel wirkt einschüchternd, kleine Etappen machen es greifbar.
- **Setz dir Fristen** – Ohne Termin wird es endlos aufgeschoben.
- **Starte mit einer einfachen Aufgabe** – Eine erste Handlung erzeugt Schwung.

Praxisbeispiel: *Ich wollte ein Online-Business starten, schob es aber ständig auf. Dann zerlegte ich den Prozess: Tag 1 – Domain kaufen, Tag 2 – Logo entwerfen, Tag 3 – Website skizzieren. Nach einem Monat war ich am Start.*

Praktische Übung: Schreibe ein dir wichtiges Ziel auf und unterteile es in fünf einfache Schritte, mit denen du sofort beginnen kannst.

DIE GEWOHNHEIT DES HANDELNS AUFBAUEN

Handeln sollte zur Gewohnheit werden, nicht zur Ausnahme. Je öfter du handelst, desto natürlicher wird es.
Strategien zur Entwicklung dieser Gewohnheit:

- **Mach jeden Tag etwas** – auch wenn es klein ist. Wichtig ist: nicht stehenbleiben.
- **Eliminier Ausreden** – Finde Gründe zu handeln, nicht Gründe zu zögern.
- **Entwickle eine lösungsorientierte Denkweise** – Konzentriere dich auf Wege, Probleme zu überwinden.

Praxisbeispiel: *Ich wollte fitter werden, fand aber immer Ausreden. Dann beschloss ich: 20 Minuten Training pro Tag. Es schien wenig – aber diese kleine Gewohnheit hat alles verändert.*

Praktische Übung: Wähle eine Aktivität, die du zur Gewohnheit machen möchtest, und lege eine kleine tägliche Handlung fest, mit der du beginnst.

HANDELN IST DER UNTERSCHIED ZWISCHEN ERFOLG UND STILLSTAND

Viele Menschen haben große Träume – aber nur wenige setzen sie um. Der Unterschied? Manche handeln – andere nicht.
Was erfolgreiche Menschen auszeichnet:

- **Sie handeln, bevor sie sich bereit fühlen.**
- **Sie wissen, dass Verbesserung unterwegs geschieht.**
- **Sie machen aus Fehlern Chancen zum Wachstum.**

Praxisbeispiel: *Viele wollten einen YouTube-Kanal starten – doch sie warteten zu lange. Andere begannen mit schlechten Videos, verbesserten sich nach und nach. Heute sind sie weltbekannte Creator:innen mit großem Einkommen.*

Praktische Übung: Schreibe drei konkrete Handlungen auf, die du heute tun kannst, um deinen Zielen näher zu kommen.

Erfolg kommt nicht zu denen mit den besten Ideen, sondern zu denen, die handeln – mit Beständigkeit und Entschlossenheit. Handeln heißt, Angst zu überwinden, Fehler zu akzeptieren und sich ständig weiterzuentwickeln.

Merke dir: Handeln ist der Schlüssel, der Träume in Realität verwandelt. Warte nicht auf den perfekten Moment – fang jetzt an.

REFLEXION: DAS GEHEIMNIS FÜR WACHSTUM UND VERBESSERUNG

In der heutigen hektischen Welt jagen wir oft einem Ziel nach dem anderen hinterher, ohne je innezuhalten und nachzudenken. Doch ohne Reflexion gibt es kein echtes Wachstum – denn sonst wiederholen wir dieselben Fehler und verlieren die Orientierung.

Reflexion verwandelt Erfahrung in Weisheit. Sie ist nicht nur ein Erinnerungsakt, sondern eine strategische Gewohnheit, die es uns erlaubt, unseren Weg zu analysieren, Erfolge und Misserfolge zu bewerten und kontinuierlich zu verbessern.

WARUM REFLEXION FÜR DEN ERFOLG ENTSCHEIDEND IST

Viele Menschen arbeiten hart, halten aber nie inne, um zu prüfen, ob sie noch in die richtige Richtung gehen.

Vorteile der Reflexion:

- **Bessere Entscheidungen** – Wer weiß, was funktioniert hat, trifft klügere Entscheidungen für die Zukunft.
- **Mehr Selbstkenntnis** – Reflektieren über Emotionen, Reaktionen und Verhalten hilft, sich selbst besser zu verstehen.
- **Wiederholte Fehler vermeiden** – Ohne Reflexion riskieren wir, dieselben Fehler immer wieder zu machen.
- **Fokus auf Ziele bewahren** – Fortschritte zu analysieren hilft, auf Kurs zu bleiben.

Praxisbeispiel: *Nach dem Schreiben meines ersten Drehbuchs wurde mir klar, wie wichtig es ist, jeden Aspekt des Prozesses zu überdenken. Ich analysierte, was in der Story funktionierte und was verbesserungswürdig war – vom Aufbau bis zum Dialogtempo. Diese Reflexion half mir, spätere Projekte mit mehr Klarheit und Selbstvertrauen anzugehen.*

Praktische Übung: Nehme dir am Tagesende fünf Minuten Zeit und schreibe eine Sache auf, die du gut gemacht hast, und eine, die du verbessern könntest.

WIE MAN EFFEKTIV REFLEKTIERT

Nur über die Vergangenheit nachzudenken reicht nicht – Reflexion muss strukturiert sein, um konkrete Ergebnisse zu bringen.
Techniken für zielgerichtete Reflexion:

- **Ein Reflexionsjournal führen** – Erfolge, Herausforderungen und Erkenntnisse schriftlich festhalten, um Klarheit zu gewinnen.
- **Gezielte Fragen stellen** – z. B.: Was habe ich heute gelernt? Was hätte ich besser machen können?
- **Die 3-Schritte-Regel anwenden** – 1) Ereignis analysieren, 2) Lehre ziehen, 3) Anwendung für die Zukunft festlegen.
- **Momente der Stille schaffen** – Zeiten ohne Ablenkung fördern mentale Klarheit.

Praktische Übung: Schreibe jede Woche drei Dinge auf, die du gelernt hast – und wie du sie in Zukunft anwenden kannst.

REFLEXION ALS WERKZEUG FÜR PERSÖNLICHES WACHSTUM

Reflexion dient nicht nur dazu, die Arbeit zu verbessern, sondern auch unsere Denkweise und unser Wohlbefinden weiterzuentwickeln.
Wie man Reflexion für persönliches Wachstum nutzt:

- **Emotionen analysieren** – Wer seine Reaktionen versteht, kann besser mit Stress und Beziehungen umgehen.
- **Wiederkehrende Muster erkennen** – Wenn ein Problem oft auftaucht, hilft Reflexion, effektivere Lösungen zu finden.
- **Bewusster Entscheidungen treffen** – Je mehr wir über Erfahrungen nachdenken, desto weiser werden unsere Entscheidungen.

Praxisbeispiel: *Wenn ich merke, dass ich in der Teamleitung immer zu perfektionistisch bin und jedes Detail kontrollieren will, kann ich darüber nachdenken, wie ich meinen Mitarbeiter:innen mehr Eigenverantwortung geben kann – für bessere Ergebnisse.*

Praktische Übung: Schreibe jeden Abend einen Moment des Tages auf, in dem du eine starke Emotion empfunden hast, und analysiere, was sie ausgelöst hat.

ÜBERANALYSIEREN VERMEIDEN

Reflexion ist nur dann nützlich, wenn sie zu konkreten Handlungen führt – sonst wird sie zur Blockade. Zu viel Grübeln kann lähmen.
Wie du Overthinking vermeidest:

- **Begrenz die Zeit fürs Nachdenken** – Endlos über Fehler zu grübeln hilft nicht weiter.
- **Fokusier dich auf Lösungen statt nur auf Probleme** – Reflexion sollte zu praktischer Verbesserung führen.
- **Akzeptier, dass nicht alles sofort beantwortet werden kann** – Manche Erkenntnisse brauchen Zeit.

Praxisbeispiel: *Nach einem Fehler am Set habe ich nicht tagelang darüber gegrübelt. Stattdessen fragte ich mich: ‚Was kann ich tun, damit das beim nächsten Mal nicht passiert?' – und dieses Vorgehen verwandelte den Fehler in Wachstum.*

Praktische Übung: Wenn du merkst, dass du zu viel über ein Problem nachdenkst, schreibe drei praktische Schritte auf, mit denen du es angehen kannst.

REFLEXION ALS TÄGLICHE GEWOHNHEIT ETABLIEREN

Um das volle Potenzial der Reflexion auszuschöpfen, sollte sie zur regelmäßigen Gewohnheit werden.

So integrierst du Reflexion in deinen Alltag:

- Verwende ein Tagebuch oder eine digitale Notiz-App, um Gedanken und Fortschritte festzuhalten.
- Reflektier jeden Sonntag über Erfolge und Herausforderungen der Woche.
- Teil deine Reflexionen mit einer Vertrauensperson, um neue Perspektiven zu gewinnen.

Praxisbeispiel: *Jeden Sonntagabend nehme ich mir zehn Minuten Zeit, um aufzuschreiben, was ich in der Woche gelernt habe und was ich nächste Woche verbessern möchte. Diese einfache Routine hat mir geholfen, persönlich und beruflich zu wachsen.*

Praktische Übung: Erstelle eine tägliche Erinnerung, dir ein paar Minuten für persönliche Reflexion zu nehmen.

Reflexion ist ein mächtiges Wachstumsinstrument, das hilft, Erfahrungen und Fehler in Verbesserungsmöglichkeiten zu verwandeln. Wer strategisch reflektiert, ist klar im Vorteil gegenüber jenen, die einfach weitermachen, ohne ihren Weg zu hinterfragen.

Merke dir: Echter Wandel geschieht, wenn wir aus unseren Erfahrungen lernen. Reflektiere, lerne – und verbessere dich kontinuierlich.

INNOVATION: DAS GEHEIMNIS, SICH ABZUHEBEN UND ZU WACHSEN

In einer sich ständig wandelnden Welt trennt Innovation jene, die sich anpassen und wachsen, von denen, die zurückbleiben. Es reicht nicht, den Spielregeln zu folgen – man muss sie neu schreiben.

Innovation bedeutet nicht nur, etwas völlig Neues zu erfinden, sondern auch, bessere, effizientere und kreativere Wege zu finden, Dinge zu tun. Innovative Menschen folgen nicht einfach – sie schaffen neue Wege, neue Lösungen, neue Chancen.

Die Welt verändert sich laufend. Wer nicht innovativ ist, bleibt zurück.

Warum ist Innovation entscheidend?

- **Sie hebt dich von der Konkurrenz ab** – Wer tut, was alle tun, erhält auch die gleichen Ergebnisse.
- **Sie hilft, Probleme effektiver zu lösen** – Innovation findet neue Wege für alte Herausforderungen.
- **Sie erlaubt es, Chancen früher zu nutzen** – Die besten Möglichkeiten nutzen die, die offen für Wandel sind.

Praxisbeispiel: *Als ich mein erstes Drehbuch schrieb, war mir klar, dass es nicht dem klassischen Stil entsprach. Statt mich entmutigen zu lassen, entschied ich mich für einen innovativen Ansatz mit mehr visueller und unkonventioneller Erzählweise. Ich organisierte eine Lesung mit Freund:innen und Kolleg:innen, sammelte Feedback – und das Ergebnis war ein einzigartiger Stil, der das Interesse potenzieller Produzenten weckte und mir neue Türen öffnete.*

Praktische Übung: Finde einen Bereich in deinem Leben oder deiner Arbeit, in dem du einen innovativeren Ansatz anwenden könntest.

WIE MAN EINE INNOVATIVE DENKWEISE ENTWICKELT

Innovation ist nicht nur für Unternehmer:innen oder Wissenschaftler:innen – jeder kann eine kreative, veränderungsbereite Haltung entwickeln.

Merkmale innovativer Menschen:

- **Unendliche Neugier** – Stelle Fragen wie „Warum machen wir das so?" oder „Wie geht es besser?"
- **Offenheit für Veränderung** – Wer das Neue ablehnt, bleibt in der Vergangenheit.

- **Ständiges Experimentieren** – Habe keine Angst vor dem Ausprobieren.
- **Fähigkeit, unterschiedliche Ideen zu verbinden** – Großartige Innovationen entstehen oft durch das Kombinieren von Ideen aus verschiedenen Bereichen.

Praxisbeispiel: *Beim Dreh meines ersten Films hatte ich ein sehr kleines Budget. Ich fand jedoch innovative Wege, spektakuläre Szenen zu schaffen: mit neuen Kameratechniken, natürlichem Licht und ungewöhnlichen Drehorten. Das verlieh dem Film eine unverwechselbare Note.*

Praktische Übung: Fordere dich täglich heraus, eine Aufgabe in deinem Alltag effizienter oder kreativer zu lösen.

PRAKTISCHE INNOVATION: WIE MAN SIE IM LEBEN UND IM BUSINESS UMSETZT

Innovation ist keine Theorie – sie muss konkret angewendet werden, um Wirkung zu zeigen.

Wo lässt sich Innovation einsetzen?

- **Im Job** – Automatisiere Routinen, nutze neue Tools, verbessere dein Zeitmanagement.
- **Im Business** – Analysiere, was die Konkurrenz tut, und finde Wege, es besser oder anders zu machen.
- **Im Privatleben** – Ändere Gewohnheiten, entdecke neue Ideen, werde produktiver.

Praxisbeispiel: *Als ich eine Anzeige für einen wichtigen Kunden entwarf, der auffallen wollte, durchbrach ich bewusst die Normen: Ich ließ sie in einer meiner Zeitschriften seitenfüllend und auf dem Kopf stehend drucken. Leser wurden neugierig und drehten die Seite um – das Ergebnis war deutlich mehr Aufmerksamkeit als bei klassischen Anzeigen. Ein kleiner Innovationsschritt mit großer Wirkung.*

Praktische Übung: Wähle einen Bereich deines Lebens oder deiner

Arbeit, den du verbessern möchtest, und schreibe drei Wege auf, ihn zu innovieren.

DIE ANGST VOR VERÄNDERUNG ÜBERWINDEN

Viele Menschen wehren sich gegen Innovation aus Angst vor Veränderung oder Scheitern.
Wie du die Angst vor Innovation überwindest:

- **Akzeptier Fehler als Teil des Prozesses** – Jede Innovation entsteht durch Versuch und Irrtum.
- **Warte nicht auf Perfektion** – Innovation braucht ständiges Ausprobieren.
- **Umgib dich mit Menschen, die offen für Veränderung sind** – Die richtigen Einflüsse fördern deine Kreativität.

Praktische Übung: Denke an eine Situation, in der du aus Angst Veränderung vermieden hast, und schreibe eine konkrete Handlung auf, mit der du sie heute aktiv angehen kannst.

WETTBEWERBSVORTEILE DURCH INNOVATION SCHAFFEN

Die erfolgreichsten Menschen und Unternehmen sind jene, die kontinuierlich innovieren.

- Amazon hat den E-Commerce durch fortschrittliche Logistik revolutioniert.
- Tesla hat die Autoindustrie verändert, indem es frühzeitig auf Elektromobilität setzte.
- Steve Jobs hat die Konsumtechnologie neu definiert, indem er das Telefon in ein digitales Ökosystem verwandelte.

Wie man Innovation nutzt, um sich abzuheben:

- Beobachte den Markt und erkenne Verbesserungspotenziale.

- Studier erfolgreiche Unternehmen und passe ihre Strategien auf deinen Kontext an.
- Sei ständig auf der Suche nach neuen Chancen – ohne Angst, etwas Neues auszuprobieren.

Praktische Übung: Schreibe eine innovative Idee auf, die du in deinem Beruf oder einem persönlichen Projekt umsetzen könntest.

Innovation ist kein Luxus, sondern eine Notwendigkeit für alle, die sich abheben und erfolgreich sein wollen. Man muss kein Genie sein, um zu innovieren – Neugier, Offenheit und Experimentierfreude reichen aus.

Merke dir: Folge nicht nur den Spielregeln – schreibe deine eigenen Regeln und verwandle deine Ideen in Realität um.

PROBLEMLÖSUNG: DER SCHLÜSSEL, UM HERAUSFORDERUNGEN ZU MEISTERN

Das Leben und die Arbeit sind voller Herausforderungen. Erfolg hängt nicht vom Fehlen von Problemen ab, sondern von der Fähigkeit, sie effektiv zu lösen. Problemlösung ist eine entscheidende Fähigkeit, die erfolgreiche Menschen von jenen unterscheidet, die bei Schwierigkeiten blockieren.

Ein strategischer Umgang mit Problemen ermöglicht es, Hindernisse in Chancen zu verwandeln, bessere Entscheidungen zu treffen und schwierige Situationen mit Klarheit und Selbstbewusstsein zu meistern.

PROBLEMLÖSUNG ALS ERFOLGSMENTALITÄT

Viele Menschen sehen Probleme als unüberwindbare Hindernisse. Erfolgreiche hingegen betrachten sie als Herausforderungen, die mit Kreativität und Logik lösbar sind.

Wie du deine Sichtweise auf Probleme änderst:

- **Sieh jedes Problem als Wachstumschance** – Jede Schwierigkeit lehrt dich etwas Neues.
- **Entwickle eine lösungsorientierte Denkweise** – Konzentriere dich auf das, was du tun kannst, nicht auf das, was du nicht kontrollieren kannst.
- **Lass dich nicht von Emotionen überwältigen** – Bleibe ruhig und logisch.

Praxisbeispiel: Beim Schreiben eines Drehbuchs stehe ich oft vor dem Problem, mit kleinem Budget eine originelle und spannende Geschichte zu erzählen. Statt mich entmutigen zu lassen, sehe ich die Einschränkungen als kreative Chance: Ich reduziere die Schauplätze, konzentriere mich auf intensive Dialoge und steigere die Spannung – das macht das Drehbuch am Ende umso stärker.

Praktische Übung: Denke an ein aktuelles Problem und schreibe auf, was du daraus für die Zukunft lernen kannst.

PROBLEME EFFEKTIV LÖSEN

Problemlösung ist keine Improvisation – eine klare Methode führt zu besseren Ergebnissen.

Die 5 Schritte zur Lösung jedes Problems:

1. **Problem definieren** – Was ist die eigentliche Ursache?
2. **Optionen analysieren** – Welche Lösungswege gibt es?
3. **Risiken und Nutzen abwägen** – Was ist effektiv und nachhaltig?
4. **Schnell handeln** – Eine gute Lösung heute ist besser als eine perfekte morgen.
5. **Ergebnisse bewerten** – Was hat funktioniert? Was kann verbessert werden?

Praxisbeispiel: Wenn mein Unternehmen Kund:innen verliert, analysiere ich Feedbacks, erkenne das Problem (z. B. Preis, Qualität, Service) und teste neue Strategien – etwa durch personalisierten Service oder verbesserte Kommunikation.

Praktische Übung: Wende diese fünf Schritte auf ein aktuelles Problem an, das du gerade hast.

KRITISCHES VS. KREATIVES DENKEN IM PROBLEMLÖSEN

Zwei Hauptansätze helfen beim Lösen von Problemen: kritisches und kreatives Denken.

Kritisches Denken:

- Analysiert Fakten und Daten logisch.
- Bewertet Vor- und Nachteile rational.
- Schließt unrealistische Optionen aus und bevorzugt pragmatische Lösungen.

Kreatives Denken:

- Findet unkonventionelle Lösungen.
- Experimentiert mit neuen Ansätzen.
- Nutzt Intuition und Brainstorming für neue Ideen.

Praxisbeispiel: *Hat ein Restaurant wenig Gäste, kann man mit kritischem Denken Preise und Service analysieren. Kreativ hingegen könnte man Themenabende oder Events einführen, um neue Kundschaft zu gewinnen.*

Praktische Übung: Wähle ein Problem und wende sowohl kritisches als auch kreatives Denken an, um verschiedene Lösungen zu entwickeln.

WIE MAN SCHWIERIGKEITEN BEIM PROBLEMLÖSEN ÜBERWINDET

Selbst mit der besten Methode können Probleme unlösbar erscheinen. So überwindest du die größten Hürden:
Strategien zur Überwindung von Blockaden:

- **Zerleg das Problem in kleinere Teile** – Ein Schritt nach dem anderen ist machbar.
- **Wechsel die Perspektive** – Frag dich: „Wie würde eine erfolgreiche Person dieses Problem angehen?"
- **Hol dir Hilfe oder Feedback** – Ein neuer Blickwinkel kann den Knoten lösen.
- **Vermeide Aufschieben** – Prokrastination verschlimmert das Problem nur.

Praxisbeispiel: *Bei einer Werbeproduktion fiel kurzfristig der Drehort weg. Statt zu verzweifeln, suchte ich sofort Alternativen, passte den Produktionsplan an – und drehte rechtzeitig. Das Ergebnis? Ein gelungenes Video trotz Hindernissen.*

Praktische Übung: Nehme ein komplexes Problem und zerlege es in 3–5 kleinere, leichter zu bewältigende Teilprobleme.

PROBLEMLÖSUNG ALS WETTBEWERBSVORTEIL

Im Berufsleben und in der Unternehmertätigkeit sind jene am gefragtesten, die Probleme lösen können.
Warum macht dich Problemlösung wettbewerbsfähiger?

- Unternehmen brauchen Lösungssuchende, keine Klagenden.
- Problemlöser:innen passen sich leichter an Marktveränderungen an.
- Problemlösung ist Grundlage von Innovation und Führung.

Praxisbeispiel: *Steve Jobs sah das Problem komplizierter Computer-*

Oberflächen. Während PCs damals schwer zu bedienen waren, entwickelte er den Macintosh mit grafischer Oberfläche und Maus – ein Meilenstein, der Computer für alle zugänglich machte.

Praktische Übung: Identifiziere ein Problem in deinem Unternehmen oder Bereich und entwickle eine innovative Lösungsidee.

Problemlösung ist eine der mächtigsten Fähigkeiten, die du entwickeln kannst. Wer Lösungen findet, statt sich zu beklagen, hat immer die Nase vorn.

Merke dir: Es gibt keine unlösbaren Probleme – nur solche, die noch nicht mit dem richtigen Ansatz analysiert wurden.

ZUSAMMENFASSUNG

Wir haben die essenziellen Grundlagen für Erfolg im Leben erkundet: Leidenschaft, das Verlassen der Komfortzone, Beständigkeit, Handeln, Reflexion, Innovation und Problemlösung. Diese Werkzeuge können dir helfen, deine Träume in Realität zu verwandeln.

Merke dir: Erfolg braucht Einsatz, Entschlossenheit und eine offene Haltung gegenüber Veränderung. Sei bereit, deine Komfortzone zu verlassen, Herausforderungen mutig anzugehen und ständig zu innovieren. Mit diesen Fähigkeiten bist du bereit, jedes Hindernis zu überwinden und den Erfolg zu erreichen, den du verdienst.

4 WIE MAN EINE KARRIERE AUFBAUT

Wie man die Angst vor dem Bitten überwindet, die Bedeutung von Public Relations und wie man Chancen in Profit verwandelt. In diesem Kapitel untersuchen wir, wie man die Angst überwindet, um Hilfe oder Möglichkeiten zu bitten, warum Public Relations entscheidend sind und wie man Chancen in Gewinne umwandelt. Wenn du diese grundlegenden Fähigkeiten beherrschst, wirst du in der Lage sein, jede Gelegenheit in deinem Leben optimal zu nutzen.

Viele Menschen geben ihre Träume nicht auf, weil ihnen Talent oder Fähigkeiten fehlen, sondern weil sie sich nicht trauen zu fragen. Oft werden wir von der Angst vor Zurückweisung, Demütigung oder dem Urteil anderer blockiert. Doch das Bitten ist der erste Schritt, um zu bekommen, was man will.

Erfolgreiche Menschen warten nicht darauf, dass Gelegenheiten vom Himmel fallen: Sie suchen aktiv danach, stellen Fragen, bitten um Hilfe, verhandeln Bedingungen und knüpfen Verbindungen.

WARUM BITTEN ENTSCHEIDEND FÜR DEN ERFOLG IST

Wenn du nicht fragst, bekommst du auch nichts.
Warum ist es so wichtig, das Bitten zu lernen?

- **Es eröffnet neue Chancen** – Viele Möglichkeiten existieren nur für jene, die den Mut haben, danach zu fragen.
- **Es ermöglicht Unterstützung und Ressourcen** – Niemand schafft es ganz allein.
- **Es hilft, bessere Bedingungen zu verhandeln** – Wer fragt, kann Vorteile erlangen, die sonst verloren gehen würden.
- **Es zeigt Selbstvertrauen** – Menschen respektieren jene, die den Mut haben, ihre Bedürfnisse zu äußern.

Praxisbeispiel: *Als ich meine erste Dienstleistungsfirma gründen wollte, hatte ich eine gute Idee, aber kein Kapital. Statt mich davon aufhalten zu lassen, habe ich um Hilfe gebeten. Zuerst unterstützten mich meine Eltern, doch bald erhielt ich auch Unterstützung von Branchenkollegen – sowohl in Italien als auch im Ausland, von Rom bis New York. Außerdem bekam ich wichtige Ausrüstung geliehen, um das Geschäft zu starten. Hätte ich nicht den Mut gehabt zu fragen, wäre mein Unternehmen nie gestartet.*

Praktische Übung: Schreibe drei Dinge auf, die du erreichen möchtest, und benenne eine Person oder überlege dir eine Situation, in der du darum bitten könntest.

WIE MAN DIE ANGST VOR ZURÜCKWEISUNG ÜBERWINDET

Die Angst zu bitten entsteht oft aus der Angst vor Zurückweisung. Doch eine Ablehnung ist kein Scheitern – sie ist einfach nur eine Antwort.

- **Akzeptier, dass Zurückweisung Teil des Prozesses ist** – Jedes „Nein" bringt dich einem „Ja" näher.

- **Nimm es nicht persönlich** – Eine Ablehnung definiert nicht deinen Wert.
- **Sieh Ablehnung als Lernmöglichkeit** – Analysiere, was du beim nächsten Mal besser machen kannst.
- **Gewöhn dich daran, kleine Dinge zu erbitten** – Fange mit einfachen Bitten an, um Selbstvertrauen aufzubauen.

Praxisbeispiel: *Als ich in der Filmproduktion anfing, musste ich oft Unternehmen und Sponsoren um Finanzierung bitten. Anfangs fühlte sich jedes ‚Nein' wie ein harter Schlag an. Doch ich merkte bald, dass mich jede Ablehnung lehrte: Ich verbesserte meinen Pitch, verfeinerte meine Bitten und lernte, mich überzeugender zu präsentieren. Am Ende machten mich die ersten ‚Neins' stärker und entschlossener.*

Praktische Übung: Schreibe eine Situation auf, in der du aus Angst vor Ablehnung nicht gefragt hast, und überlege, wie du sie anders hättest angehen können.

DIE KUNST, EFFEKTIV ZU BITTEN

Bitten heißt nicht einfach „Ich will das". Man muss wissen, wie man es richtig macht, um die Erfolgschancen zu erhöhen.
Wie man effektiv bittet:

- **Sei klar und konkret** – Menschen können nicht Gedanken lesen. Sag genau, was du willst.
- **Zeig Mehrwert** – Erkläre, warum deine Bitte auch für die andere Person vorteilhaft ist.
- **Bitte selbstbewusst** – Der Ton beeinflusst die Antwort: Sei bestimmt und direkt.
- **Sei auf ein „Nein" vorbereitet und bereit für Alternativen** – Frage nach anderen Möglichkeiten, wenn du abgelehnt wirst.

Praxisbeispiel: *Während der Produktion eines Films brauchte der Regisseur eine exklusive Location. Anstatt nur eine Standardgenehmigung zu* beantragen, habe ich ein Konzept erstellt, in dem ich erklärte, wie unsere Produktion der Location Sichtbarkeit verschaffen würde, und bot eine Markenpräsentation an. Das Ergebnis? Wir erhielten die Genehmigung kostenlos im Tausch gegen die Nutzung einiger Clips zu Werbezwecken.

Praktische Übung: Formuliere eine Bitte, die du stellen möchtest, und überarbeite sie zu einer klareren und effektiveren Version.

WO UND WANN BITTEN – UM DEN ERFOLG ZU MAXIMIEREN

Der Zeitpunkt und Kontext deiner Bitte beeinflussen das Ergebnis erheblich.

- **Wähl den richtigen Moment** – Eine Bitte zur falschen Zeit kann ignoriert oder abgelehnt werden.
- **Wende dich an die richtige Person** – Bitte jemanden, der wirklich helfen kann.
- **Verwende den passenden Ton und Stil** – Passe deinen Ansatz an die Situation und dein Gegenüber an.

Praxisbeispiel: *Einmal wollte ich einem bedeutenden Produzenten eine Idee vorstellen, wusste aber, dass er täglich Dutzende Vorschläge erhielt. Ich wählte bewusst den richtigen Moment – nach einem Networking-Event, als er entspannter war. So bekam ich seine Aufmerksamkeit und ein Folgegespräch.*

Praktische Übung: Denke an eine frühere Bitte zurück und bewerte, ob der Moment und die Person passend waren.

BITTEN ALS GEWOHNHEIT: DIE 100-ABLEHNUNGEN-METHODE

Viele erfolgreiche Unternehmer:innen nutzen die 100-Ablehnungen-Methode, um ihre Angst vor dem Bitten zu verlieren.
Wie funktioniert sie?

- **Stell 100 Bitten** in verschiedenen Lebensbereichen (Arbeit, Beziehungen, Chancen).
- **Notier jedes „Nein" und analysier die Antworten**, um deine Strategie zu verbessern.
- **Du wirst feststellen: Ein „Nein" ist nicht schlimm** – und du bekommst immer öfter ein „Ja".

Praxisbeispiel: *Als ich mein Verlagsunternehmen gründete, stand ich vor der Herausforderung, Werbekund:innen für meine Magazine zu gewinnen – ohne etabliertes Portfolio. Ich bat aktiv verschiedene Firmen um Unterstützung, bot innovative Lösungen, Rabatte oder kleine Pilotprojekte an, um meinen Wert zu beweisen. Viele lehnten ab, aber einige sagten zu – so konnte ich Vertrauen aufbauen und Erfahrung sammeln. Hätte ich nach den ersten Neins aufgehört zu fragen, gäbe es meine Magazine heute nicht.*

Praktische Übung: Starte heute deine 100-Ablehnungen-Methode: Stelle jeden Tag eine Bitte und notiere die Antworten.

Bitten ist eine lebensverändernde Fähigkeit.

- Hab keine Angst, deine Wünsche auszudrücken.
- Akzeptier Ablehnung als Teil des Weges.
- Selbstbewusstes Bitten bringt dich deinem Ziel näher.

Merke dir: Wenn du nicht fragst, ist die Antwort immer „Nein". Lerne, mit Entschlossenheit zu fragen – und entdecke, wie viele Türen sich öffnen.

DIE KRAFT VON PUBLIC RELATIONS: VERBINDUNGEN FÜR DEN ERFOLG AUFBAUEN

Wir leben in einer Welt, in der Erfolg nicht nur von Fähigkeiten und Wissen abhängt, sondern auch von der Qualität unserer Beziehungen. Public Relations sind nicht nur eine Unternehmensstrategie, sondern eine essenzielle Fähigkeit, um Chancen zu schaffen und Türen zu öffnen, die sonst verschlossen bleiben würden.

Wer ein starkes und ehrliches Netzwerk aufbauen und pflegen kann, hat bessere Chancen auf eine erfolgreiche Karriere. Erfolgreiche Menschen erreichen ihre Ziele nicht allein – sie wissen, wie man sich zur richtigen Zeit mit den richtigen Menschen verbindet.

WARUM SIND PUBLIC RELATIONS SO WICHTIG?

Die richtigen Beziehungen öffnen mehr Türen als bloße Kompetenz.
Deshalb ist es wichtig, ein solides Netzwerk aufzubauen:

- **Zugang zu Job- und Geschäftschancen** – Viele Deals entstehen durch Empfehlungen.
- **Zugang zu wertvollen Informationen und Ressourcen** – Ein starkes Netzwerk führt schneller zu innovativen Lösungen.
- **Aufbau eines soliden Rufs** – Menschen vertrauen eher denen, die bekannt und gut vernetzt sind.
- **Mehr Unterstützung und persönliches Wachstum** – Kontakte helfen, schwierige Zeiten mit Rat und Tat zu meistern.

Praxisbeispiel: *Als Jeff Bezos Amazon gründete, hatte er kein großes Startkapital, aber er wusste, wie man strategische Beziehungen aufbaut. Er bat Investor:innen, Partner:innen und Mitarbeiter:innen um Vertrauen und Unterstützung. Er zeigte, dass eine revolutionäre Idee ein Netzwerk braucht, das daran glaubt. Ohne diese Bitten wäre Amazon vermutlich nie zum Giganten geworden, das es heute ist.*

Praktische Übung: Erstelle eine Liste mit fünf Personen, die du in deiner Branche bewunderst, und überlege, wie du dich auf authentische Weise mit ihnen vernetzen kannst.

WIE MAN AUTHENTISCHE UND WERTVOLLE BEZIEHUNGEN AUFBAUT

Networking bedeutet nicht nur, möglichst viele Menschen zu kennen, sondern echte, dauerhafte Verbindungen zu schaffen.

- **Gib, bevor du bittest** – Biete Wert, Unterstützung oder Ratschläge, bevor du etwas im Gegenzug erwartest.
- **Sei aufrichtig und ehrlich** – Menschen spüren Authentizität. Strebe nach echten Beziehungen, nicht nach rein opportunistischen.
- **Pfleg deine Kontakte** – Ein Netzwerk muss gepflegt werden: Eine Nachricht senden, einen interessanten Artikel teilen oder zu einem Erfolg gratulieren, stärkt die Beziehung.
- **Nimm an den richtigen Veranstaltungen teil** – Konferenzen, Seminare und Berufsgruppen sind ideale Gelegenheiten, dein Netzwerk zu erweitern.

Praxisbeispiel: *Einen meiner wichtigsten Partner lernte ich zufällig bei einer Veranstaltung kennen, bei der ich ein Gespräch ohne Erwartungen begann. Ich bat ihn um nichts, hörte einfach zu und teilte meine Erfahrungen. Jahre später wurde daraus eine strategische Zusammenarbeit mit großem Erfolg.*

Praktische Übung: Schreibe die Namen von drei Personen auf, mit denen du deine Beziehung vertiefen möchtest, und plane eine Aktion, um dich mit ihnen wieder zu verbinden.

EFFEKTIVE NETWORKING-STRATEGIEN

Erfolgreiches Networking bedeutet nicht nur, Visitenkarten auszutauschen, sondern nützliche und gegenseitige Beziehungen aufzubauen.

- **Stell Fragen und höre aktiv zu** – Interesse an anderen zu zeigen, schafft stärkere Verbindungen.

- **Nimm mit einem klaren Ziel an Networking-Events teil** – Zu wissen, was du erreichen willst, hilft dir, die richtigen Personen zu treffen.
- **Nutz soziale Netzwerke strategisch** – LinkedIn und Fachgruppen sind mächtige Werkzeuge, um dein Netzwerk auszubauen.
- **Befolg die 24/7/30-Regel** – Nach einem Treffen schreibe innerhalb von 24 Stunden, kontaktiere erneut nach 7 Tagen und pflege den Kontakt in den nächsten 30 Tagen.

Praxisbeispiel: *Bei jedem Filmfestival oder Filmmarkt beschränke ich mich nicht auf den Austausch von Kontakten, sondern sende eine persönliche Nachricht an jede Person, die ich getroffen habe. So entstehen echte Beziehungen, die sich über die Zeit zu bedeutenden Kooperationen entwickeln können.*

Praktische Übung: Bereite eine kurze 30-Sekunden-Selbstvorstellung vor, die du nutzen kannst, wenn du neue Menschen triffst (Elevator Pitch).

HÄUFIGE FEHLER IN DER ÖFFENTLICHKEITSARBEIT VERMEIDEN

Ein Netzwerk aufzubauen braucht Zeit und Strategie. Vermeide diese typischen Fehler:

- **Nur daran interessiert zu sein, was man selbst bekommen kann** – Beziehungen sollten gegenseitig sein, nicht einseitig.
- **Kein Follow-up nach dem ersten Treffen** – Eine Beziehung muss mit der Zeit wachsen.
- **Die eigene Botschaft nicht an den Kontext anpassen** – Nur über sich selbst zu sprechen, ohne auf die Interessen des anderen einzugehen, schafft keine echte Verbindung.
- **Die Macht von Freundlichkeit und Respekt unterschätzen** – Menschen erinnern sich an diejenigen, die sie mit Aufmerksamkeit und Respekt behandeln.

Praxisbeispiel: *Richard Branson, Gründer von Virgin, baute sein Imperium nicht nur auf innovativen Ideen auf, sondern auch durch strategische Beziehungen. Er hatte die Gewohnheit, sich persönlich bei den Menschen zu melden, die er traf, und hielt den Dialog am Leben. Diese Fähigkeit, sich mit Partner:innen, Investor:innen und Mitarbeiter:innen zu vernetzen, machte Virgin zu einer globalen Marke.*

Praktische Übung: Notiere den Namen einer Person, die du kürzlich kennengelernt hast, und sende ihr eine Nachricht, um die Verbindung zu stärken.

DAS NETZWERK IN KONKRETE CHANCEN VERWANDELN

Ein starkes Netzwerk ist nicht nur eine Kontaktliste, sondern ein Netz von Menschen, die bereit sind, zusammenzuarbeiten.

- Identifizier Schlüsselfiguren, die dir beim Wachstum helfen können.
- Schaff Mehrwert für dein Netzwerk, indem du nützliche Informationen teilst oder Menschen miteinander in Kontakt bringst.
- Nutz jede Verbindung, um etwas Neues zu lernen.
- Warte nicht auf den Moment der Not, um Beziehungen aufzubauen.

Praxisbeispiel: *Echte Verbindungen können eine Karriere grundlegend verändern. Ein Branchenkollege stellte mich einmal einem Produzenten vor, der genau jemanden mit meinem Profil suchte. Aus einem einfachen Meinungsaustausch entstand eine Zusammenarbeit, die für meinen beruflichen Werdegang entscheidend war. Ohne aufrichtige Beziehungen und Wertschätzung hätte ich diese Chance womöglich nie erhalten.*

Praktische Übung: Überlege dir eine Gelegenheit, die du dir wünschst, und frage dich, welcher Kontakt dir helfen könnte, sie zu verwirklichen.

Zusammengefasst:

- Dein Netzwerk ist dein soziales Kapital.
- Je mehr authentische Verbindungen du schaffst, desto mehr Chancen eröffnen sich.
- In Beziehungen zu investieren, bringt langfristige Vorteile in allen Lebensbereichen.

Merke dir: Erfolg ist selten ein einsamer Weg. Die richtigen Menschen an deiner Seite können den Unterschied machen.

EIGENE CHANCEN SCHAFFEN

Viele Menschen verbringen ihr Leben damit, auf den richtigen Moment, die perfekte Gelegenheit oder auf Glück zu warten. Doch erfolgreiche Menschen warten nicht – sie erschaffen ihre eigenen Chancen.

Initiative, Kreativität und die Fähigkeit, das verborgene Potenzial jeder Situation zu erkennen, sind die wahren Schlüssel, um eine gewöhnliche Gelegenheit in etwas Außergewöhnliches zu verwandeln. Die Welt gehört denen, die Chancen sehen, wo andere nur Hindernisse erkennen. Erfolg ist selten Zufall. Chancen entstehen durch aktive Suche.

- Erfolgreiche Menschen haben nicht auf den perfekten Moment gewartet – sie haben ihn erschaffen.
- Jede Schwierigkeit birgt eine Gelegenheit für diejenigen, die bereit sind, sie zu ergreifen.
- Der erste Schritt, um Chancen zu schaffen, ist Handeln – nicht Warten auf ideale Umstände.

Praxisbeispiel: *Sara Blakely, Gründerin von Spanx, verwandelte eine einfache Idee in ein Milliardenimperium. Mit nur 5.000 Dollar Startkapital und ohne Erfahrung in der Textilbranche entwickelte sie ein innovatives Produkt und setzte alles daran, ein Treffen mit den Führungskräften von*

Neiman Marcus zu bekommen. Durch ihre Entschlossenheit und den Willen, ihre eigene Gelegenheit zu schaffen, wurde sie laut Forbes zur jüngsten Selfmade-Milliardärin der Welt.

Praktische Übung: Notiere drei Situationen in deinem Leben, in denen du zu lange mit dem Handeln gewartet hast, und überlege, wie du sie in Chancen hättest verwandeln können.

EINE PROAKTIVE DENKWEISE ENTWICKELN

Chancen entstehen nicht aus dem Nichts – man braucht die richtige Denkweise, um sie zu erkennen und zu nutzen.

- Ändere deine Perspektive: Statt „Ich kann nicht" zu sagen, frage „Wie kann ich?"
- Sei stets neugierig und offen für neue Möglichkeiten.
- Verwandle Probleme in Chancen für Wachstum und Innovation.

Praxisbeispiel: *Ingvar Kamprad, Gründer von IKEA, erkannte eine Marktlücke: stilvolle Möbel zu erschwinglichen Preisen. Er revolutionierte die Branche mit dem Konzept der zerlegbaren Möbel, die leicht zu transportieren sind, und machte Designmöbel für alle zugänglich.*

Praktische Übung: Immer wenn du auf ein Hindernis stößt, schreibe drei Möglichkeiten auf, wie du es in eine Gelegenheit verwandeln könntest.

VERBORGENE CHANCEN ERKENNEN

Chancen sind nicht immer offensichtlich. Oft sind sie als Herausforderungen oder komplexe Situationen getarnt.

- Achte auf unbefriedigte Bedürfnisse in deinem Umfeld oder deiner Branche.
- Behalt neue Trends und Marktveränderungen im Auge.

- Hör den Menschen zu – ihre Bedürfnisse und Frustrationen können Hinweise auf Geschäfts- oder Innovationschancen geben.

Praxisbeispiel: *Airbnb entstand aus der Idee zweier junger Männer, die sich ihre Miete nicht leisten konnten. Sie beschlossen, eine Luftmatratze in ihrem Wohnzimmer zu vermieten. Aus dieser Notlösung entstand ein Unternehmen, das die Reisebranche revolutionierte.*

Praktische Übung: Notiere drei Probleme, die dir in deinem Alltag auffallen, und überlege dir mögliche innovative Lösungen.

CHANCEN DURCH NETWORKING UND VERBINDUNGEN SCHAFFEN

Oft entstehen die besten Chancen nicht allein, sondern durch die Menschen, die man kennt.

- Nimm an Branchenevents, Seminaren und professionellen Treffen teil.
- Bau authentische Beziehungen zu Menschen auf, die deine Interessen teilen.
- Hab keine Angst zu fragen – die richtigen Kontakte können neue Türen öffnen.

Praxisbeispiel: *Steven Spielberg begann seine Karriere, indem er sich in die Studios von Universal Pictures schlich und Freundschaften mit Produzent:innen knüpfte. Das verschaffte ihm seine ersten großen Chancen im Filmgeschäft.*

Praktische Übung: Erstelle eine Liste von fünf Personen, die dir auf deinem Weg helfen könnten, und plane, wie du mit ihnen in Kontakt treten kannst.

JETZT HANDELN: DER RICHTIGE MOMENT IST JETZT

Der größte Fehler, den man machen kann, ist aufzuschieben. Jeder Tag ohne Handlung ist eine verpasste Chance.

- Warte nicht auf den „perfekten Moment", denn er kommt nie.
- Mach jeden Tag kleine Schritte in Richtung deiner Ziele.
- Probier aus, scheiter, lern – Handeln ist der Schlüssel zum Fortschritt.

Praxisbeispiel: *Jeff Bezos gab einen sicheren Job auf, um Amazon in seiner Garage zu gründen. Hätte er auf den perfekten Moment gewartet, gäbe es den E-Commerce-Riesen heute nicht.*

Praktische Übung: Schreibe eine sofortige Handlung auf, die du heute ausführen kannst, um einer deiner Chancen näherzukommen.

Chancen kommen nicht von selbst – du musst sie erschaffen.

- Entwickle eine proaktive Denkweise.
- Lern, versteckte Gelegenheiten zu erkennen.
- Umgib dich mit Menschen, die dich wachsen lassen.
- Schieb nichts auf – handle sofort.

Merke dir: Die Zukunft gehört denen, die nicht warten, sondern handeln. Nutze die Chancen, die dich umgeben.

CHANCEN IN PROFIT VERWANDELN: VON DER IDEE ZUR UMSETZUNG

Eine Chance zu erkennen ist ein wichtiger Schritt, aber nicht ausreichend. Man muss in der Lage sein, sie in ein konkretes und gewinnbringendes Ergebnis zu verwandeln.

Zu viele Menschen erkennen Wachstums- oder Gewinnmöglichkeiten, wissen aber nicht, wie sie diese vollständig nutzen können. Echter

Erfolg entsteht, wenn wir unser Netzwerk, unsere Ideen und Ressourcen in realen Mehrwert verwandeln.

VON DER CHANCE ZUM PROFIT: DER 4-SCHRITTE-PROZESS

Nicht jede Gelegenheit führt automatisch zum Erfolg. Es braucht eine Methode, um sie in konkreten Wert zu verwandeln.

1. **Erkenn den Wert der Chance** – Was macht sie einzigartig? Welches Problem löst sie?
2. **Erstell einen Aktionsplan** – Welche Schritte sind nötig, um sie optimal zu nutzen?
3. **Monetarisier deine Idee oder Verbindung** – Welches Geschäftsmodell oder welche Einnahmestrategie wählst du?
4. **Mess und optimier** – Überprüfe Ergebnisse und verbessere kontinuierlich den Prozess.

Praxisbeispiel: Ein:e Fotograf:in lernt bei einem Networking-Event eine:n Influencer:in kennen. Statt sich mit dem Austausch von Kontakten zu begnügen, bietet er/sie ein kostenloses Shooting an, um seinen/ihren Wert zu zeigen. Der/die Influencer:in ist begeistert und empfiehlt ihn/sie weiter – so wird aus einer Verbindung ein stetiger Kundenstrom.

Praktische Übung: Wähle eine kürzlich erkannte Chance und beschreibe die vier Schritte, um sie in Profit umzuwandeln.

VIELE MENSCHEN ZU KENNEN REICHT NICHT AUS

Es geht darum, zu wissen, wie man Kontakte in Geschäftsmöglichkeiten verwandelt, ohne dabei opportunistisch zu wirken oder berufliches Networking mit privaten Freundschaften zu verwechseln.

- **Bau strategische Beziehungen auf** – Fokussiere dich auf Verbindungen mit gegenseitigem beruflichen Mehrwert.

- **Erstell ein klares und wertvolles Angebot** – Zeige deinen Kontakten konkret, wie du ihnen helfen kannst.
- **Sei proaktiv bei der Vorschlagserstellung** – Warte nicht, bis andere dich fragen, sondern biete deinen Mehrwert an.
- **Halt den Kontakt aufrecht** – Viele Geschäftsmöglichkeiten entstehen erst nach mehreren Begegnungen.

Praxisbeispiel: *Ein:e Unternehmer:in trifft eine:n potenzielle:n Kund:in auf einer Veranstaltung. Am nächsten Tag sendet er/sie ihm/ihr eine E-Mail mit einer konkreten Idee und bietet eine kostenlose Erstberatung an. Dieser proaktive Ansatz erhöht die Erfolgschancen deutlich – ohne aufdringlich zu wirken.*

Praktische Übung: Denke an drei berufliche Kontakte, die du kürzlich geknüpft hast, und notiere jeweils eine konkrete Maßnahme, um daraus eine echte Geschäftsmöglichkeit zu machen.

DAS PASSENDE MONETARISIERUNGSMODELL FINDEN

Eine Idee oder Verbindung reicht nicht – man muss wissen, wie man daraus ein tragfähiges Geschäftsmodell entwickelt.

- **Direktverkauf** – Biete Produkte oder Dienstleistungen an, die auf der erkannten Chance basieren.
- **Strategische Partnerschaften** – Finde Partner:innen, mit denen du deine Idee gemeinsam monetarisieren kannst.
- **Langfristiger Wertaufbau** – Entwickle wiederkehrende Einnahmemodelle (Abos, Lizenzen, Affiliate).
- **Automatisierter Gewinn** – Schaffe skalierbare Geschäftsmodelle, die ohne ständige Präsenz funktionieren.

Praxisbeispiel: *Ein:e Fitnessexpert:in erstellt einen Online-Kurs anstelle individueller Beratung. So kann er/sie seine/ihre Business skalieren und passives Einkommen generieren – seine/ihre Expertise wird zur nachhaltigen Einkommensquelle.*

Praktische Übung: Nehme eine identifizierte Chance und wähle ein passendes Monetarisierungsmodell, um das Potenzial voll auszuschöpfen.

RESILIENZ: DAS GEHEIMNIS, UM HERAUSFORDERUNGEN ZU MEISTERN

Nicht jede Gelegenheit bringt sofortigen Gewinn. Hier kommen Resilienz und Anpassungsfähigkeit ins Spiel.

- **Akzeptier Fehler als Teil des Weges** – Jeder Rückschlag ist eine Lernchance.
- **Pass deine Strategie an** – Wenn etwas nicht funktioniert, ändere deinen Ansatz.
- **Bleib fokussiert auf Ergebnisse** – Disziplin und Ausdauer zahlen sich langfristig aus.

Praxisbeispiel: *Jeff Bezos begann mit dem Verkauf von Büchern auf Amazon. Als er sah, dass das Modell funktionierte, erweiterte er das Angebot. Hätte er an der ursprünglichen Idee festgehalten, wäre Amazon nie zum globalen Konzern geworden.*

Praktische Übung: Beschreibe eine Situation, in der du eine Chance nicht in Profit umwandeln konntest, und was du das nächste Mal anders machen würdest.

EIN SYSTEM ENTWICKELN, UM CHANCEN DAUERHAFT IN PROFIT ZU VERWANDELN

Erfolg basiert nicht auf einer einzigen Gelegenheit, sondern auf der Fähigkeit, den Prozess kontinuierlich zu wiederholen.

- **Schaff einen stetigen Fluss von Chancen** – Erweitere dein Netzwerk und halte stets Ausschau nach neuen Möglichkeiten.

- **Definier ein System zur Monetarisierung** – Automatisiere Prozesse und entwickle skalierbare Strategien.
- **Verbesser deine Methode ständig** – Analysiere deine Ergebnisse und optimiere deinen Ansatz kontinuierlich.

Praxisbeispiel: *Elon Musk blieb nicht bei PayPal stehen: Mit dem verdienten Kapital gründete er Tesla und SpaceX. Er wendete dieselbe unternehmerische Denkweise an, um neue profitable Chancen zu schaffen.*

Praktische Übung: Erstelle eine Checkliste mit konkreten Schritten, um jede Gelegenheit bestmöglich zu nutzen und in Zukunft zu reproduzieren.

Eine Gelegenheit zu erkennen ist nur der erste Schritt. Echter Erfolg kommt, wenn du sie in Profit verwandelst.

- Entwickle eine klare Methode, um Chancen in Aktionen zu überführen.
- Monetarisier Ideen durch nachhaltige Geschäftsmodelle.
- Hab keine Angst zu scheitern – verbessere deine Strategie kontinuierlich.
- Erstell ein wiederholbares System, um langfristig Chancen zu maximieren.

Merke dir: Die Welt ist voller Möglichkeiten – aber nur wer sie nutzt, erzielt echte Ergebnisse.

ZUSAMMENFASSUNG

Wir haben betrachtet, wie man die Angst vor dem Bitten überwindet, die Bedeutung von Public Relations erkennt, Chancen schafft und diese in Profit umwandelt. Erinnere dich: Erfolg passiert nicht zufällig. Er ist das Resultat von kontinuierlichem Einsatz, einer offenen Denkweise und zielgerichtetem Handeln.

Hab keine Angst zu fragen – nur durch Kommunikation und Interaktion kannst du neue Wege entdecken. Public Relations sind essenziell, um ein unterstützendes Netzwerk und Zugang zu verborgenen Chancen zu schaffen. Warte nicht passiv – sei proaktiv, erkenne und schaffe Chancen. Echter Erfolg kommt durch Umsetzung, Monetarisierung und systematische Wiederholung.

Jede Person hat das Potenzial zum Erfolg. Doch es erfordert Ausdauer, Mut und die Bereitschaft, Herausforderungen zu meistern. Sei mutig, sei entschlossen – und setze dein Potenzial in Bewegung.

5 WIE MAN EIN UNTERNEHMEN GRÜNDET

Wie wir wissen, beginnt jeder große Erfolg mit einer Idee. Doch nicht jede Idee ist zum Erfolg bestimmt.

Oft habe ich mich für eine Idee begeistert, die mir brillant erschien – nur um kurz darauf festzustellen, dass es keinen Markt dafür gab oder dass mir die nötigen Fähigkeiten fehlten, sie umzusetzen. Das ist frustrierend, aber ein notwendiger Schritt. Die richtige Idee zu wählen, ist nicht nur eine Frage der Intuition: Es braucht Leidenschaft, Erfahrung und eine fundierte Marktanalyse.

Schauen wir uns an, wie man die richtige Idee bewertet und auswählt, um das Risiko des Scheiterns zu minimieren und die Erfolgschancen zu maximieren.

DIE BEDEUTUNG, MIT DEN EIGENEN LEIDENSCHAFTEN ZU BEGINNEN

Etwas zu tun, das einen wirklich begeistert, ist nicht nur erfüllender – es macht einen auch widerstandsfähiger gegenüber Rückschlägen.

Fragen zur Identifikation deiner Leidenschaft:

- Welche Tätigkeiten begeistern dich so sehr, dass du dabei das Zeitgefühl verlierst?
- Über welche Themen liest du, lernst du oder informierst dich ganz selbstverständlich?
- Was würdest du tun, wenn du keine zeitlichen oder finanziellen Begrenzungen hättest?

Warum Leidenschaft wichtig ist:

- Sie motiviert dich in schwierigen Momenten.
- Sie hilft dir, dich von der Konkurrenz abzuheben, da du Begeisterung und Authentizität vermittelst.
- Sie macht dich bereit, Zeit und Energie in deine Weiterentwicklung zu investieren.

Praxisbeispiel: *Steve Jobs hat nicht einfach Computer gebaut: Er war leidenschaftlich interessiert an Design, Technologie und Nutzererlebnis – und hat diese Leidenschaften kombiniert, um eine ganze Branche zu revolutionieren.*

Praktische Übung: Schreibe drei Hauptleidenschaften auf und überlege, wie sie sich in ein unternehmerisches Projekt verwandeln könnten.

BEWERTUNG EIGENER KOMPETENZEN UND STÄRKEN

Leidenschaft allein reicht nicht – du brauchst auch die Fähigkeiten, um sie in ein nachhaltiges Projekt zu verwandeln.

Wie du deine Kompetenzen bewertest:

- Worin bist du gut, und wofür fragen dich andere um Rat?
- Welche beruflichen oder persönlichen Erfahrungen haben dir nützliche Fähigkeiten gebracht?
- Welche Kompetenzen könntest du dir mit etwas Übung und Lernen schnell aneignen?

Schlüsselkompetenzen, die du entwickeln solltest:

- **Technische Fähigkeiten:** Spezifische Kenntnisse, die in deinem Zielbereich gefragt sind.
- **Übergreifende Kompetenzen:** Führung, Zeitmanagement, Kommunikation, Problemlösung.
- **Digitale Fähigkeiten:** Fast jedes Business braucht heute eine starke Online-Präsenz.

Praxisbeispiel: *Ein:e großartige:r Köch:in hat vielleicht eine Leidenschaft fürs Kochen, aber um ein erfolgreiches Restaurant zu führen, braucht er/sie auch Kenntnisse in Unternehmensführung und Marketing.*

Praktische Übung: Erstelle eine Liste deiner wichtigsten Kompetenzen und markiere jene, die für deine Geschäftsidee besonders nützlich sein könnten.

MARKTANALYSE UND REALE NACHFRAGE

Eine gute Idee muss auf ein reales Marktbedürfnis antworten. Wenn niemand bereit ist, für dein Produkt oder deine Dienstleistung zu bezahlen, kann daraus kein Unternehmen werden.
Schritte zur Marktanalyse:

- **Trends beobachten:** Welche Branchen wachsen? Gibt es neue Technologien oder sich verändernde Gewohnheiten?
- **Unerfüllte Bedürfnisse erkennen:** Gibt es Probleme, die noch keine zufriedenstellende Lösung haben?
- **Konkurrenz analysieren:** Wer ist schon auf dem Markt? Wie kannst du dich abheben?
- **Interesse testen:** Nutze Umfragen, MVPs (Minimum Viable Product) oder Tools zur Nachfragebewertung.

Praxisbeispiel: *Netflix erkannte, dass das Publikum On-Demand-Inhalte wollte – und revolutionierte so die Unterhaltungsbranche, indem es das klassische Videothekenmodell überwand.*

Praktische Übung: Wähle eine Branche, die dich interessiert, und finde drei häufige Probleme, die du mit einem innovativen Produkt oder Service lösen könntest.

DIE IDEE TESTEN, BEVOR MAN GROSSE RESSOURCEN INVESTIERT

Viele unternehmerische Misserfolge entstehen durch vorschnelle Investitionen in ungetestete Ideen.

Methoden, um eine Idee mit geringem Budget zu testen:

- **Erstell ein Prototyp oder MVP:** Eine vereinfachte Version deines Produkts zur Marktvalidierung.
- **Starte eine Landingpage:** Mit einem klaren Angebot und einer Vorbestell- oder Anmeldemöglichkeit.
- **Nutz Social Media:** Poste Inhalte, um die Reaktion des Publikums auf die Idee zu messen.
- **Pre-Sales oder Crowdfunding:** Ideal zur Nachfragevalidierung und als Startfinanzierung.

Praxisbeispiel: *Dropbox testete seine Idee mit einem simplen Demovideo – noch bevor die Software entwickelt war – und sammelte dadurch Tausende Anmeldungen als Beweis für das Marktinteresse.*

Praktische Übung: Überlege dir eine Möglichkeit, deine Idee mit minimalem Budget zu testen, bevor du größere Investitionen tätigst.

DIE BALANCE ZWISCHEN LEIDENSCHAFT, KOMPETENZ UND MARKTNACHFRAGE FINDEN

Die perfekte Geschäftsidee liegt im Schnittpunkt zwischen Leidenschaft, Fähigkeiten und Marktchancen.

Das Drei-Kreise-Modell:

1. **Leidenschaft:** Sie begeistert dich langfristig.

2. **Kompetenzen:** Du bist (oder wirst) gut darin.
3. **Markt:** Es gibt eine reale Nachfrage.

Praxisbeispiel: *Wenn du Fotografie liebst, Erfahrung mit visuellen Inhalten hast und Unternehmen hochwertige Bilder für digitales Marketing brauchen, könntest du ein Business für Markenfotografie starten.*

Praktische Übung: Zeichne drei Kreise für Leidenschaft, Kompetenz und Marktchancen und finde den idealen Schnittpunkt für deine Geschäftsidee.

Die richtige Idee zu finden, ist der erste Schritt zum erfolgreichen Business.

- Entdecke deine Leidenschaften für langfristige Motivation.
- Bewerte und entwickle relevante Fähigkeiten.
- Analysier den Markt und prüfe die reale Nachfrage.
- Teste deine Idee, bevor du große Summen investierst.
- Find die perfekte Balance zwischen dem, was du liebst, was du kannst und was gebraucht wird.

Merke dir: Eine Idee allein reicht nicht – du brauchst eine klare Strategie und eine starke Vision.

DIE „LILA KUH"

Wir leben in einer Welt, die überflutet ist mit Produkten, Dienstleistungen und Werbung. Um Erfolg zu haben, reicht es nicht, gut zu sein – du musst außergewöhnlich sein.

Schon bei meinen ersten Projekten habe ich festgestellt: Der Markt belohnt nicht einfach „gute Arbeit". Um aufzufallen, musst du anders sein. Und hier kommt das Konzept der *„Lila Kuh"* von Seth Godin ins Spiel.

Stell dir vor, du fährst über Land und siehst hunderte braune und weiße Kühe. Nach kurzer Zeit bemerkst du sie nicht mehr. Aber plötzlich taucht eine Lila Kuh auf – unmöglich zu übersehen. Diese außergewöhnliche Kuh würde sofort deine Aufmerksamkeit fesseln. Und genau das brauchst du im Business: Sei die Lila Kuh, die heraussticht und Eindruck hinterlässt.

WAS IST DIE LILA KUH UND WARUM IST SIE SO WIRKUNGSVOLL?

Menschen ignorieren das Gewöhnliche. Wenn du herausstechen willst, musst du etwas Überraschendes und Unerwartetes bieten.

Die Lila Kuh ist:

- Ein Produkt oder Service, das oder der Konventionen bricht.
- Eine Idee, die sofort Aufmerksamkeit erzeugt.
- Etwas, das Menschen weitersagen wollen.

Praxisbeispiel: *LEGO hat das Spielzeugkonzept neu definiert, indem es einfache Bausteine in ein kreatives, interaktives Erlebnis verwandelt hat, das Kinder und Erwachsene begeistert – und so eine weltweite Community aufgebaut.*

Praktische Übung: Schau auf deine Branche und frage dich: Was könntest du **radikal anders** machen als alle anderen?

DEINEN ALLEINSTELLUNGSFAKTOR FINDEN

Jedes Business hat etwas Einzigartiges – die Herausforderung besteht darin, es zu entdecken und überzeugend zu kommunizieren.

So findest du deine Lila Kuh:

- **Was macht dich wirklich anders?** (Nicht nur besser – sondern einzigartig.)
- **Welches Problem löst du auf eine Weise, wie es sonst niemand tut?**
- **Hat dein Produkt ein überraschendes oder unerwartetes Element?**

- **Stellst du eine etablierte Branchenregel infrage?**

Praxisbeispiel: *Dyson hat den Staubsaugermarkt revolutioniert, indem er den Beutel abschaffte und Zyklontechnologie nutzte – und damit ein gewöhnliches Haushaltsgerät zu einem Symbol für Innovation und Design machte.*

Praktische Übung: Schreibe drei Dinge auf, die dein Produkt oder deine Dienstleistung radikal von der Konkurrenz unterscheidet.

EINE ERZÄHLUNG SCHAFFEN, DIE DEINE DIFFERENZIERUNG STÄRKT

Eine Lila Kuh allein reicht nicht – du musst deine Einzigartigkeit wirkungsvoll erzählen.
Strategien zur Kommunikation deiner Besonderheit:

- **Erzähl eine starke Geschichte:** Warum existierst du? Was ist deine Mission?
- **Formulier eine klare und direkte Botschaft:** Dein Publikum muss sofort verstehen, was dich besonders macht.
- **Weck Emotionen:** Menschen erinnern sich an Dinge, die sie emotional berühren.
- **Nutz soziale Beweise:** Erfahrungsberichte, Rezensionen und Erfolgsgeschichten stärken deine Glaubwürdigkeit und unterstreichen deine Einzigartigkeit.

Praxisbeispiel: *Airbnb hat nicht nur eine Alternative zu Hotels geschaffen, sondern eine Geschichte über menschliche Verbindung, einzigartige Erlebnisse und eine neue Art des Reisens erzählt.*

Praktische Übung: Formuliere eine kurze, prägnante Botschaft (ein Satz), die klar erklärt, warum deine Marke einzigartig ist.

MUTIG SEIN: DER MUT, ANDERS ZU SEIN

Viele Menschen fürchten sich davor, sich zu sehr zu unterscheiden. Doch in der heutigen Welt bedeutet „normal" zu sein, unsichtbar zu sein.

Dinge, die du beim Erschaffen deiner Lila Kuh bedenken solltest:

- **Anders zu sein zieht Kritik an:** Nicht jeder wird deine Idee sofort verstehen – und das ist in Ordnung.
- **Innovation ist riskant, aber Konformität ist tödlich:** Die Welt braucht nicht noch ein Produkt wie alle anderen.
- **Originalität allein reicht nicht – du musst relevant sein:** Deine Einzigartigkeit muss ein echtes Problem lösen oder ein tiefes Bedürfnis stillen.

Praxisbeispiel: *Nintendo entschied sich, nicht direkt mit Sony und Microsoft zu konkurrieren. Stattdessen schufen sie innovative Konsolen wie die Wii, die das Gaming-Erlebnis völlig neu definierten.*

Praktische Übung: Überlege dir, in welchem Bereich deines Geschäfts du mutiger sein und dich klarer abheben kannst.

SICH ANPASSEN UND STÄNDIG INNOVIEREN

Eine Lila Kuh zu sein bedeutet nicht, dass man es für immer bleibt. Der Markt verändert sich – und mit ihm muss sich auch deine Differenzierung weiterentwickeln.

Strategien, um deine Einzigartigkeit lebendig zu halten:

- **Beobachte das Feedback und passe dein Produkt an.**
- **Innovier ständig und verbessere dein Angebot.**
- **Hör nie auf, neue Ideen zu testen, um relevant zu bleiben.**

Praxisbeispiel: *Netflix begann als DVD-Verleih per Post, entwickelte* *sich aber weiter zum Streaming-Riesen, der heute weltweit Millionen von Zuschauer:innen begeistert.*

Praktische Übung: Definiere eine konkrete Maßnahme, die du in den nächsten Monaten umsetzen kannst, um deine Marke innovativ und spannend zu halten.

Eine Lila Kuh zu sein bedeutet, einzigartig, mutig und außergewöhnlich zu sein – in einer Welt voller gewöhnlicher Optionen.

- Find deinen einzigartigen Vorteil und nutze ihn, um dich abzuheben.
- Erzähl eine starke Geschichte, um deine Besonderheit klar zu kommunizieren.
- Hab keine Angst, anders zu sein – Mut, Regeln zu brechen, ist der Schlüssel zum Erfolg.
- Innovier kontinuierlich, um immer einen Schritt voraus zu sein.

Merke dir: Menschen vergessen das Gewöhnliche – aber außergewöhnliche Erlebnisse bleiben im Gedächtnis.

WIE MAN EINE GEWINNENDE IDEE ZUM LEBEN ERWECKT

Eine brillante Idee allein reicht nicht. Erfolg entsteht nicht durch einen plötzlichen Geistesblitz, sondern durch die Fähigkeit, eine Intuition in ein konkretes Projekt umzuwandeln.

Viele Unternehmer:innen scheitern nicht, weil sie keine Ideen haben – sondern weil sie nicht wissen, wie man diese weiterentwickelt und testet. Der Weg zur erfolgreichen Idee erfordert Strategie, Validierung und kontinuierliche Anpassung.

Schauen wir uns an, wie du den Weg von der ersten Ideenfindung bis zur konkreten Umsetzung strukturieren kannst – mit minimalem Risiko und maximalem Erfolgspotenzial.

VIELE IDEEN GENERIEREN: KREATIVES DENKEN ERWEITERN

Der erste Schritt ist, sich nicht mit der ersten Idee zufriedenzugeben. Kreativität entsteht durch Exploration.

Strategien zur Generierung innovativer Ideen:

- **Ungefiltertes Brainstorming:** Schreibe alle Ideen auf, ohne sie sofort zu bewerten.
- **Kreative Verknüpfungen:** Kombiniere ein Konzept mit anderen Bereichen, um neue Perspektiven zu entdecken.
- **Bestehende Probleme analysieren:** Die besten Ideen entstehen oft aus der Lösung konkreter Herausforderungen.
- **Andere Branchen studieren:** Inspiration kommt oft aus völlig anderen Bereichen.

Praxisbeispiel: *Spotify hat die Musikindustrie revolutioniert, indem es das Problem der digitalen Piraterie löste – mit einem zugänglichen, legalen und fairen Streaming-Modell für Nutzer:innen und Künstler:innen.*

Praktische Übung: Notiere mindestens 10 neue Ideen für ein Projekt oder Unternehmen – ohne sie sofort zu bewerten.

DIE BESTE IDEE BEWERTEN UND AUSWÄHLEN

Nicht alle Ideen haben dasselbe Potenzial. Eine Analyse hilft dir, die wirklich tragfähigen herauszufiltern.

Kriterien zur Auswahl einer gewinnbringenden Idee:

- **Machbarkeit:** Kann die Idee mit den verfügbaren Ressourcen umgesetzt werden?
- **Originalität:** Ist sie neu oder ein deutlicher Fortschritt gegenüber dem Bestehenden?
- **Marktnachfrage:** Gibt es ein Publikum, das bereit ist, dafür zu zahlen?

- **Skalierbarkeit:** Hat sie das Potenzial zu wachsen und langfristig Gewinne zu erzielen?

Praxisbeispiel: Airbnb erkannte ein zentrales Problem: Hotels waren teuer und unpersönlich. Sie verwandelten Gastfreundschaft in ein authentischeres Erlebnis, indem sie es jedem ermöglichten, seine Wohnung zu vermieten.

Praktische Übung: Bewerte deine Ideensammlung anhand dieser Kriterien. Welche Ideen haben das größte Potenzial?

DIE IDEE VERFEINERN UND WEITERENTWICKELN

Sobald du die vielversprechendste Idee identifiziert hast, geht es darum, sie in ein konkretes Projekt umzuwandeln.

Wie du deine Idee vor dem Start verbessern kannst:

- **Definier kritische Details:** Wer ist deine Zielgruppe? Was ist der richtige Preis? Welche Kosten entstehen?
- **Analysier die Konkurrenz:** Was machen andere? Wie kannst du dich abheben?
- **Erstell ein Geschäftsmodell:** Wie wirst du dein Geld verdienen?

Praxisbeispiel: Netflix startete als DVD-Versandservice, passte sein Geschäftsmodell aber schnell an das Streaming-Zeitalter an, um relevant zu bleiben.

Praktische Übung: Schreibe einen kurzen strategischen Plan, der die Fragen beantwortet: Wer? Was? Wie? Warum? Wann?

EINE IDEE MITHILFE EINES PROTOTYPS ODER MVPS (MINIMUM VIABLE PRODUCT) TESTEN

Warte nicht auf Perfektion – starte mit einer einfachen Version, um herauszufinden, ob die Idee wirklich funktioniert.

Möglichkeiten, die Idee ohne große Investitionen zu testen:

- **Test-Landingpage:** Erstelle eine einfache Website mit Produktbeschreibung und Anmeldemöglichkeit.
- **Basis-Prototyp:** Eine reduzierte Version des Produkts, mit der Nutzer:innen erste Erfahrungen sammeln können.
- **Pre-Launch-Kampagne:** Nutze Crowdfunding oder Vorverkäufe, um das Marktinteresse zu prüfen.
- **Focus Groups oder Beta-Tests:** Lass eine kleine Zielgruppe dein Produkt testen und dir Feedback geben.

Praxisbeispiel: *Bevor Uber seine Ride-Sharing-Plattform entwickelte, begann das Unternehmen mit einem einfachen MVP (Minimum Viable Product), das es den Nutzer:innen ermöglichte, per SMS ein Auto zu bestellen. Dieser erste Test bestätigte die Nachfrage, bevor in eine vollwertige App investiert wurde.*

Praktische Übung: Definiere, wie du deine Idee testen kannst, ohne das endgültige Produkt sofort entwickeln zu müssen.

DIE IDEE ANPASSEN UND WEITERENTWICKELN – DANK FEEDBACK

Erfolg verläuft selten linear. Es braucht die Fähigkeit, eine Idee anhand von Daten und Rückmeldungen des Publikums anzupassen.

So verbesserst du deine Idee gezielt:

- **Hör auf deine ersten Nutzer:innen:** Erkenne Stärken und Schwächen deines Angebots.
- **Führ schrittweise Verbesserungen ein:** Ändere, was nicht funktioniert – ohne die ursprüngliche Vision zu verlieren.
- **Scheu dich nicht vor Kurswechseln:** Wenn die Daten zeigen, dass ein anderer Weg besser wäre – sei flexibel.

Praxisbeispiel: *Instagram war ursprünglich eine komplexere App namens Burbn, die Geolokalisierung und Check-ins kombinierte. Nachdem die*

Gründer die Nutzerdaten analysiert hatten, erkannten sie, dass das Teilen von Fotos am beliebtesten war. Sie entfernten alle anderen Funktionen und entwickelten daraus die heute bekannte Plattform.

Praktische Übung:
Analysiere potenzielle Schwachstellen deiner Idee und überlege dir alternative Lösungen.

Eine gewinnbringende Idee umzusetzen ist kein spontaner Akt – es ist ein Weg, der Strategie, Experimente und Anpassung erfordert.

- Generier viele Ideen, um eine breite Auswahl zu haben.
- Wähl die beste Idee nach Kriterien wie Machbarkeit, Originalität und Marktnachfrage.
- Entwickle einen klaren Plan, um die Idee umsetzbar zu machen.
- Teste deine Idee mit einem Prototyp oder MVP, um das Potenzial zu prüfen.
- Verbesser deine Idee iterativ auf Basis des Feedbacks – und sei bereit, Richtungen zu ändern.

Merke dir: Es gibt keine perfekte Idee beim ersten Versuch. Echter Erfolg entsteht aus dem Mut, sich weiterzuentwickeln und stetig zu verbessern.

EINEN BUSINESSPLAN ERSTELLEN: DEINE LANDKARTE ZUM ERFOLG

So brillant eine Geschäftsidee auch ist – ohne solide Planung wird sie sich nicht in ein Unternehmen verwandeln.

Der Businessplan ist das Dokument, das eine Idee in ein konkretes, tragfähiges und finanzierbares Projekt verwandelt. Es ist ein zentrales Werkzeug, um Investoren zu überzeugen, Kredite zu erhalten und das Unternehmenswachstum strategisch zu steuern.

Aber wie erstellt man einen effektiven Businessplan? Hier schauen wir uns die grundlegenden Elemente eines Businessplans an, typische

Fehler, die man vermeiden sollte, und wie man ihn strukturiert, um erfolgreich Finanzmittel einzuwerben.

WARUM IST EIN BUSINESSPLAN SO WICHTIG?

Viele Unternehmer:innen unterschätzen ihn – aber ohne Plan segelst du blind.

Die wichtigsten Vorteile eines guten Businessplans:

- **Klarheit und strategische Vision:** Er hilft dir, Ziele, Strategien und konkrete Maßnahmen zu definieren.
- **Finanzierungsinstrument:** Investoren und Banken wollen klare Zahlen sehen, bevor sie Geld geben.
- **Risikomanagement:** Du kannst Probleme antizipieren und Lösungen planen.
- **Operative Anleitung:** Dein klarer Fahrplan zum Aufbau und Wachstum deines Unternehmens.

Praxisbeispiele: *Spotify überzeugte Investor:innen mit einem Businessplan, der einen Wandel im Musikkonsum belegte und ein innovatives Abo-Modell präsentierte, das die Branche revolutionierte.*

Airbnb überzeugte durch einen klaren, skalierbaren Plan zur Lösung des Problems bezahlbarer und authentischer Unterkünfte – heute eine der einflussreichsten Buchungsplattformen weltweit.

Praktische Übung: Überlege dir, wie ein strukturierter Businessplan deine Idee verbessern und deine Strategie definieren könnte.

DIE SCHLÜSSELELEMENTE EINES ERFOLGREICHEN BUSINESSPLANS

Ein Businessplan muss klar, überzeugend und faktenbasiert sein.
Die wichtigsten Abschnitte:

1. Executive Summary (Zusammenfassung)

- Eine prägnante Übersicht über das Business, die Mission und den Nutzen.
- Muss Investor:innen in wenigen Sätzen fesseln.
- **Fehler vermeiden:** Zu vage sein. Investor:innen wollen konkret wissen, was du anbietest und warum es Erfolg haben wird.

2. Beschreibung des Unternehmens und der Vision

- Welches Problem löst du?
- Was sind deine kurz- und langfristigen Ziele?
- Was ist dein einzigartiges Wertversprechen?
- **Fehler vermeiden:** Die Langzeitvision unterschätzen – ohne Skalierbarkeit hat selbst eine tolle Idee kein Potenzial.

3. Markt- und Wettbewerbsanalyse

- Wer sind deine Zielkund:innen?
- Wie groß ist der Markt?
- Wer sind deine Hauptkonkurrent:innen?
- Was ist dein Wettbewerbsvorteil?
- **Fehler vermeiden:** Die Konkurrenz ignorieren. Es gibt immer Alternativen für die Kund:innen.

4. Geschäftsmodell (Einnahmenstrategie)

- Woher kommt dein Umsatz?
- Was sind deine wichtigsten Kostenfaktoren?
- Welche Preisstrategie verfolgst du?
- **Fehler vermeiden:** Kein klares Einnahmemodell zu haben – ohne das nimmt dich niemand ernst.

5. Marketing- und Vertriebsstrategie

- Wie erreichst du deine Zielgruppe?
- Welche Kanäle nutzt du zur Vermarktung?

- Welche Kundenakquise-Strategien setzt du ein?
- **Fehler vermeiden:** Zu glauben, das Produkt verkauft sich von selbst – ohne Marketing scheitert selbst das beste Produkt.

6. Operativer Plan und Logistik

- Welche Schlüsselaktivitäten braucht dein Business?
- Welche Tools, Technologien oder Lieferanten wirst du einsetzen?
- Welches Team brauchst du?
- **Fehler vermeiden:** Keine klare Umsetzungsstrategie – Investor:innen wollen wissen, wie du das Vorhaben konkret realisierst.

7. Finanzplan und Wirtschaftlichkeitsprognose

- Wie viel Startkapital brauchst du?
- Welche Einnahmen und Ausgaben sind in den nächsten 3–5 Jahren zu erwarten?
- Wann erreichst du den Break-even?
- Welches Wachstumspotenzial hat dein Business?
- **Fehler vermeiden:** Zu optimistische Zahlen. Investor:innen bevorzugen realistische, datenbasierte Prognosen.

WIE DU MIT DEM BUSINESSPLAN ERFOLGREICH KAPITAL AUFBRINGST

Investor:innen investieren nicht in vage Ideen – sie wollen Zahlen und eine schlüssige Strategie.

Was deinen Businessplan attraktiv macht:

- Ein wachsender Markt und ein reales Problem.
- Ein kompetentes, erfahrenes Team.
- Ein skalierbares Geschäftsmodell.
- Glaubwürdige Finanzprognosen.

Fehler vermeiden: Deine Zahlen nicht zu kennen – das untergräbt deine Glaubwürdigkeit sofort.

CROWDFUNDING: DEIN BUSINESS STARTEN OHNE STARTKAPITAL

Crowdfunding ist eine immer beliebtere Strategie, um ein Projekt ohne große Anfangsinvestitionen zu finanzieren. Dabei wird online Kapital gesammelt – Menschen unterstützen deine Idee mit kleinen Beiträgen. Auch hier ist ein solider Businessplan entscheidend.

In den letzten Jahren hat sich Crowdfunding zum echten Sprungbrett für Start-ups, Kreative und Innovator:innen entwickelt. Der große Vorteil: Du brauchst keine Bank oder Großinvestor:innen – Menschen, die deine Idee lieben, helfen dir direkt.

Hauptformen des Crowdfundings:

- **Reward-based:** Unterstützer:innen erhalten eine Gegenleistung – z. B. eine frühe Version des Produkts oder exklusive Vorteile.
- **Equity-based:** Unterstützer:innen erhalten Anteile und werden Mitinhaber:innen.
- **Donation-based:** Reine Spenden – meist für soziale oder gemeinnützige Projekte.
- **Lending-based:** Auch bekannt als Peer-to-Peer-Lending – private Darlehen, die mit Zinsen zurückgezahlt werden.

Mit einer guten Idee und überzeugender Präsentation kannst du über Crowdfunding das notwendige Kapital gewinnen, ohne Schulden zu machen oder Anteile zu verkaufen.

Biete attraktive Belohnungen an, dreh ein überzeugendes Video und halte deine Unterstützer:innen regelmäßig auf dem Laufenden. Denk auch immer an einen Plan B, falls die Finanzierung nicht klappt. Der Schlüssel zum Erfolg liegt in einem klaren, mitreißenden und gut strukturierten Pitch, der genau die richtige Zielgruppe anspricht – und sie überzeugt, in deine Vision zu investieren.

Fehler vermeiden: Eine Kampagne ohne klares Zielpublikum, unrealistische Ziele oder mangelnde Kommunikation scheitert schnell.

HÄUFIGE FEHLER BEI DER ERSTELLUNG EINES BUSINESSPLANS

Viele Businesspläne scheitern an vermeidbaren Fehlern.
Typische Fehler:

- **Zu allgemein bleiben:** Vage Formulierungen überzeugen keine Investoren.
- **Wettbewerb ignorieren:** Zu sagen, man habe „keine Konkurrenz", zeugt von Unerfahrenheit.
- **Kein klares Einnahmemodell:** Ohne Umsätze ist eine Idee nicht tragfähig.
- **Unrealistische Finanzprognosen:** Zahlen müssen auf echten Daten basieren.
- **Businessplan nicht ans Publikum anpassen:** Ein Plan für eine Bank ist anders als einer für private Investor:innen.

Praxisbeispiel: *Viele Tech-Startups sind gescheitert, weil sie den Zeitaufwand zur Nutzergewinnung unterschätzt oder die Entwicklungskosten falsch kalkuliert haben. Ein realistischer Plan ist immer besser als ein überoptimistischer und nicht umsetzbarer.*

Praktische Übung: Gehe deinen Businessplan durch und frage dich: Vermeide ich diese typischen Fehler?

Ein gut gemachter Businessplan ist nicht nur ein Dokument – er ist ein strategischer Leitfaden, der eine Idee in ein erfolgreiches Unternehmen verwandelt.

- Definier dein Geschäftsmodell, deine Strategie und deine finanziellen Ziele klar.
- Analysier den Markt und erkenne deinen Wettbewerbsvorteil.

- Vermeide typische Fehler, um deinen Plan solide und überzeugend zu machen.
- Nutz den Plan, um Investor:innen zu gewinnen und Kapital zu beschaffen.

Merke dir: Eine Idee ohne Plan bleibt nur ein Traum.

WIE DU DEINE KUNDSCHAFT FINDEST

Du hast deine Idee ausgearbeitet, einen detaillierten Businessplan erstellt – jetzt bist du bereit für den Markt. Doch wie findest du deine Kundschaft? Ohne Kundschaft kein Geschäft. Die richtige Zielgruppe zu identifizieren und zu erreichen, ist entscheidend für deinen Erfolg.

Dieser Abschnitt zeigt dir die effektivsten Strategien, um Kundschaft zu finden, anzusprechen und langfristig zu binden – während du gleichzeitig deine Marketingmaßnahmen optimierst und ein starkes Netzwerk aufbaust.

ZIELGRUPPE DEFINIEREN: WER SIND DEINE IDEALEN KUNDEN?

Du kannst nicht jedem alles verkaufen – aber du kannst **genau denen etwas verkaufen, die es wirklich brauchen**.

So identifizierst du deine Zielgruppe:

- **Wer sind sie?** Demografische Merkmale: Alter, Geschlecht, Einkommen, Wohnort.
- **Welche Probleme haben sie?** Verstehe ihre Bedürfnisse und Herausforderungen.
- **Wo halten sie sich auf?** Auf Social Media, in Fachforen, auf Events?
- **Wie treffen sie Kaufentscheidungen?** Über Empfehlungen, Bewertungen, Werbung?

Praxisbeispiel: *Nike richtet sich nicht einfach an Sporttreibende – sie* segmentieren ihre Zielgruppe in Profiathlet:innen, Fitnessbegeisterte und Modefans. Für jede Zielgruppe gibt es eigene Marketingstrategien.

Praktische Übung: Erstelle ein detailliertes Profil deines/deiner idealen Kund:in („Buyer Persona") und überlege, wo du ihn/sie finden kannst.

DIE KRAFT DES DIGITALEN MARKETINGS NUTZEN

Digitales Marketing ist effektiv, messbar und unverzichtbar.
Wichtige Strategien:

- **SEO (Suchmaschinenoptimierung):** Erschein bei Google ganz oben – kostenloser organischer Traffic.
- **Social Media Marketing:** Nutz Plattformen wie Instagram, LinkedIn, TikTok oder X für Reichweite und Interaktion.
- **Content Marketing:** Erstell Artikel, Videos, Podcasts oder Infografiken mit Mehrwert.
- **E-Mail-Marketing:** Bau eine Liste auf und sende regelmäßig nützliche Inhalte.
- **Online-Werbung:** Nutz gezielte Anzeigen auf Google oder Facebook.

Praxisbeispiel: *Airbnb nutzte Digitalmarketing, um schnell zu wachsen – mit SEO, Empfehlungsmarketing und ansprechendem Content.*

Praktische Übung: Wähle zwei digitale Marketingstrategien aus, die du sofort umsetzen willst.

EINE COMMUNITY RUND UM DEINE MARKE AUFBAUEN

Treue Kund:innen sind mehr als Käufer:innen – sie sind Markenbotschafter:innen.
So baust du eine starke Community:

- **Biete echten Mehrwert:** Guides, Webinare, Tutorials.
- **Erstelle Gruppen oder Foren:** Online-Plattformen für den Austausch.
- **Sei aktiv:** Antworte auf Kommentare, stelle Fragen, starte Diskussionen.
- **Organisiere Events oder Webinare:** Vernetze dich authentisch mit deiner Zielgruppe.

Praxisbeispiel: *Apple hat mit Events wie der WWDC und eigenen Foren eine treue Community aufgebaut.*

Praktische Übung: Überlege dir, wie du dein Publikum über den Verkauf hinaus einbinden kannst.

NETZWERKEN UND MUNDPROPAGANDA NUTZEN

Beziehungen sind oft wirksamer als Werbung.
Netzwerken – wo und wie?

- **Fachveranstaltungen:** Messen, Konferenzen, Workshops.
- **Meetups & lokale Gruppen:** Ideal für lokale Unternehmen.
- **Kooperationen & Partnerschaften:** Influencer:innen, Marken, Expert:innen.
- **Empfehlungsmarketing:** Belohne Kund:innen für Weiterempfehlungen.

Praxisbeispiel: *Dropbox wuchs rasant durch Empfehlungsmarketing: : Nutzer:innen erhielten Speicherplatz, wenn sie Freund:innen einluden.*

Praktische Übung: Identifiziere drei Kontakte oder Unternehmen, mit denen du kooperieren könntest.

EIN AUSSERGEWÖHNLICHES KUNDENERLEBNIS SCHAFFEN

Zufriedene Kund:innen kommen nicht nur zurück – sie bringen neue Kund:innen mit.
Wie du das Erlebnis verbesserst:

- **Hör auf Feedback:** Nutze Rückmeldungen zur Verbesserung.
- **Überrasch positiv:** Kleine Gesten machen den Unterschied.
- **Top-Kundenservice:** Schnelle, effektive Lösungen.
- **Loyalitätsprogramm:** Belohn treue Kund:innen.

Praxisbeispiel: *Amazon überzeugt durch exzellenten Service – inklusive Rücksendungen und schneller Hilfe.*

Praktische Übung: Finde ein kleines Detail, das du verbessern könntest, um die Kundenerfahrung zu optimieren.

STRATEGIE ANPASSEN UND OPTIMIEREN

Kundengewinnung ist ein dynamischer Prozess – ständiges Messen und Optimieren ist Pflicht.
So bleibst du auf Kurs:

- **Analysier die Daten:** Nutze Google Analytics, Meta Insights oder E-Mail-Tools.
- **Teste Neues:** Ändere Kanäle, Botschaften oder Angebote.
- **Verbesser Konversionen:** Viele Besucher:innen, aber wenig Käufe? Gründe analysieren und optimieren.

Praxisbeispiel: *Netflix analysiert das Nutzerverhalten permanent, um Vorschläge und Inhalte zu optimieren.*

Praktische Übung: Wähle einen Bereich deiner Strategie aus, den du verbessern möchtest, und plane einen A/B-Test.

Kunde:innen gewinnen ist keine Glückssache, sondern Strategie.

- Definier klar deine Zielgruppe.
- Nutz digitales Marketing gezielt.
- Bau eine treue Community auf.
- Netzwerke und nutze Mundpropaganda.
- Liefer ein außergewöhnliches Kundenerlebnis.
- Überwach Ergebnisse und optimiere stetig.

Merke dir: Erfolg hängt nicht nur davon ab, wie gut dein Produkt ist – sondern davon, wie viele Menschen du erreichst.

ZUSAMMENFASSUNG

Die Wahl der richtigen Idee ist der erste entscheidende Schritt auf dem Weg zum unternehmerischen Erfolg. Dabei sind deine Leidenschaften, deine Kompetenzen und die Marktnachfrage die Grundpfeiler. Die „Lila Kuh" steht für den besonderen Faktor, der dich von der Konkurrenz abhebt.

Eine erfolgreiche Idee entsteht durch einen Prozess: Generierung, Bewertung, Ausarbeitung und Testen. Hab keine Angst, Änderungen vorzunehmen – die Fähigkeit zur Anpassung ist entscheidend. Kundengewinnung erfordert ein tiefes Verständnis deiner Zielgruppe und den gezielten Einsatz von digitalem Marketing, Networking und Community Building.

Erfolg im Unternehmertum kommt nicht über Nacht. Es ist eine Reise voller Lernmomente, Rückschläge und Fortschritte. Bleibe offen für Feedback, lerne aus Fehlern und wachse kontinuierlich weiter. Mit einer starken Idee, einer klaren Strategie und Fokus auf deine Kundschaft bist du auf dem Weg zu Erfolg – im Geschäft und im Leben.

6 WIE MAN EIN:E GUTE:R PARTNER:IN IST

Erfolg ist nie ein Einzelunternehmen. Die Menschen, mit denen wir uns umgeben, beeinflussen unsere Denkweise, unsere Motivation und letztlich unsere Ergebnisse.

Wenn du von ehrgeizigen, positiven und motivierten Menschen umgeben bist, wird sich dein eigener Zugang zum Leben und zur Arbeit in diesen Eigenschaften widerspiegeln. Umgekehrt, wenn dein Umfeld von negativen Personen geprägt ist, die sich ständig beklagen und nicht an persönliches Wachstum glauben, läufst du Gefahr, diese Energie zu übernehmen und dein Potenzial zu begrenzen.

Ich habe auf die harte Tour gelernt, wie wichtig es ist, sorgfältig auszuwählen, mit wem ich Zeit und Energie teile. In der Vergangenheit habe ich mit Menschen gearbeitet, die nicht an ihre Fähigkeiten glaubten und lieber klagten, als Lösungen zu finden. Diese Haltung begann nach und nach auch mich zu beeinflussen. Bis ich mich entschloss, etwas zu ändern: Ich begann, mich mit Menschen zu umgeben, die eine wachstumsorientierte Denkweise hatten. Das Ergebnis? Ein unglaublicher Schub zu neuen Möglichkeiten und ein Mentalitätswandel, der meinen Weg transformiert hat.

DER EINFLUSS UNSERES UMFELDS

Dein Umfeld ist der Spiegel deiner Zukunft.
Wie dein soziales Umfeld deinen Erfolg beeinflusst:

- **Es motiviert oder demotiviert dich**: Wenn du von ehrgeizigen Menschen mit wachstumsorientierter Einstellung umgeben bist, wirst du eher hart an deinen Zielen arbeiten. Umgekehrt, wenn du dich mit Menschen umgibst, die sich beklagen und überall Hindernisse sehen, wirst du diese begrenzende Denkweise übernehmen.
- **Es inspiriert oder bremst dich**: Der Kontakt mit Menschen, die bereits erreicht haben, was du anstrebst, lässt Erfolg realistisch erscheinen. Menschen hingegen, die dich entmutigen oder nicht an dich glauben, können dein Selbstvertrauen untergraben.
- **Es schafft Chancen oder Hindernisse**: Ein gutes Netzwerk kann Türen öffnen, die du allein nur schwer durchschreiten könntest. Einflussreiche Personen, Mentor:innen und Kooperationspartner:innen können dir wertvolle Ratschläge und ungeahnte Möglichkeiten bieten.

Praxisbeispiel: *Steve Jobs und Steve Wozniak beeinflussten sich gegenseitig – Jobs mit seiner unternehmerischen Vision und Wozniak mit seinem technischen Talent. Gemeinsam schufen sie Apple.*

Viele große Innovator:innen verdanken ihren Erfolg der Zusammenarbeit mit Menschen, die sie gefordert und inspiriert haben. Die besten Ideen entstehen oft im Kreis brillanter, ambitionierter Persönlichkeiten.

Praktische Übung: Erstelle eine Liste der fünf Menschen, mit denen du am meisten Zeit verbringst, und frage dich: Tragen sie zu meinem Wachstum bei oder halten sie mich zurück?

EIN UMFELD AUS GEWINNER:INNEN AUFBAUEN

Dein persönliches Wachstum hängt auch davon ab, mit wem du deine Zeit verbringst.

Strategien, um erfolgreiche Menschen in dein Umfeld zu ziehen und zu halten:

- **Such nach Mentor:innen**: Find Menschen, die bereits erreicht haben, was du anstrebst, und lerne von ihnen.
- **Besuch inspirierende Veranstaltungen**: Nimm an Events, Workshops und Konferenzen in deinem Fachgebiet teil, um Gleichgesinnte kennenzulernen.
- **Distanzier dich von toxischen Menschen**: Hab keine Angst, den Kontakt zu Menschen zu reduzieren, die dich demotivieren oder deine Träume kleinreden.
- **Bau dein eigenes Netzwerk auf**: Warte nicht darauf, dass die richtigen Menschen von selbst auftauchen. Sei aktiv und erschaffe gezielt ein Netzwerk wertvoller Beziehungen.

Praxisbeispiel: *Elon Musk umgab sich stets mit talentierten Ingenieuren und Innovatoren. So konnte er Teams formen, die ehrgeizige Projekte wie Tesla und SpaceX verwirklichten.*

Viele Unternehmer:innen wurden erfolgreich, weil sie Zeit in den Aufbau eines stabilen Netzwerks investierten, Events besuchten und gezielt Beziehungen mit Menschen aufbauten, die ihre Vision teilten.

Praktische Übung: Denke an eine Person, die du bewunderst und mit der du gerne mehr Kontakt hättest. Erstelle einen Plan, wie du dich ihr nähern kannst – zum Beispiel durch das Folgen in sozialen Netzwerken, die Teilnahme an Events, bei denen sie anwesend ist, oder das Senden einer wertvollen Nachricht.

DER SPIEGEL-EFFEKT: WERDE ZU DER PERSON, DIE DU ANZIEHEN WILLST

Wenn du erfolgreiche Menschen um dich haben möchtest, musst auch du eine wertvolle Persönlichkeit sein.

Wie du dich selbst verbessern kannst, um Menschen mit Qualität anzuziehen:

- **Entwickle nützliche Fähigkeiten**: Je kompetenter du in einem bestimmten Bereich bist, desto mehr interessante Menschen wirst du anziehen.
- **Behalt eine positive Einstellung bei**: Niemand möchte Zeit mit jemandem verbringen, der/die ständig jammert oder überall nur Probleme sieht.
- **Biete Wert, bevor du etwas verlangst**: Helfe anderen, teile dein Wissen und baue Beziehungen auf, ohne eine direkte Gegenleistung zu erwarten.
- **Sei wählerisch**: Nicht jeder Mensch verdient deine Zeit. Wähle bewusst diejenigen aus, die dein Leben und deine Karriere bereichern können.

Praxisbeispiel: *Oprah Winfrey wurde für viele erfolgreiche Menschen zur Inspirationsquelle, weil sie stets an sich selbst arbeitete, ihre Fähigkeiten ausbaute und authentische Beziehungen aufbaute.*

Viele erfolgreiche Führungskräfte haben sich durch ihre wachstumsorientierte Denkweise und ihre Fähigkeit, erst zu geben, bevor sie etwas erwarten, ein starkes Netzwerk aufgebaut.

Praktische Übung: Schreibe drei Eigenschaften auf, die du entwickeln möchtest, um eine Person zu sein, die Erfolg anzieht – und beginne noch heute damit, an ihnen zu arbeiten.

DIE KRAFT DER ZUSAMMENARBEIT: ERFOLG ENTSTEHT NICHT ALLEIN

Selbst die größten Unternehmer:innen und Führungskräfte verdanken ihren Erfolg dem Rückhalt durch ein starkes Team.

Warum Zusammenarbeit entscheidend ist:

- **Sie schafft neue Möglichkeiten**: Ein Netzwerk talentierter Menschen eröffnet Zugang zu neuen Ideen, Projekten und Kooperationen.
- **Sie gleicht Schwächen aus**: Niemand kann in allem gut sein. Ein gutes Team erlaubt es dir, dich auf deine Stärken zu konzentrieren.
- **Sie fördert Innovation**: Der Austausch mit unterschiedlichen Köpfen bringt neue Ideen und kreative Lösungen hervor.

Praxisbeispiel: *Larry Page und Sergey Brin kombinierten ihre Fähigkeiten, um Google zu gründen – eines der einflussreichsten Unternehmen der Welt.*

Die größten Erfolge in Wirtschaft und Innovation entstanden durch Zusammenarbeit zwischen Menschen mit unterschiedlichen Kompetenzen, die sich gegenseitig ergänzten.

Praktische Übung: Identifiziere eine Person, mit der du für ein Projekt zusammenarbeiten könntest, und schlage ihr eine konkrete Partnerschaftsidee vor.

BEZIEHUNGEN STRATEGISCH GESTALTEN

Networking bedeutet nicht nur, neue Kontakte zu knüpfen, sondern wertvolle Beziehungen über die Zeit hinweg zu pflegen.

Wie man berufliche und persönliche Beziehungen stärkt:

- **Zeig Dankbarkeit**: Ein einfaches „Danke" kann den Unterschied machen, um eine Verbindung zu stärken.
- **Halt den Kontakt**: Melde dich nicht nur, wenn du etwas brauchst – pflege die Beziehung auch in neutralen Zeiten.
- **Gib, bevor du bittest**: Biete Hilfe, Ratschläge oder Kontakte an, bevor du um einen Gefallen bittest.
- **Sei konsequent**: Menschen vertrauen denen, die ihr Wort halten und über Zeit Beständigkeit zeigen.

Praxisbeispiel: *Richard Branson ist bekannt für seinen Beziehungsansatz: Er pflegt authentische Kontakte und baut Beziehungen auf Vertrauen und Respekt.*

Praktische Übung: Schicke heute einer Person, mit der du deine Beziehung stärken möchtest, eine Nachricht und zeige echtes Interesse an ihrem Weg.

Erfolg ist nicht nur eine Frage von Talent oder Glück, sondern auch davon, wen du an deiner Seite hast:

- Knüpf authentische Verbindungen und baue dein Netzwerk strategisch aus.
- Arbeite mit brillanten Köpfen zusammen, um Chancen zu vervielfachen.
- Werd die Person, die du anziehen willst: Dein Wert bestimmt die Qualität deiner Beziehungen.

Merke dir: Dein Umfeld kann deinen Erfolg beschleunigen oder ausbremsen. Wähle weise!

DIE ROLLE DES/DER PARTNERS/PARTNERIN AUF DEM ERFOLGSWEG

Erfolg ist niemals ein einsamer Weg. Die Menschen, mit denen wir zusammenarbeiten, uns austauschen und Projekte aufbauen, haben großen Einfluss auf unser berufliches und persönliches Wachstum. Eine der wichtigsten Personen darunter ist unser:e Partner:in – sei es ein:e Geschäftspartner:in, ein:e enge:r Mitarbeiter:in oder auch der/die Lebenspartner:in.

Ich habe am eigenen Leib erfahren, wie entscheidend es ist, die richtigen Menschen für ein gemeinsames Projekt zu wählen. Ein:e Partner:in kann der größte Beschleuniger des Wachstums sein – oder das Gewicht, das jeden Fortschritt bremst. Es gab Momente, in denen Menschen an meiner Seite standen, die mir halfen, Hindernisse zu überwinden – und andere, in denen ich mit Personen zusammenarbeitete, die meine Vision nicht teilten und alles nur erschwerten.

Ein:e wertvolle:r Partner:in ist jemand, der dich herausfordert, dich verbessert, dir eine neue Perspektive bietet und vor allem dieselbe Ambition mit dir teilt.

DER/DIE RICHTIGE PARTNER:IN: UNTERSTÜTZUNG ODER HINDERNIS?

Die Menschen um uns herum haben die Macht, uns zu motivieren oder zu blockieren. Jemanden an seiner Seite zu haben, der an das eigene Projekt glaubt, kann den Unterschied machen zwischen Aufgeben und Weitermachen mit noch mehr Entschlossenheit.

Wie der/die Partner:in unseren Weg beeinflusst:

- **Er/Sie bietet dir eine andere Perspektive**: Wenn wir zu tief in unseren Ideen stecken, übersehen wir alternative Lösungen. Ein:e gute:r Partner:in hilft dir, das zu sehen, was du alleine nicht bemerken würdest.
- **Er/Sie unterstützt dich in schwierigen Zeiten**: Jeder Weg hat Hindernisse. Jemanden an seiner Seite zu haben, der in komplizierten Momenten nicht zurückweicht, ist ein enormer Vorteil.
- **Er/Sie teilt die Arbeitslast**: Aufgaben zu delegieren und klar zu verteilen ist entscheidend, um Überforderung zu vermeiden und Ergebnisse zu optimieren.

- **Er/Sie ergänzt deine Fähigkeiten**: Niemand kann in allem gut sein. Ein:e Partner:in mit ergänzenden Kompetenzen kann Lücken füllen und das Projekt stärken.

Praxisbeispiel: *Bill Gates und Paul Allen gründeten Microsoft auf Basis einer Zusammenarbeit, die auf Vertrauen und Kompetenzverteilung beruhte: Gates fokussierte sich auf die Strategie, Allen auf die Technologie.*

Früher habe ich mit Menschen zusammengearbeitet, die nicht dieselbe Begeisterung wie ich hatten. Jede kleine Schwierigkeit wurde zur Ausrede, um aufzuhören. Als ich Partner mit der gleichen Mentalität fand, änderte sich alles: Probleme wurden im Teamgeist gelöst und jedes Hindernis zur Wachstumschance.

Praktische Übung: Mache eine Liste der Personen, mit denen du am meisten zusammenarbeitest, und frage dich: Tragen sie zu meinem Erfolg bei oder halten sie mich zurück?

GEGENSEITIGE UNTERSTÜTZUNG UND KONSTRUKTIVE ZUSAMMENARBEIT AUFBAUEN

Eine gute Zusammenarbeit entsteht nicht zufällig. Sie muss mit Absicht und Engagement aufgebaut werden.
Strategien, um den/die eigene:n Partner:in zu stärken:

- **Wertschätze seine/ihre Ideen**: Jeder möchte gehört und geschätzt werden. Die Anerkennung des Beitrags des anderen schafft Motivation.
- **Kommunizier klar**: Missverständnisse gehören zu den Hauptursachen für Spannungen in Partnerschaften. Offenheit und Klarheit helfen, Probleme zu vermeiden.
- **Unterstütz in schwierigen Zeiten**: Es wird Höhen und Tiefen geben. Ein:e echte:r Partner:in ist nicht nur präsent, wenn es gut läuft.
- **Definier Rollen und Verantwortlichkeiten**: Eine klare Aufgabenverteilung vermeidet Überlastung und Konflikte.

WIE MAN EIN:E GUTE:R PARTNER:IN IST

Praxisbeispiel: *Larry Page und Sergey Brin gründeten Google, indem sie ihre jeweiligen Stärken einsetzten: Page kümmerte sich um die Vision, Brin um technologische Innovation.*

Ich habe gelernt, dass ein:e Partner:in nicht nur jemand ist, mit dem man ein Projekt teilt, sondern auch ein:e Wegbegleiter:in. Ich erinnere mich an ein Projekt, das schlecht lief – mein erster Impuls war, einen Schuldigen zu suchen. Doch mein Partner half mir, die Situation aus einer anderen Perspektive zu betrachten, und wir verwandelten das Scheitern in eine wertvolle Lektion.

Praktische Übung: Frage deine:n Partner:in, welche Aspekte eurer Zusammenarbeit verbessert werden könnten.

VERTRAUEN UND RESPEKT AUFBAUEN

Ohne Vertrauen kann keine Zusammenarbeit funktionieren. Gegenseitiger Respekt ist die Grundlage für eine dauerhafte und produktive Partnerschaft.

Wie man eine solide Beziehung aufbaut:

- **Halt dein Wort**: Wenn du etwas versprichst, erfülle es auch. Glaubwürdigkeit ist essenziell.
- **Gib konstruktives Feedback**: Kritik sollte immer mit Lösungen verbunden sein.
- **Anerkenn die Erfolge des/der anderen**: Manchmal reicht ein einfaches „Gute Arbeit!", um jemanden zu Höchstleistungen zu motivieren.
- **Meide unnötige Konflikte**: Meinungsverschiedenheiten sind normal, aber sie sollten intelligent angegangen werden.

Praxisbeispiel: *Elon Musk hat stets die entscheidende Rolle seiner Teams für den Erfolg seiner Unternehmen hervorgehoben und damit gezeigt, wie wichtig es ist, Mitarbeiter wertzuschätzen.*

Ich habe mit einem Partner gearbeitet, der nie Fristen einhielt.

Immer gab es eine Ausrede – das Projekt hat darunter gelitten. Als ich mich entschied, das Problem ehrlich und direkt anzusprechen, wurde mir klar: Er war nicht der Richtige für mich.

Praktische Übung: Überlege, wie du das Vertrauen in deiner Partnerschaft verbessern könntest. Gibt es etwas, das du anders machen könntest?

HÄUFIGE FEHLER IN DER ZUSAMMENARBEIT VERMEIDEN

Auch die besten Partnerschaften können scheitern, wenn sie nicht gut gepflegt werden.

Fehler, die es zu vermeiden gilt:

- **Den Beitrag des anderen als selbstverständlich ansehen**: Dankbarkeit hält berufliche Beziehungen stark.
- **Unklare Kommunikation**: Mangelnde Klarheit führt zu Missverständnissen und Spannungen.
- **Probleme nicht rechtzeitig ansprechen**: Probleme zu ignorieren, vergrößert sie nur.
- **Unausgewogenes Engagement**: Wenn einer sich überfordert fühlt, leidet die Beziehung.

Praxisbeispiel: *Steve Jobs und Jonathan Ive machten Apple zu einer ikonischen Marke, indem sie Kreativität und technologische Innovation kombinierten.*

Früher dachte ich: Je mehr ich arbeite, desto mehr Ergebnisse werde ich erzielen. Doch ich erkannte, dass, wenn mein Partner seinen Teil nicht beiträgt, die gesamte Last auf meinen Schultern liegt. Echter Erfolg liegt im Gleichgewicht.

Praktische Übung: Wenn du eine:n berufliche:n Partner:in hast, frage ihn/sie, ob es einen Aspekt eurer Beziehung gibt, den man verbessern könnte.

Erfolg wird maßgeblich von den Menschen beeinflusst, mit denen wir zusammenarbeiten:

- Ein:e gute:r Partner:in ist ein Wachstumsmotor.
- Kommunikation und Vertrauen sind die Basis erfolgreicher Zusammenarbeit.
- Die Wertschätzung des anderen schafft ein produktives und positives Arbeitsumfeld.
- Das Vermeiden häufiger Fehler hilft, stabile und langfristige Beziehungen aufzubauen.

Merke dir: Den/die richtige:n Partner:in zu wählen, kann der Schlüssel sein, der eine Idee in einen greifbaren Erfolg verwandelt.

BUSINESS UND FAMILIE: EIN SENSIBLES GLEICHGEWICHT

Für viele Unternehmer:innen ist die Familie das Herzstück ihres Lebens – doch im Geschäftsleben gelten andere Spielregeln. Familie und Geschäft zu vermischen kann eine Erfolgsgeschichte sein – oder eine tickende Zeitbombe. Ich habe Unternehmen gesehen, die durch die Zusammenarbeit mit Familienmitgliedern gewachsen sind, aber auch solche, die durch interne Konflikte und gefühlsbetonte statt strategischer Entscheidungen zerstört wurden.

Nach Jahren der Erfahrung und Gesprächen mit Dutzenden Unternehmer:innen bin ich zu der Überzeugung gelangt, dass eine klare Trennung von Familie und Business oft die weiseste Entscheidung ist. Doch wenn du dich entscheidest, mit deinen Liebsten zu arbeiten, dann nur mit klaren Regeln und einer durchdachten Strategie.

DIE VORTEILE, FAMILIENMITGLIEDER INS UNTERNEHMEN EINZUBEZIEHEN

Es gibt gute Gründe, die Familie in ein Unternehmen einzubinden – in manchen Fällen kann das sogar strategisch sinnvoll sein.

Vorteile eines Familienunternehmens:

- **Vertrauen und Loyalität**: Familienmitglieder sind – zumindest theoretisch – verlässlicher als Außenstehende.
- **Geteilte Vision**: Eine gemeinsame Mission steigert die Motivation.
- **Langfristige Kontinuität**: Ein Familienunternehmen kann Generationen überdauern.
- **Kostenersparnis**: Angehörige sind in schwierigen Zeiten oft zu größeren finanziellen Opfern bereit.

Praxisbeispiel: *Viele traditionsreiche Unternehmen wie Ferrari oder Hermès wurden innerhalb von Familien gegründet und aufgebaut – und haben so starke, langlebige Marken geschaffen.*

Praktische Übung: Wenn du darüber nachdenkst, ein Familienmitglied einzubinden, frage dich: Hat diese Person wirklich die nötigen Kompetenzen – oder ist es eine emotionale Entscheidung?

DIE NACHTEILE, FAMILIE UND BUSINESS ZU VERMISCHEN

So verlockend die Vorteile auch sein mögen – die Zusammenarbeit mit Verwandten kann sich auch schnell in einen Albtraum verwandeln.

Typische Probleme in Familienunternehmen:

- **Fehlende Objektivität**: Entscheidungen werden eher aus Zuneigung als aus strategischen Gründen getroffen.
- **Schwierigkeiten, Privatleben und Beruf zu trennen**: Geschäftliche Diskussionen belasten oft das Familienleben.
- **Interessenkonflikte**: Ein:e Verwandte:r könnte eigene Interessen über die des Unternehmens stellen.
- **Kompromittierte Strategien**: Unerfahrene Familienmitglieder können das Unternehmenswachstum bremsen.

- **Schwierigkeit, Familienmitglieder zu entlassen**: Wenn jemand nicht geeignet ist, wird seine/ihre Abberufung zu einer emotionalen Belastung.

Praxisbeispiel: *Viele Familienunternehmen sind an internen Streitigkeiten gescheitert – wie bei der Familie Gucci, deren Konflikte zur Veräußerung des Unternehmens an externe Investoren führten.*

Ich habe erlebt, wie Unternehmen daran zerbrachen, dass sich Familienmitglieder um die Führung stritten oder emotionale Dynamiken unternehmerisches Denken verdrängten.

Praktische Übung: Könntest du – wenn nötig – eine schwierige Entscheidung über ein Familienmitglied im Unternehmen treffen, ohne dich von persönlichen Bindungen beeinflussen zu lassen?

BUSINESS UND FAMILIE TRENNEN: EINE STRATEGISCHE ENTSCHEIDUNG

Nach vielen Jahren im Unternehmertum bin ich überzeugt: Die Trennung zwischen Arbeit und Familie ist der sicherste Weg, um Konflikte zu vermeiden.

Gründe, Familie und Geschäft zu trennen:

- **Höhere Professionalität**: Wenn man Mitarbeiter:innen nach Kompetenz und nicht nach Verwandtschaft auswählt, wird das Unternehmen effizienter geführt.
- **Unabhängige Entscheidungen**: Ohne familiären Einfluss können Entscheidungen schneller und freier getroffen werden.
- **Harmonischeres Familienleben**: Ohne geschäftliche Belastungen bleibt das familiäre Miteinander entspannter.
- **Keine Bevorzugung und internen Spannungen**: Bei mehreren Familienmitgliedern im Unternehmen können leicht Rivalitäten entstehen.

Praxisbeispiel: *Viele erfolgreiche Unternehmer:innen – wie Warren Buffett – haben sich bewusst dafür entschieden, ihre Familie nicht in die Geschäftsführung einzubinden, um Interessenkonflikte zu vermeiden und die Meritokratie zu wahren.*

Praktische Übung: Setze dir zu Hause ein klares Limit: Keine Arbeitsgespräche – nur wertvolle Zeit mit der Familie.

WENN DU FAMILIENMITGLIEDER EINBEZIEHST – BILDE SIE ANGEMESSEN AUS

Falls du dich entscheidest, ein Familienmitglied ins Unternehmen zu integrieren, stelle sicher, dass er/sie entsprechend qualifiziert ist.
Warum Ausbildung entscheidend ist:

- Vermeidet inkompetente Personen in Schlüsselpositionen.
- Macht das Unternehmen professioneller und verhindert Vetternwirtschaft.
- Sichert echtes Wachstum, ohne Fehlentscheidungen aus Unwissenheit.

Strategien zur Ausbildung von Familienmitgliedern:

- Lass sie zunächst außerhalb des Familienunternehmens Erfahrungen sammeln.
- Biete Weiterbildungen an, um ihre Kompetenzen zu stärken.
- Gib ihnen schrittweise Verantwortung – keine Abkürzungen.

Praxisbeispiel: *Erfolgreiche Familienunternehmen – wie Ferrero – haben stets die Ausbildung ihrer Familienmitglieder priorisiert, bevor sie Führungspositionen übernahmen.*

Praktische Übung: Bewerte die Qualifikation deines Familienmitglieds im Unternehmen. Besteht Weiterbildungsbedarf?

Business und Familie zu mischen ist riskant. Manchmal funktioniert es – aber nur mit klaren Regeln und professioneller Struktur:

- Familie kann Vertrauen und Stabilität bieten – aber auch Herausforderungen mit sich bringen.
- Geschäftsentscheidungen müssen auf Kompetenz, nicht auf Blutsverwandtschaft basieren.
- Die Trennung von Beruf und Privatleben schützt familiäre Beziehungen.
- Familienmitglieder im Unternehmen sollten wie alle anderen Mitarbeiter:innen behandelt werden – mit Fokus auf Ausbildung und Leistung.

Merke dir: Erfolg hängt nicht nur von unternehmerischen Fähigkeiten ab, sondern auch von den Menschen, die wir an unserer Seite haben.

ERFOLG IST TEAMARBEIT

Was ich aus meiner unternehmerischen Erfahrung gelernt habe: Erfolg ist nie ein Einzelkampf. Die Menschen, mit denen du dich umgibst, können deine Entwicklung beschleunigen – oder sie so stark bremsen, dass du scheiterst. Ich hatte großartige Partner, die mir geholfen haben, ambitionierte Ideen zu verwirklichen, aber auch die falschen, bei denen jeder Schritt zur Qual wurde.

Die richtigen Partner:innen zu finden und ein effektives Team aufzubauen ist essenziell, um eine Idee zur Realität zu machen. Mit Bedacht ausgewählte Teammitglieder, ein produktives Umfeld und eine kluge Teamführung können den Unterschied zwischen Erfolg und Misserfolg ausmachen. In diesem Kapitel geht es darum, wie man die richtigen Partner:innen auswählt, ein solides Team aufbaut und die Zusammenarbeit so gestaltet, dass maximale Ergebnisse erzielt werden.

DIE RICHTIGEN GESCHÄFTSPARTNER:INNEN WÄHLEN

Den/die passende:n Partner:innen zu finden ist keine Frage der Sympathie oder Bequemlichkeit – es ist eine strategische Entscheidung, die über den Erfolg eines Projekts entscheiden kann.

Kriterien für die Auswahl eines/einer geeigneten Partners/Partnerin:

- **Gemeinsame Vision und Ziele**: Wer dieselbe Richtung verfolgt, reduziert Konfliktpotenzial.
- **Komplementäre Fähigkeiten**: Ein:e gute:r Partner:in ergänzt deine Stärken und schafft Synergien.
- **Zuverlässigkeit und Engagement**: Ehrlichkeit, Verantwortungsbewusstsein und Einsatzbereitschaft sind unverzichtbar. Ohne diese Grundlagen hilft selbst das größte Talent nichts.
- **Konfliktfähigkeit**: Spannungen gehören zu jeder Zusammenarbeit – ein:e Partner:inn muss mit Problemen reif und sachlich umgehen können.
- **Initiative und Eigenverantwortung**: Ein:e Partner:in sollte aktiv mitdenken, sich anpassen und Lösungen vorschlagen können.

Praxisbeispiel: *In einer meiner ersten unternehmerischen Erfahrungen wählte ich meinen Geschäftspartner, weil wir befreundet waren – ohne zu prüfen, ob er wirklich zum Projekt passte. Nach wenigen Monaten wurden unsere Unterschiede unüberbrückbar und die Zusammenarbeit scheiterte. Ich habe gelernt: Vertrauen ist wichtig – aber Kompetenzen und gemeinsame Ziele sind noch wichtiger.*

Praktische Übung: Wenn du eine:e Partner:in suchst, schreibe eine Liste mit unverzichtbaren Qualitäten und vergleiche sie mit den Personen, die du im Kopf hast. Passen sie wirklich zu deinem Projekt?

HÄUFIGE FEHLER BEI DER PARTNERWAHL VERMEIDEN

Den/die falsche:n Partner:in zu wählen kann dein Business gefährden oder das Wachstum erheblich verlangsamen.

Fehler, die es zu vermeiden gilt:

- **Sich nur auf persönliche Beziehungen verlassen**: Ein:e vertraute:r Freund:in ist nicht automatisch ein:e gute:r Geschäftspartner:in.
- **Warnsignale ignorieren**: Wenn jemand bereits Unzuverlässigkeit gezeigt hat – warum sollte er/sie sich plötzlich ändern?
- **Keine klaren Rollen und Verantwortlichkeiten definieren**: Ohne klare Aufgabenverteilung entstehen zwangsläufig Probleme.
- **Keine schriftlichen Vereinbarungen treffen**: Selbst mit vertrauten Personen beugt ein klarer Vertrag Missverständnissen vor.

Praxisbeispiel: *Viele Startups scheitern nicht wegen Marktproblemen, sondern aufgrund von Unstimmigkeiten zwischen den Gründern – meist verursacht durch mangelnde Kommunikation und unklare Rollenverteilungen.*

Ich kenne viele Unternehmer, deren Firmen an Partnerkonflikten zerbrochen sind. Oft reichen ein paar schriftlich fixierte Regeln, um große Probleme zu vermeiden.

Praktische Übung: Wenn du bereits eine:n Partner:in hast, bewertet eure Zusammenarbeit: Gibt es Schwachstellen, die verbessert werden könnten?

EIN EFFEKTIVES TEAM AUFBAUEN

Eine geniale Idee allein reicht nicht. Um sie umzusetzen, brauchst du ein starkes Team. Der Erfolg eines Projekts hängt nicht nur von den Führungskräften ab, sondern auch vom Team im Hintergrund.

Bei der Produktion von Filmen und Werbespots musste ich manchmal über 300 Menschen am Set koordinieren – das ist alles andere als einfach. Kein Buch kann dich darauf vorbereiten, das organisierte Chaos eines Sets zu leiten: Man lernt es nur durch Erfahrung – und mit einem Team, das genau weiß, was zu tun ist. Wenn auch nur ein Teil des Puzzles nicht passt, kann alles ins Wanken geraten. Dasselbe gilt für jedes Unternehmen: Ohne klare Rollen und ein gut strukturiertes System beginnt früher oder später alles zu bröckeln.

Schlüsselelemente eines erfolgreichen Teams:

- **Sorgfältige Auswahl**: Jedes Mitglied sollte spezifische Kompetenzen mitbringen und die Vision des Projekts teilen.
- **Transparente Kommunikation**: Jeder muss wissen, was von ihm erwartet wird.
- **Klar definierte Rollen**: Klare Zuständigkeiten vermeiden Verwirrung und Ineffizienz.
- **Positives Arbeitsumfeld**: Ein motiviertes Team arbeitet besser und bewältigt Herausforderungen mit mehr Widerstandskraft.

Praxisbeispiel: *Elon Musk wählt seine engsten Mitarbeiter:innen persönlich aus – er sucht nach hochkompetenten, motivierten Menschen, die unter Druck bestehen können.*

In einem meiner ambitioniertesten Projekte habe ich den Unterschied zwischen einem motivierten und einem demotivierten Team gespürt. Mit dem ersten lief alles rund, mit dem zweiten wurde jede kleine Entscheidung zum Kampf.

Praktische Übung: Analysiere dein Team: Gibt es Rollen, die neu definiert werden sollten, um die Produktivität zu steigern?

STRATEGIEN FÜR EINE EFFEKTIVE TEAMFÜHRUNG

Ein Team zu führen bedeutet, unterschiedliche Persönlichkeiten zu koordinieren und den Fokus auf gemeinsame Ziele zu halten.

Effektive Führungsstrategien:

- **Klare Erwartungen**: Jedes Mitglied sollte genau wissen, was von ihm verlangt wird.
- **Zusammenarbeit und Austausch**: Die besten Ideen entstehen im Dialog.
- **Konstruktives Feedback**: Kritik ohne Lösungsvorschläge bringt nichts.
- **Arbeitsmanagement-Tools**: Plattformen wie Trello, Asana oder Slack erleichtern die Organisation.
- **Erfolge anerkennen**: Wer gute Leistungen bringt, sollte auch Wertschätzung erfahren.

Praxisbeispiel: *Google ist bekannt für seine innovative Teamführung – hier zählen Zusammenarbeit und kontinuierliches Feedback zu den Hauptfaktoren für hohe Produktivität.*

Ich habe in Teams gearbeitet, in denen es keine klare Führung gab – das Ergebnis war totales Chaos. Ein guter Leader gibt Richtung vor, nicht nur Anweisungen.

Praktische Übung: Implementiere ein wöchentliches Feedback-System, um Kommunikation und Effizienz im Team zu verbessern.

KONFLIKTE UND KRISEN BEWÄLTIGEN

Jedes Team erlebt schwierige Phasen. Der Schlüssel liegt darin, diese mit Intelligenz zu meistern.

So gehst du mit Konflikten um:

- **Alle Seiten anhören**: Oft entstehen Probleme durch Missverständnisse.
- **Reale Kompromisse finden**: Man kann nicht immer gewinnen, aber ein Gleichgewicht ist möglich.
- **Favoritismus und impulsive Entscheidungen vermeiden**: Teamführung muss fair und überlegt sein.
- **Organisation regelmäßig überdenken**: Wenn etwas nicht funktioniert, ist Veränderung nötig.

Praxisbeispiel: *Viele erfolgreiche Unternehmen haben interne Krisen überwunden – dank starker Führung und der Fähigkeit, sich dem Wandel anzupassen.*

Früher habe ich Konflikte im Team ignoriert, in der Hoffnung, dass sie sich von selbst lösen würden. Das hat nie funktioniert. Der beste Weg ist immer, sie direkt anzugehen.

Praktische Übung: Wenn es Spannungen im Team gibt, organisiere ein Meeting, um das Problem offen und transparent zu besprechen.

Die richtigen Partner:innen wählen und ein Team effektiv führen – das sind zwei Schlüsselfaktoren für den Erfolg:

- Ein:e gute:r Partner:in bringt komplementäre Fähigkeiten, Zuverlässigkeit und eine klare Vision mit.
- Partnerschaften nur auf Basis persönlicher Beziehungen auszuwählen, ist ein Fehler.
- Ein effektives Team ist gut strukturiert, motiviert und klar geführt.
- Konflikte müssen sofort und offen angesprochen werden.

Merke dir: Erfolg entsteht nicht im Alleingang. Umgib dich mit den richtigen Menschen – und du wirst Resultate sehen!

ZUSAMMENFASSUNG

Erfolg entsteht nicht im Alleingang, sondern durch die Unterstützung und Zusammenarbeit mit den Menschen um uns herum. Den/die Partner:in im Leben zu schätzen und die Familie bewusst in den beruflichen Weg einzubeziehen, kann zu einem wertvollen Gleichgewicht führen. Die Wahl der richtigen Geschäftspartner:innen und eine effektive Teamführung sind entscheidend, um erfolgreiche Ergebnisse zu erzielen. Mit motivierten und kompetenten Menschen zu arbeiten, die unsere Vision und Werte teilen, kann der Antrieb sein, der uns zum Ziel bringt.

Unterschätze niemals die Kraft der Beziehungen. In persönliche wie berufliche Verbindungen zu investieren kann der Schlüssel sein, der Türen und Chancen öffnet, die sonst verschlossen geblieben wären.

Merke dir: Erfolg ist nicht nur eine Frage von Talent und harter Arbeit – sondern auch von bedeutsamen Beziehungen, die uns stützen und inspirieren.

7 WIE MAN GUT KOMMUNIZIERT

Kommunikation ist die geheime Waffe für den Erfolg im Leben. Sie ist die Brücke, die Menschen verbindet – sie ermöglicht Verständnis, Zusammenarbeit und außergewöhnliche Ergebnisse.

Werfen wir einen genaueren Blick auf die Bedeutung des Zuhörens, auf grundlegende Kommunikationstechniken und auf Themen, die man im Gespräch mit Unbekannten oder bei der Teamarbeit vermeiden oder besonders berücksichtigen sollte.

Wir haben bereits angedeutet, wie wichtig es ist, zuhören zu können – doch jetzt möchte ich einen entscheidenden Aspekt vertiefen: aktives Zuhören im Umgang mit Kundschaft, Geschäftspartner:innen und Verkäufer:innen.

In einer Welt, in der jeder reden will, aber nur wenige wirklich zuhören, hat derjenige, der diese Fähigkeit beherrscht, einen enormen Vorteil.

Aus eigener Erfahrung habe ich Unternehmer:innen scheitern sehen, nicht weil ihre Ideen schlecht waren, sondern weil sie ihrem Publikum nie wirklich zugehört haben. Ich habe auch Verkäufer erlebt, die ein einfaches Gespräch in einen erfolgreichen Verkauf verwandelt haben – nur weil sie den Worten des/der Kund:in wirklich Aufmerksamkeit geschenkt haben. Zuhören ist eine Kunst – und wer sie beherrscht, hat die Nase vorn.

AKTIVES ZUHÖREN: DIE SUPERKRAFT, DIE KAUM JEMAND NUTZT

Aktives Zuhören bedeutet nicht nur, Worte zu hören, sondern sie zu verstehen, zu interpretieren und angemessen zu reagieren.
Warum ist aktives Zuhören so kraftvoll?

- Baut Vertrauen und Glaubwürdigkeit bei Kundschaften und Partnerschaften auf.
- Hilft Bedürfnisse und Erwartungen besser zu verstehen.
- Ermöglicht schnellere und effektivere Problemlösungen.
- Vermeidet Missverständnisse und reduziert Konflikte.
- Verbessert die Qualität von Verhandlungen und Verkäufen.

Praxisbeispiel: *Richard Branson, Gründer von Virgin, schreibt einen Großteil seines Erfolgs seiner Fähigkeit zu, gut zuhören zu können. Er hat stets das Feedback von Kund:innen und Mitarbeiter:innen ernst genommen – und so seine Unternehmen stetig verbessert.*

Ich war überzeugt, genau zu wissen, was meine potenziellen Kund:innen wollten. Doch als ich anfing, Fragen zu stellen und wirklich zuzuhören, merkte ich, dass ihre Bedürfnisse ganz anders waren. Ich passte mein Angebot an – und die Verkäufe schossen in die Höhe.

Praktische Übung: Beim nächsten Gespräch mit einem/einer Kund:in oder Kolleg:in: Unterbreche nicht. Höre aktiv zu, merke dir die Aussagen – und antworte erst, wenn der/die andere ausgesprochen hat.

TECHNIKEN FÜR EFFEKTIVES AKTIVES ZUHÖREN

Aktives Zuhören ist eine erlernbare Fähigkeit, die man durch einfache Techniken trainieren kann:

1. **Augenkontakt halten:** Zeigt Interesse und Präsenz.
2. **Nonverbale Signale verwenden:** Nicken, Lächeln, offene Körpersprache.
3. **Gezielte Fragen stellen:** Bitte um Erläuterungen, um tiefer zu verstehen.
4. **Zusammenfassen:** Wiederhole das Gehörte mit eigenen Worten, um Verständnis zu bestätigen.
5. **Nicht unterbrechen:** Gib deinem Gegenüber Zeit, sich vollständig auszudrücken.
6. **Ablenkungen vermeiden:** Handy, E-Mails und Benachrichtigungen können warten.

Praxisbeispiel: *Bei einer schwierigen Verhandlung mit einem Lieferanten habe ich mich entschieden, einfach nur zuzuhören, statt sofort zu widersprechen. Nach 10 Minuten hatte er alles gesagt – und ich erkannte genau, wo wir uns einigen konnten. Ergebnis? Bessere Konditionen, ohne Druck auszuüben.*

Ein:e Verkäufer:in, der/die aufmerksam zuhört, erkennt die wahren Bedürfnisse seines/ihrer Kund:in und kann gezielt die beste Lösung anbieten – was die Verkaufschancen deutlich erhöht.

Praktische Übung: Schreibe nach einem wichtigen Gespräch eine kurze Zusammenfassung. Hast du alle Schlüsselpunkte wirklich verstanden?

KUND:INNEN ZUHÖREN: DER SCHLÜSSEL ZUM BESSEREN VERKAUF

Ein:e Kund:in, der/die sich gehört fühlt, kommt wieder. Doch wie macht man das?

- **Lass den/die Kund:in zuerst sprechen.** Biete keine Lösung an, bevor du das Problem wirklich verstanden hast.
- **Stell offene Fragen.** Zum Beispiel: „Was sind Ihre größten Herausforderungen mit diesem Produkt?"

- **Erkenn die Emotionen hinter den Worten.** Sucht der/die Kund:in eine technische Lösung – oder Sicherheit und Vertrauen?
- **Reagier nicht sofort mit Widerspruch.** Auch wenn du denkst, dass der/die Kund:in falschliegt – erst zuhören, dann mit Fakten und Empathie antworten.

Praxisbeispiel: Ein:e erfolgreiche:r Gastronom:in nimmt nicht nur Bestellungen auf, sondern hört auch auf das Feedback seiner/ihrer Gäste. Eine bequemere Sitzgelegenheit oder eine klarere Speisekarte kann aus einem Gelegenheitsgast eine:n Stammkund:in machen.

Praktische Übung: Lass bei deinem nächsten Kundengespräch den/die andere:n mindestens 60 Sekunden ungestört reden – und antworte erst danach gezielt.

DEM/DER GESCHÄFTSPARTNER:IN ZUHÖREN: SOLIDE BEZIEHUNGEN AUFBAUEN

Im Business machen Beziehungen oft den Unterschied zwischen Erfolg und Misserfolg. Zuhören ist der Schlüssel zu starken Partnerschaften.

- **Versteh seine Prioritäten**: Ein:e gute:r Partner:in verfolgt auch eigene Ziele.
- **Zeig echte Empathie und Interesse**: Lasse ihn/sie sich als integralen Teil des Projekts fühlen.
- **Find eine Balance zwischen deinen und seinen Ideen**: Kompromisse führen oft zu den besten Ergebnissen.
- **Gib Raum zur Entfaltung**: Sei nicht zu schnell mit deiner eigenen Meinung.

Praxisbeispiel: Viele große Geschäftsabschlüsse wurden nicht erzielt, weil eine Seite die Oberhand gewann, sondern weil beide Seiten zuhören konnten – und eine Win-Win-Lösung fanden.

Praktische Übung: Beim nächsten Strategiegespräch mit

einem/einer Partner:in – höre dir zuerst seine/ihre Sichtweise vollständig an, wiederhole sie zusammenfassend – und antworte dann.

VERKÄUFER:INNEN ZUHÖREN: KLÜGER EINKAUFEN

Auch wenn du der/die Kund:in bist, ist Zuhören entscheidend für informierte Entscheidungen. Ein:e gute:r Käufer:in ist auch ein:e gute:r Zuhörer:in.

So hörst du einem/einer Verkäufer:in richtig zu, ohne dich manipulieren zu lassen:

- **Lass ihn/sie seine/ihre Argumente vollständig darlegen**, ohne zu unterbrechen.
- **Stell gezielte Fragen**: z. B. „Was unterscheidet dieses Produkt vom Mitbewerber?"
- **Erkenn Verkaufstechniken** – aber bleibe gelassen.
- **Lass dir Zeit für deine Entscheidung**. Ein:e seriöse:r Verkäufer:in schätzt informierte Kund:innen.

Praxisbeispiel: *Ich habe gelernt, dass man bei Verhandlungen oft bessere Konditionen bekommt, wenn man Verkäufern genau zuhört. Verstehen, wie dein Gegenüber denkt, ist die halbe Strategie.*

Ein:e Unternehmer:in, der/die Verkäufer:innen gut zuhört, trifft bessere Kaufentscheidungen und verhandelt vorteilhaftere Konditionen.

Praktische Übung: Höre beim nächsten Gespräch mit einem/einer Verkäufer:in aktiv zu – und fasse die wichtigsten Punkte zusammen, bevor du entscheidest.

Zuhören ist eine der am meisten unterschätzten, aber zugleich mächtigsten Fähigkeiten im Geschäftsleben – und im Leben überhaupt.

- Aktives Zuhören verbessert die Kommunikation, reduziert Konflikte und ermöglicht fundiertere Entscheidungen.

- Einem/einer Kund:in zuzuhören steigert die Verkaufschancen und stärkt die Kundenbindung.
- Einem/einer Geschäftspartner:in zuzuhören fördert vertrauensvolle und produktive Beziehungen.
- Einem/einer Verkäufer:in zuzuhören hilft, bessere Kaufentscheidungen zu treffen.
- Wer gut zuhört, ist klar im Vorteil gegenüber denen, die nur auf ihren Einsatz zum Reden warten.

Merke dir: Beim nächsten wichtigen Gespräch – halte inne und frage dich: *„Höre ich wirklich zu – oder warte ich nur auf meinen Moment, um zu sprechen?"*

KOMMUNIKATION: DIE BRÜCKE ZUM ERFOLG

Ich kann es nicht oft genug sagen: Kommunikation ist das Fundament, auf dem Erfolg aufgebaut wird.

Egal, ob du ein Produkt verkaufst, eine:n Investor:in überzeugst, ein Team motivierst oder berufliche Beziehungen aufbaust – die Qualität deiner Kommunikation entscheidet über deinen Erfolg. Eine brillante Idee nützt nichts, wenn sie schlecht kommuniziert wird.

Ich habe selbst erfahren, wie schlechte Kommunikation Missverständnisse erzeugt, Projekte verzögert oder Chancen verspielt. Glücklicherweise habe ich früh erkannt: Kommunikation ist kein angeborenes Talent – sondern eine Fähigkeit, die man lernen und verbessern kann.

KOMMUNIKATION ALS ERFOLGSFAKTOR

Die Fähigkeit, sich klar und wirkungsvoll auszudrücken, unterscheidet wahre Führungspersönlichkeiten.

Warum Kommunikation so entscheidend ist:

- **Steigert deine Überzeugungskraft**: Überzeugende Menschen verkaufen Ideen, Produkte und Visionen.
- **Verbessert Teamführung**: Gute Leader kommunizieren klar und motivierend.

- **Vereinfacht Verhandlungen**: Wer klar kommuniziert, erzielt bessere Bedingungen.
- **Reduziert Konflikte**: Klarheit und Empathie verhindern Missverständnisse.
- **Fördert starke Beziehungen**: Menschen vertrauen denen, die verständlich und empathisch kommunizieren.

Praxisbeispiel: *Steve Jobs war ein Meister der Kommunikation. Seine Reden waren nicht nur informativ, sondern emotional, überzeugend und inspirierend. Diese Fähigkeit machte Apple zu einer Kultmarke.*

Ich habe einmal eine berufliche Gelegenheit verpasst, nur weil ich den Wert meines Projekts nicht klar genug kommunizieren konnte. Ich hatte die perfekte Lösung – aber meine Präsentation war unstrukturiert und verwirrend. Das Ergebnis? Der Kunde entschied sich für einen Mitbewerber mit einem schlechteren Angebot – welches jedoch besser inszeniert wurde.

Praktische Übung: Wenn du das nächste Mal eine Idee präsentierst, frage dich: *Kommuniziere ich klar? Versteht mein Gegenüber den Wert dessen, was ich sage?*

DIE 3 REGELN EFFEKTIVER KOMMUNIKATION

Um die eigene Kommunikation zu verbessern, gilt es, drei Schlüsselelemente zu beherrschen:

1. Klarheit

- Vermeide komplizierte Wörter oder vage Begriffe.
- Komm direkt zur Sache und nutze konkrete Beispiele.
- Wenn sich eine Botschaft mit weniger Worten sagen lässt – tu es.

2. Einbindung

- Nutz eine dynamische Stimme und variiere dein Sprechtempo.
- Füge Geschichten oder Anekdoten hinzu, um die Botschaft interessanter zu machen.
- Achte auf deine Körpersprache – sie verstärkt deine Worte.

3. Anpassungsfähigkeit

- Änder deinen Kommunikationsstil je nach Kontext und Gesprächspartner:innen.
- Mit Kund:innen: Sei klar und beruhigend.
- Mit Geschäftspartner:innen: Sei konkret und professionell.
- Mit deinem Team: Sei motivierend und einbeziehend.

Praxisbeispiel: *Ein:e gute:r Kommunikator:in passt seine Sprache an sein Gegenüber an: technisch mit Expert:innen, inspirierend vor Publikum, strategisch gegenüber Investor:innen.*

Praktische Übung: Wenn du mit verschiedenen Menschen sprichst, passe Sprache und Stil an – und beobachte, was am besten funktioniert.

REDEN IST EINFACH, KOMMUNIZIEREN IST EINE KUNST

Kommunizieren bedeutet nicht nur zu sprechen – sondern die eigene Botschaft richtig zu übermitteln.

Häufige Fehler, die man vermeiden sollte:

- **Zu viele Informationen in kurzer Zeit**: Überforderst du dein Gegenüber, verlierst du seine/ihre Aufmerksamkeit.
- **Nicht zuhören**: Kommunikation ist ein Dialog, kein Monolog.
- **Den Kontext ignorieren**: Fachsprache bei Laien erzeugt nur Verwirrung.

- **Nonverbale Sprache vernachlässigen**: Stimme, Blickkontakt und Haltung prägen die Wahrnehmung.

Praxisbeispiel: *Ein guter Leader gibt nicht nur Anweisungen, sondern beobachtet sein Team, hört sich deren Bedenken an und passt seine Kommunikationsstrategie an deren Bedürfnisse an.*

Praktische Übung: Nehme eine Rede oder Präsentation von dir auf und höre sie dir an. Ist sie klar und überzeugend? Würdest du dir selbst folgen?

SCHRIFTLICH BESSER KOMMUNIZIEREN

Neben der gesprochenen Sprache ist klares, effektives Schreiben eine unverzichtbare Fähigkeit.
So verfasst du überzeugende Nachrichten, E-Mails und Texte:

- **Sei klar und direkt**: Vermeide lange, verschachtelte Sätze.
- **Verwende eine natürliche und verständliche Sprache**: Schreibe so, als würdest du mit dem/der Leser:in sprechen.
- **Heb wichtige Punkte hervor**: Mit Aufzählungen, Fettdruck oder Zwischenüberschriften.
- **Schließ mit einem klaren „Call to Action"**: Sag dem Leser, was er als Nächstes tun soll.

Praxisbeispiel: *Eine gut geschriebene E-Mail kann Türen öffnen. Eine verwirrende E-Mail kann wertvolle Kooperationen kosten.*

Praktische Übung: Lese deine letzte geschäftliche E-Mail erneut: *Ist sie klar, knapp und wirkungsvoll? Würdest du sofort darauf antworten?*

VON GROSSEN KOMMUNIKATOR:INNEN LERNEN

Die besten Kommunikator:innen zu studieren hilft dir, deine eigene Wirksamkeit zu steigern.
Beispiele exzellenter Kommunikator:innen:

- **Martin Luther King Jr.**: Seine Pausen, Wiederholungen und bildhafte Sprache machten seine Reden unvergesslich.
- **Oprah Winfrey**: Empathie und emotionale Verbindung zum Publikum.
- **Jeff Bezos**: Klarheit und die Fähigkeit, Komplexes einfach darzustellen.
- **Tony Robbins**: Energie und motivierende Ausstrahlung.

Praxisbeispiel: *Indem wir die Techniken großer Redner:innen analysieren, können wir unsere eigene Botschaft stärker und einprägsamer machen.*

Praktische Übung: Sehe dir eine Rede eines dieser Redner:innen an und analysiere: Wie nutzt er/sie seine/ihre Stimme, Körpersprache und Pausen zur Betonung?

Kommunikation ist die Grundlage für Erfolg – in jedem Bereich.

- Wer besser kommuniziert, bekommt mehr Chancen.
- Klarheit, Einbindung und Anpassungsfähigkeit sind die Säulen wirksamer Kommunikation.
- Sprechen ist leicht – aber seine Botschaft mit Wirkung zu übermitteln, ist eine Kunst.
- Verbesserte schriftliche und mündliche Kommunikation führt zu greifbaren Erfolgen im Leben und im Beruf.
- Von großen Kommunikator:innen zu lernen, hilft dir, deinen Stil zu verfeinern.

Merke dir: Wie du kommunizierst, bestimmt, wie andere dich wahrnehmen. Verbessere deine Kommunikation – und du verbesserst deinen Erfolg.

KOMMUNIKATION VERBESSERN: TECHNIKEN UND STRATEGIEN

Effektiv zu kommunizieren bedeutet mehr als nur Worte – es ist eine

Fähigkeit, die aktives Zuhören, Ausdruckskraft und Körpersprache vereint.

Es gibt gezielte Techniken, die deine Kommunikationsfähigkeiten verbessern – für flüssigere, überzeugendere und produktivere Gespräche. Egal, ob du mit einem/einer Kund:in, einem/einer Geschäftspartner:in oder einem großen Publikum sprichst – deine Kommunikationsweise beeinflusst den Ausgang des Gesprächs maßgeblich.

Ich gebe es zu: Am Anfang meiner Karriere dachte ich, gutes Reden sei einfach selbstbewusstes Auftreten. Dann erkannte ich: Der wahre Schlüssel liegt im Zuhören und in der Anpassung an den Gesprächspartner. Ich habe Präsentationen scheitern sehen, weil der Sprecher die Sprache des Publikums nicht traf – und Verhandlungen, die daran scheiterten, dass niemand dem anderen wirklich zuhörte.

Hier sind praktische Strategien zur Verbesserung deiner Kommunikation – basierend auf psychologischen und verhaltensorientierten Methoden.

DIE BEDEUTUNG OFFENER FRAGEN

Offene Fragen sind eines der stärksten Werkzeuge in der Kommunikation.
Warum sind sie so wirksam?

- Sie laden das Gegenüber ein, sich frei zu äußern – für tiefere Gespräche.
- Sie liefern mehr Informationen, statt oberflächlicher Ja/Nein-Antworten.
- Sie schaffen einen interaktiven Dialog, der Empathie und Verbindung fördert.

Beispiele für effektive offene Fragen:

- „Was sind derzeit Ihre größten Herausforderungen?"
- „Wie beurteilen Sie diese Lösung?"
- „Wie sehen Sie die Zukunft Ihrer Branche?"

Praxisbeispiel: *Ein:e erfahrene:r Verkäufer:in fragt nicht einfach: ‚Brauchen Sie dieses Produkt?', sondern: ‚Welche Eigenschaften sind Ihnen bei einem Produkt wie diesem wichtig?' So fühlt sich der/die Kund:in einbezogen – und ist eher zum Kauf bereit.*

Praktische Übung: Tausche beim nächsten Gespräch geschlossene Fragen (Ja/Nein) gegen offene Fragen aus – und beobachte, wie sich der Dialog verändert.

DIE TECHNIK DES PARAPHRASIERENS: VERSTÄNDNIS ZEIGEN DURCH UMFORMULIERUNG

Das Wiedergeben oder Umformulieren dessen, was dein Gegenüber gesagt hat, schafft Klarheit und Vertrauen.
Wie funktioniert es?

- Es bestätigt, dass du das Gesagte richtig verstanden hast.
- Vermeidet Missverständnisse, gibt Raum zur Korrektur oder Ergänzung.
- Zeigt aktives Zuhören und macht dein Gegenüber wichtig.

Beispiel für Paraphrasieren:

- **Der/die Gesprächspartner:in**: *„Ich finde das Projekt spannend, aber die Zeitplanung macht mir Sorgen."*
- **Die Antwort**: *„Du meinst also, deine größte Sorge ist, ob wir die Fristen einhalten können – richtig?"*

Praxisbeispiel: *Ein:e gute:r Verhandlungsführer:in sagt nicht nur: ‚Okay, verstanden', sondern: ‚Wenn ich dich richtig verstehe, ist dein Hauptziel, die Kosten zu senken, ohne die Qualität zu gefährden – stimmt das?' Das bringt beide Seiten auf dieselbe Wellenlänge.*

Praktische Übung: Fasse beim nächsten wichtigen Gespräch die Aussagen deines Gegenübers zusammen, bevor du antwortest.

KÖRPERSPRACHE: KOMMUNIKATION JENSEITS DER WORTE

Worte sind nur ein Teil der Kommunikation – die Körpersprache spielt eine entscheidende Rolle.

Wichtige Elemente der Körpersprache:

- **Augenkontakt:** Halte eine gute Balance – starr nicht, aber vermeide auch den Blickkontakt nicht.
- **Offene Körperhaltung:** Verschränkte Arme oder zurückgelehntes Sitzen wirken verschlossen oder desinteressiert.
- **Natürliche Bewegungen:** Handgesten helfen, wichtige Punkte zu betonen.
- **Mimik:** Ein angemessenes Lächeln vermittelt Sicherheit und Positivität.

Praxisbeispiel: *Wenn ein:e Bewerber:in bei einem Vorstellungsgespräch den Blickkontakt meidet, die Schultern hängen lässt und zögerlich antwortet, wirkt er/sie unsicher – unabhängig davon, was er/sie sagt.*

Praktische Übung: Achte beim nächsten Gespräch bewusst auf deine Körperhaltung und Gestik: Unterstützt dein Körper deine Botschaft – oder widerspricht er ihr?

DIE BEDEUTUNG DES TONFALLS

Wie du etwas sagst, ist oft wichtiger als das, was du sagst.

So nutzt du deinen Tonfall wirkungsvoll:

- **Variier das Tempo:** Ein monotones Sprechen führt schnell zum Verlust der Aufmerksamkeit.

- **Beton Schlüsselbegriffe:** Setze strategische Pausen, um wichtige Punkte hervorzuheben.
- **Pass Lautstärke und Intonation an:** Eine sichere, lebendige Stimme wirkt überzeugender.

Praxisbeispiel: *Die besten Redner:innen sprechen nicht gleichförmig, sondern nutzen Tonvariation, um Interesse zu wecken und das Publikum zu führen.*

Praktische Übung: Nehme deinen nächsten Vortrag oder deine Präsentation auf – klingt deine Stimme lebendig oder monoton?

Effektive Kommunikation ist eine Fähigkeit, die man trainieren und verbessern kann.

- Offene Fragen machen Gespräche tiefgründiger und interessanter.
- Paraphrasieren zeigt echtes Zuhören und vermeidet Missverständnisse.
- Körpersprache vermittelt Sicherheit und Glaubwürdigkeit.
- Der Tonfall beeinflusst Wirkung und Emotion.
- Bessere Kommunikation führt zu mehr Erfolg – im Leben wie im Business.

Merke dir: Wie du kommunizierst, bestimmt, wie du wahrgenommen wirst. Deine Kommunikationsfähigkeiten zu trainieren verschafft dir in jedem Bereich einen gewaltigen Vorteil.

KOMMUNIKATION UND DIE KUNST, DIE RICHTIGEN THEMEN ZU WÄHLEN

Kommunikation ist eine Kunst – und wie jede Kunst erfordert sie Sensibilität und Gespür für den Kontext.

Ich habe am eigenen Leib erfahren, wie schnell ein Gespräch mit einer unbekannten Person durch ein unpassendes Thema kippen kann. Manche Themen erzeugen Spannung, Missverständnisse oder peinliche Situationen – und ruinieren den ersten Eindruck oder die Chance auf eine wertvolle Beziehung.

Einmal habe ich bei einem Networking-Event einen harmlos gemeinten politischen Witz gemacht – und stellte fest, dass mein Gegenüber eine starke Gegenmeinung vertrat. Ergebnis? Gespräch vorbei, Chance vertan.

TABUTHEMEN BEIM ERSTEN GESPRÄCH

Diese Themen solltest du mit unbekannten Personen eher vermeiden:

1. Politik

- Politik polarisiert. Unterschiedliche Meinungen führen schnell zu hitzigen Debatten.
- Selbst wenn du eine klare Haltung hast, halte dich bei politischen Diskussionen zurück, bis du dein Gegenüber besser kennst.

Alternative: Sollte das Thema aufkommen, lenke das Gespräch auf allgemeinere Bereiche wie technologische Innovationen oder wirtschaftliche Trends.

2. Religion und Glaube

- Wie Politik ist Religion ein sehr persönliches Thema. Unterschiedliche Weltanschauungen können schnell zu Spannungen führen.
- Selbst scheinbar harmlose Fragen wie *„Glauben Sie an Gott?"* können unangebracht wirken.

Alternative: Spreche lieber über universelle Werte wie Dankbarkeit, persönliche Entwicklung oder Freundlichkeit.

3. Gesundheit und äußere Erscheinung

- Kommentare zum Aussehen, auch gut gemeint, können unangenehm oder verletzend sein.
- Fragen zu Gesundheit, Diät oder Lebensstil nur dann stellen, wenn dein Gegenüber das Thema einführt.

Alternative: Wenn es um Wohlbefinden geht, sprich über allgemeine Themen wie Sport oder Reisen – ohne Wertung oder ungefragte Ratschläge.

4. Finanzen und Einkommen

- Fragen wie *„Was verdienen Sie?"* oder *„Wie steht es um Ihre Finanzen?"* gehören zu den unhöflichsten überhaupt.
- Selbst wenn du dich für den Beruf interessierst – bleib diskret.

Alternative: Frage z. B.: *„In welcher Branche arbeiten Sie?"* oder *„Wie sind Sie in Ihren Bereich gelandet?"*

5. Beziehungsstatus und Familienplanung

- Fragen wie *„Sind Sie verheiratet?"* oder *„Warum haben Sie noch keine Kinder?"* können sehr unangenehm sein.
- Vermeide persönliche oder intime Fragen, wenn du die Person kaum kennst.

Alternative: Sprich lieber über Hobbys, Reisen oder Interessen – mit einem leichten, positiven Ton.

UNVERFÄNGLICHE THEMEN FÜR EIN ANGENEHMES GESPRÄCH

Wenn du ein interessantes, sicheres Gespräch führen möchtest, sind hier gute Alternativen:

a) Hobbys und Interessen

- Fragen nach Freizeitaktivitäten sind immer eine gute Wahl.
- Du kannst so Gemeinsamkeiten entdecken und eine echte Verbindung aufbauen.

b) Reisen und Lieblingsorte

- Reisen ist ein faszinierendes, universelles Thema mit positiver Energie.
- Frage z. B.: *„Was war der schönste Ort, den Sie je besucht haben?"*

c) Filme, Musik und Bücher

- Kulturelle Themen sind ideal, um Gemeinsamkeiten zu entdecken.
- Fragen wie: *„Haben Sie kürzlich einen spannenden Film gesehen?"* oder *„Was ist Ihr Lieblingsbuch?"* funktionieren immer gut.

d) Sport und Bewegung

- Auch wenn du kein großer Sportfan bist – über Sportereignisse oder Outdoor-Aktivitäten lässt sich leicht reden.
- Z. B.: *„Machen Sie irgendeinen Sport?"* oder *„Haben Sie ein Lieblingsteam?"*

e) Kurioses und Trends

- Neue Technologien, internationale Entwicklungen oder interessante Fakten sind tolle Gesprächseinstiege.
- Z. B.: *„Haben Sie schon von dieser neuen Technologie gehört…?"*

WIE MAN EIN GESPRÄCH IN EINE POSITIVE RICHTUNG LENKT

Trotz bester Absichten kann ein Gespräch manchmal in unangenehme oder heikle Richtungen abdriften.
Was ist zu tun in solchen Fällen?

- **Wechsle das Thema auf natürliche Weise.** Wenn jemand leidenschaftlich über Politik spricht, sag zum Beispiel: „*Ich verstehe Ihren Standpunkt. Übrigens – haben Sie die neue Doku auf Netflix gesehen?*"
- **Nutz Humor.** Eine leichte Bemerkung kann die Spannung entschärfen und das Gespräch wieder in ruhiges Fahrwasser bringen.
- **Bleib respektvoll.** Wenn du mit einer Meinung nicht einverstanden bist, vermeide offene Konfrontation – respektiere die Sichtweise des anderen.

Praxisbeispiel: *Einmal geriet ich in ein hitziges politisches Gespräch. Ich lächelte und sagte: ‚Wir könnten da stundenlang diskutieren – aber sag mal, kennst du die beste Pizzeria der Stadt?' Wir lachten – und wechselten sofort zu einem angenehmen Thema.*

Praktische Übung: Überlege dir drei Themen, mit denen du beim nächsten unangenehmen Gespräch elegant den Kurs wechseln könntest.

Das richtige Gesprächsthema zu wählen kann den Unterschied machen zwischen einem angenehmen Austausch und einer peinlichen Situation.

- Vermeide heikle Themen wie Politik, Religion, Finanzen und Beziehungsfragen.
- Setz auf neutrale, positive Inhalte wie Hobbys, Reisen, Sport oder Kultur.

- Wenn das Gespräch angespannt wird – wechsel diplomatisch das Thema.
- Ziel ist ein harmonischer und interessanter Dialog – ohne unnötige Spannungen.

Merke dir: Ein gutes Gespräch besteht nicht nur aus Worten – sondern auch aus Einfühlungsvermögen und Respekt gegenüber deines/deiner Gesprächspartners/Geschäftspartnerin.

KOMMUNIKATION IN DER TEAMARBEIT: DER WAHRE SCHLÜSSEL ZUM ERFOLG

Ein gut organisiertes, eingespieltes Team ist der Motor, der eine Idee zur Realität macht. Doch dafür braucht es klare Regeln und grundlegende Prinzipien – von Anfang an. Ich habe Teams scheitern sehen, weil es an Richtung fehlte – und andere, die durch wenige, aber gezielte Maßnahmen aufblühten.

Ohne ein starkes Team wird alles schwieriger, langsamer und frustrierender.

ZIELE DEFINIEREN: ALLE MÜSSEN WISSEN, WOHIN ES GEHT

Stelle dir vor, du bist in einem Boot, aber keiner weiß, wohin die Reise geht. Eine:r rudert nach links, eine:r nach rechts, ein:e andere:r gar nicht. Ein Team ohne klare Ziele funktioniert genauso: Energie wird vergeudet, Zeit verschwendet – und keiner weiß, ob er das Richtige tut.

Warum sind Ziele so wichtig?

- **Klarheit:** Jeder im Team muss wissen, was erreicht werden soll – und wann.
- **Ausrichtung:** Wenn alle in dieselbe Richtung arbeiten, kommt man schneller ans Ziel.
- **Motivation:** Ein klares Ziel macht Arbeit sinnstiftender und erfüllender.

Wie Ziele gesetzt werden sollten:

- **Formuliere konkrete, messbare Ziele** – z. B. statt „Kundenzufriedenheit verbessern": „Antwortzeiten im Kundenservice in drei Monaten um 20 % senken".
- **Nutz Projektmanagement-Tools** zur Fortschrittskontrolle.
- **Regelmäßige Überprüfung** und gegebenenfalls Anpassung der Ziele.

Praxisbeispiel: *Ein Tech-Unternehmen, das ein neues Produkt entwickelt, muss sicherstellen, dass Entwicklung, Marketing und Vertrieb auf dasselbe Ziel hinarbeiten – sonst scheitert der Launch.*

Praktische Übung: Frage dich: Hat dein Team klare Ziele? Falls nicht – organisiere sofort ein Meeting zur Abstimmung.

ROLLEN UND VERANTWORTLICHKEITEN: JEDER MUSS WISSEN, WAS ZU TUN IST

Ein häufiger Fehler in Teams: unklare Aufgabenverteilung.

Wenn zwei dieselbe Aufgabe erledigen – Zeitverlust. Wenn keiner sich zuständig fühlt – Chaos.

Warum klare Rollen wichtig sind:

- **Vermeiden Konflikte und Doppelarbeit.**
- **Steigern die Effizienz**, da jeder weiß, was zu tun ist.
- **Fördern Verantwortungsbewusstsein** – niemand kann sagen „Ich dachte, das macht jemand anders".

Wie man Verantwortlichkeiten zuweist:

- Nutze die **RACI-Matrix: Wer ist verantwortlich (R), rechenschaftspflichtig (A), wird konsultiert (C)** oder **informiert (I)?**
- Achte darauf, dass **Kompetenzen und Aufgaben** übereinstimmen.

- **Ermögliche persönliche** Entwicklung durch neue Verantwortungsbereiche.

Praxisbeispiel: *In einem Projekt hatten Marketing und Technik ständig Konflikte, weil nicht klar war, wer Änderungen freigeben durfte. Nach der Klärung der Zuständigkeiten lief alles reibungsloser.*

Praktische Übung: Überprüfe die Rollen im Team. Gibt es Unklarheiten oder Überschneidungen? Dann kläre sie sofort.

KOMMUNIKATION: OHNE SIE BRICHT JEDES TEAM ZUSAMMEN

Kommunikation ist der Sauerstoff eines Teams. Wenn sie fehlt, entstehen Fehler, Missverständnisse, Spannungen. Ich habe Teams scheitern sehen – nur weil keiner wusste, was die anderen tun.

Häufige Fehler in der Kommunikation:

- Zu viele nutzlose E-Mails oder unklare Nachrichten.
- Kein konstruktives Feedback.
- Lange, ergebnislose Meetings.

So verbesserst du die Kommunikation im Team:

- **Leg klare Kommunikationskanäle fest** (z. B. Slack, MS Teams).
- **Vermeide unnötige Meetings** – oft reicht eine klare Nachricht.
- **Führ kurze Stand-up-Meetings ein** (z. B. 10 Minuten), um die Abstimmung zu fördern.

Praxisbeispiel: *In einem Remote-Team herrschte Chaos – WhatsApp, E-Mails, Anrufe durcheinander. Nach Einführung klarer Regeln (was, wann, wo kommuniziert wird) lief alles deutlich besser.*

Praktische Übung: Analysiere, wie dein Team kommuniziert. Zu viele Unterbrechungen? Vorschlag: Neue Kommunikationsregeln einführen.

VERTRAUEN UND RESPEKT: DAS FUNDAMENT JEDER ZUSAMMENARBEIT

Ich habe Menschen gesehen, die gut bezahlte Jobs kündigten – wegen eines toxischen Arbeitsklimas.

Und ich habe Teams gesehen, die Großartiges erreicht haben – weil Vertrauen herrschte.

Warum Vertrauen so wichtig ist:

- **Fördert Zusammenarbeit und Produktivität.** Menschen fühlen sich wohler dabei, Ideen und Feedback zu teilen.
- **Reduziert Stress und Konflikte.** Ein positives Umfeld fördert das mentale Wohlbefinden der Teammitglieder.
- **Ermutigt Kreativität und Innovation.** Wenn sich Menschen frei fühlen, ihre Gedanken auszudrücken, entstehen mehr kreative Ideen.

Wie ein Klima des Vertrauens entsteht:

- **Gib konstruktives Feedback** – keine destruktive Kritik.
- **Zeig Anerkennung für Erfolge** – ein „Danke" oder öffentliches Lob motiviert enorm.
- **Förder Transparenz** – Probleme offen ansprechen, nicht hinter dem Rücken.

Praxisbeispiel: *In einem Startup-Team, das auf Transparenz und Wertschätzung setzte, war die Arbeitsatmosphäre deutlich gesünder – und die Ergebnisse besser.*

Praktische Übung: Überlege: Wie wird in deinem Team Vertrauen aufgebaut? Wenn du Spannungen oder Intransparenz bemerkst – sprich es frühzeitig an.

Ein erfolgreiches Team entsteht nicht zufällig – sondern durch Struktur und Absicht:

- **Klare Ziele** zur Fokussierung der Energie.
- **Eindeutige Rollen** zur Effizienzsteigerung.
- **Effektive Kommunikation** zur Fehlervermeidung.
- **Gegenseitiges Vertrauen** für Motivation und Zusammenhalt.

Merke dir: Ein starkes Team besteht nicht aus den talentiertesten Menschen – sondern aus denen, die am besten zusammenarbeiten.

Jetzt die Frage: Hat dein Team diese Elemente? Wenn nicht – du weißt, was zu tun ist.

ZUSAMMENFASSUNG

Effektive Kommunikation ist ein Schlüsselfaktor für Erfolg im Leben. Aktives Zuhören, gezielte Kommunikationstechniken, das Vermeiden sensibler Themen mit unbekannten Personen und die Wahl relevanter Inhalte in der Teamarbeit verbessern die Qualität zwischenmenschlicher Beziehungen – und führen zu besseren Ergebnissen.

In die eigene Kommunikationsfähigkeit zu investieren bedeutet, in den eigenen persönlichen und beruflichen Erfolg zu investieren.

8 WIE MAN EINE WIRKUNG ERZIELT

Auch wenn Erfolg im Leben manchmal wie ein ehrgeiziges oder sogar schwer greifbares Ziel erscheint, gibt es einen entscheidenden Faktor, der oft übersehen wird: das Publikum. Ganz gleich, in welcher Branche du tätig bist – deine Zielgruppe zu kennen, ist unerlässlich für dauerhaften Erfolg. In diesem Kapitel betrachten wir, warum das Wissen über dein Publikum so wichtig ist, wie man effektive Werbestrategien entwickelt und wie man durch kreative Maßnahmen Aufmerksamkeit erzeugt.

Einer der häufigsten Fehler, den ich zu Beginn meiner Unternehmerlaufbahn gemacht habe, war: Ich wollte alle ansprechen. Ich dachte, je mehr Menschen ich erreiche, desto größer mein Erfolg. Die Realität? Wenn du versuchst, alle anzusprechen, erreichst du letztlich niemanden. Die Botschaft wird zu allgemein, zu beliebig – und niemand fühlt sich wirklich angesprochen.

Wer erfolgreich sein will, muss genau wissen, wen er anspricht. Wer sind deine Kund:innen, Leser:innen oder Follower:innen? Welche Bedürfnisse, Vorlieben und Probleme haben sie? Je besser du dein Publikum kennst, desto leichter kannst du die richtigen Menschen anziehen, begeistern und langfristig binden.

WARUM IST ES SO WICHTIG, DEIN PUBLIKUM ZU KENNEN?

Ohne ein klares Verständnis deiner Zielgruppe verschwendest du Zeit, Energie und Budget für Strategien, die nicht funktionieren.

- **Personalisierung:** Eine zielgerichtete Botschaft erzeugt mehr Engagement und bessere Conversions.
- **Effizienz:** Keine Streuverluste durch unpassende Marketingmaßnahmen.
- **Besseres Positionieren:** Du kannst dich klarer von der Konkurrenz abheben, indem du spezifische Bedürfnisse bedienst.
- **Mehr Kundenbindung:** Wer sich verstanden fühlt, bleibt – und empfiehlt dich weiter.

Praxisbeispiel: *Als ich anfing, meine Dienstleistungen im Werbebereich zu verkaufen, wollte ich jeden überzeugen. Erst als ich verstand, dass meine eigentliche Zielgruppe kleine und mittlere Unternehmen sind, die mit kleinem Budget auffallen wollen, kamen die echten Erfolge.*

Praktische Übung: Schreibe in einem Satz: Wer ist deine ideale Zielgruppe – und welches Hauptproblem möchte sie lösen?

BUYER PERSONA ERSTELLEN: DEIN:E IDEALE:R KUND:IN

Eine Buyer Persona ist eine detaillierte, datengestützte Beschreibung deines/deiner idealen Kund:in.

Schlüsselelemente einer Buyer Persona:

- **Demografische Daten:** Alter, Geschlecht, Wohnort, Bildung, Beruf, Einkommen
- **Verhalten & Gewohnheiten:** Wo sind sie online unterwegs? Welche sozialen Netzwerke nutzen sie?

- **Herausforderungen & Bedürfnisse:** Welche Probleme wollen sie lösen?
- **Ziele & Wünsche:** Was treibt sie an? Was wollen sie erreichen?
- **Kaufverhalten:** Wie entscheiden sie? Was beeinflusst ihre Entscheidungen?

Praxisbeispiel: *Ein Personal Trainer, der Online-Fitnessprogramme verkauft, könnte eine solche Persona definieren:*
- *Name: Marco, 35, Angestellter, lebt in einer Großstadt*
- *Problem: Will fit werden, hat aber wenig Zeit für das Fitnessstudio*
- *Ziel: Zuhause flexibel trainieren*
- *Gewohnheiten: Holt sich Tipps auf Instagram & YouTube*
- *Kaufentscheidung: Sucht einfache Programme mit echten Ergebnissen und glaubwürdigen Testimonials*

Praktische Übung: Erstelle ein vollständiges Profil deines/deiner idealen Kund:in auf Basis dieser Punkte.

WIE DU DATEN SAMMELST, UM DEIN PUBLIKUM BESSER ZU VERSTEHEN

Je mehr du weißt, desto besser kannst du dein Angebot und deine Kommunikation anpassen.

Tools zur Analyse deiner Zielgruppe:

- **Web-Analytics:** Welche Seiten werden wie oft besucht, woher kommen die Besucher:innen?
- **Social Media Insights:** Wer interagiert wie mit deinen Inhalten?
- **Umfragen & Interviews:** Frag deine Kund:innen direkt – was wollen sie wirklich?
- **Feedback & Bewertungen:** Was loben oder kritisieren Kund:innen?

Praxisbeispiel: *Als ich einen neuen Service für Werbevideos einführte, stellte ich fest: Die meisten Anfragen kamen aus dem Tourismus- und Immobilienbereich. Ich entwickelte daraufhin gezielte Angebote für Hotels, Reiseveranstalter und Makler – statt meine Energie in uninteressierte Branchen zu investieren.*

Praktische Übung: Nutze ein Analyse-Tool deiner Wahl und finde mindestens eine neue, hilfreiche Information über dein Publikum.

DEINE BOTSCHAFT AN DEIN PUBLIKUM ANPASSEN

Jede Zielgruppe spricht eine eigene Sprache und hat unterschiedliche Erwartungen.
Worauf du achten solltest:

- **Tonfall:** Formell oder locker? Direkt oder inspirierend? Freundlich oder sachlich?
- **Kanäle:** Jüngere Zielgruppen nutzen TikTok & Instagram, Profis bevorzugen LinkedIn, Leser:innen setzen auf Blogs & Newsletter.
- **Content-Formate:** Videos, kurze Posts, ausführliche Artikel, Webinare oder eBooks?
- **Call-to-Action (CTA):** Willst du, dass man etwas kauft, sich anmeldet oder interagiert? Dann sag es klar und zielgerichtet.

Praxisbeispiel: *Wenn deine Zielgruppe junge Kreative sind, brauchst du visuell starke, schnelle und nützliche Inhalte – z. B. kurze Videos mit sofort umsetzbaren Tipps. Lange Artikel würden sie kaum lesen.*

Praktische Übung: Analysiere deinen aktuellen Kommunikationsstil – passt er wirklich zu deiner Zielgruppe?

DEIN PUBLIKUM LAUFEND BESSER VERSTEHEN

Der Markt verändert sich – und mit ihm deine Zielgruppe. Einmaliges Analysieren reicht nicht.

Wie du auf dem Laufenden bleibst:

- **Regelmäßige Datenprüfung:** Alle 3–6 Monate.
- **Strategien testen:** Neue Tonlagen, Content-Formate oder Plattformen ausprobieren.
- **Kundenfeedback aktiv einholen und auswerten.**
- **Konkurrenz beobachten:** Was funktioniert dort – und was nicht?

Praxisbeispiel: *Ein befreundeter Gastronom bemerkte, dass immer mehr Gäste über Lieferdienste bestellten. Er stellte seine Marketingstrategie um, optimierte seinen Online-Auftritt und bot exklusive Rabatte über die App an.*

Praktische Übung: Lege ein festes Datum pro Quartal fest, an dem du deine Strategie überprüfst und aktualisierst.

Dein Publikum zu kennen ist die Grundlage jeder erfolgreichen Strategie.

- Definier deine Zielgruppe klar und erstelle detaillierte Personas.
- Sammle Daten für fundierte Entscheidungen.
- Pass deine Kommunikation an die Bedürfnisse deines Publikums an.
- Aktualisier deine Strategie regelmäßig.

Merke dir: Erfolg ist keine Frage des Glücks – sondern des Wissens und der Strategie!

WIE DU DEIN PRODUKT ODER DEINE DIENSTLEISTUNG EFFEKTIV BEWIRBST

Ein großartiges Produkt allein reicht nicht – wenn es keiner kennt, bleibt es erfolglos.

Das habe ich selbst erlebt, als ich mein erstes Online-Tourismusprojekt startete. Ich dachte, Qualität allein würde reichen – ein Irrtum.

Werbung ist die Brücke zwischen deinem Angebot und dem richtigen Publikum.

Eine erfolgreiche Strategie basiert nicht auf einem einzigen Kanal, sondern auf einem gut abgestimmten Mix – angepasst an dein Publikum, mit konsistenter, einprägsamer Kommunikation.

DIE RICHTIGEN KANÄLE WÄHLEN

Jede Zielgruppe bevorzugt andere Wege der Informationsaufnahme. Die Wahl der Kanäle entscheidet über Sichtbarkeit und Erfolg.
Mögliche Strategien:

- **Social Media Marketing:** Instagram & TikTok für visuelle, junge Zielgruppen. Facebook für Communities und strukturierte Aktionen. LinkedIn für Business & B2B. YouTube für edukative oder promotende Videos.
- **E-Mail-Marketing:** Ideal zur Kundenbindung, für exklusive Angebote und regelmäßigen Kontakt.
- **Online-Werbung:** Zielgerichtete Anzeigen für Interessierte.
- **Events & Networking:** Messen, Konferenzen, Workshops oder Webinare.
- **Kooperationen & Influencer-Marketing:** Partner & Influencer verstärken deine Reichweite.

Praxisbeispiel: *Wenn du Trainingsprogramme für Unternehmer:innen verkaufst, sind LinkedIn und YouTube deutlich effektiver als TikTok oder Instagram.*

Praktische Übung: Wähle drei Hauptkanäle aus – und entwickle für jeden eine individuelle Strategie.

WERTVOLLE UND FESSELNDE INHALTE ERSTELLEN

Promotion bedeutet nicht nur Werbung. Nützliche Inhalte zu liefern ist der beste Weg, um dein Publikum anzuziehen und langfristig zu binden.

Effektive Content-Formate:

- Blogartikel mit praktischen Tipps
- Tutorial- oder Demo-Videos
- Edukative oder motivierende Social-Media-Posts
- Fallstudien und Kundenstimmen
- E-Books oder Reports als Freebie gegen E-Mail-Adresse

Strategien für mehr Wirkung:

- **Konsistenz:** Regelmäßig veröffentlichen, um im Gedächtnis zu bleiben
- **Authentizität:** Ehrlichkeit und Transparenz schaffen Vertrauen
- **Interaktion:** Reagiere auf Kommentare, erstelle Umfragen, beziehe dein Publikum ein

Praxisbeispiel: *Ein:e Autor:in, der/die sein/ihr Buch promotet, kann kostenlose Leseproben veröffentlichen, Diskussionen zu verwandten Themen starten und Behind-the-Scenes-Videos zum Schreibprozess teilen.*

Praktische Übung: Erstelle einen Content-Kalender für den kommenden Monat mit mindestens drei verschiedenen Formaten.

DEINE WERBEBOTSCHAFT OPTIMIEREN

Wie du deine Botschaft kommunizierst, ist entscheidend, um die richtige Zielgruppe zu erreichen.

Definiere dein klares Wertversprechen:

- Welches Problem löst du?
- Was macht dein Angebot einzigartig?
- Welchen konkreten Nutzen hat der/die Kund:in?

Effektive Call-to-Actions (CTAs):

- „Lade dir den kostenlosen Guide herunter" → motiviert zur E-Mail-Eintragung
- „Buche ein kostenloses Beratungsgespräch" → fördert direkte Interaktion
- „Jetzt anmelden und 20 % Rabatt sichern" → erzeugt Dringlichkeit

Praxisbeispiel: *Ein:e Anbieter:in von Buchhaltungssoftware könnte schreiben: ‚Halbiere deinen Verwaltungsaufwand mit unserer Software. Jetzt kostenlose Demo buchen!'*

Praktische Übung: Überarbeite deine aktuelle Werbebotschaft – klarer, überzeugender, zielgerichteter.

MEHR WIRKUNG DURCH INTEGRIERTE STRATEGIEN

Es gibt nicht die eine perfekte Methode. Der Schlüssel liegt in der Kombination mehrerer Strategien für maximale Reichweite.

Beispiel einer integrierten Kampagne:

1. Erstell einen wertvollen Blogartikel
2. Promote ihn über einen Social-Media-Post
3. Produzier ein YouTube-Video mit zusätzlichem Content
4. Schalt gezielte Werbeanzeigen
5. Integrier den Artikel in deinen Newsletter

Praxisbeispiel: *Ein Online-Kurs wurde über ein kostenloses Webinar, eine E-Mail-Serie und Social-Media-Kampagnen beworben – Ergebnis: +40 % Verkäufe.*

Praktische Übung: Wähle drei sich ergänzende Strategien und entwickle einen integrierten Aktionsplan.

ERGEBNISSE ANALYSIEREN & STRATEGIE OPTIMIEREN

Eine gute Strategie basiert auf Daten. Analysiere, optimiere und wachse kontinuierlich.

Tools zur Erfolgsmessung:

- Web-Analytics für Traffic & Conversions
- Engagement-Auswertung auf Social Media
- Öffnungs- & Klickrate deiner E-Mails
- A/B-Tests für Anzeigen & Landingpages

Praxisbeispiel: *Wenn dein Publikum stärker auf Videos reagiert als auf Texte, solltest du mehr Video-Content produzieren.*

Praktische Übung: Analysiere die Daten deiner letzten Kampagnen – finde eine Strategie, die du verbessern kannst.

Eine erfolgreiche Werbestrategie erfordert Planung, Kreativität und Anpassungsfähigkeit.

- Nutz die Kanäle, die dein Publikum bevorzugt
- Erstell relevante, wertvolle Inhalte
- Formulier eine klare Botschaft mit starken CTAs
- Kombinier mehrere Taktiken für mehr Wirkung
- Analysier Ergebnisse und passe dich laufend an

Merke dir: Ein gutes Produkt allein reicht nicht – wenn es niemand kennt, bleibt der Erfolg aus.

AUFFALLEN & GESPRÄCHE ERZEUGEN

Wir leben in einer Welt voller Lärm. Wer nicht auffällt, wird übersehen. Das habe ich früh gelernt, als ich meine ersten Projekte promotete. Ich dachte, Qualität allein würde reichen – doch ohne Aufmerksamkeit bleibt selbst das beste Produkt unsichtbar.

Der Schlüssel liegt darin, aus dem Rahmen zu fallen, ohne krampfhaft zu provozieren – sondern mit frischen Ideen, starker Identität und einer klaren Botschaft.

WIE DU DICH VON DER MASSE ABHEBST: WAS MACHT DICH EINZIGARTIG?

Der erste Schritt, um aufzufallen, ist Klarheit über deine Einzigartigkeit.

Finde deinen USP (Unique Selling Proposition):

- Hast du ein innovatives Produkt?
- Bietest du einen Service mit besonderem Mehrwert?
- Steht dein Brand für eine klare, mutige Vision?

Setze auf Originalität:

- Erzähl deine Story auf unerwartete Weise
- Nutz eine markante, wiedererkennbare Sprache
- Trau dich zu ungewöhnlichem Design, auffälligem Packaging oder mutiger Kommunikation

Praxisbeispiel: *Beim Launch eines neuen Projekts verzichtete ich auf klassische Werbung – ich veröffentliche stattdessen einen geheimnisvollen Teaser-Clip ohne Erklärung. Die Neugier wirkte – die Leute teilten den Clip von sich aus.*

Tesla hat nicht nur Elektroautos verkauft – sie haben das gesamte Mobilitätskonzept mit futuristischem Design, hoher Performance und innovativer Nutzererfahrung revolutioniert.

Praktische Übung: Notiere drei Eigenschaften, die dein Produkt oder Angebot klar von der Konkurrenz abheben.

EINE KAMPAGNE GESTALTEN, DIE ZUM GESPRÄCHSTHEMA WIRD

Menschen reden über Dinge, die sie überraschen, berühren oder unterhalten. Willst du Gespräche erzeugen? Gebe ihnen einen Grund.

Strategien für virales Potenzial:

- **Erlebnismarketing:** Schaffe unvergessliche Kundenerlebnisse
- **Unerwartete Gesten:** Kleine Geschenke oder ungewöhnliche Aktionen
- **Challenges & Trends:** Starte eine kreative Herausforderung
- **Emotionale Storys:** Erzähle Geschichten, die Menschen bewegen

Praxisbeispiel: *Apple hat seine Produktreleases zu Mega-Events gemacht – mit innovativem Storytelling und perfektem Timing. Das erzeugt Hype, Gespräche und Markentreue.*

Praktische Übung: Überlege dir eine Kampagne, die dein Publikum überrascht – und die man gerne weiterverbreitet.

INFLUENCER:INNEN & THOUGHT LEADER GEZIELT EINSETZEN

Menschen vertrauen denen, die bereits Vertrauen genießen. Zusammenarbeit mit Influencer:innen oder Meinungsführer:innen kann dein Wachstum beschleunigen.

So findest du die richtigen Partner:innen:

- Ihr Publikum muss zu deinem passen
- Sie müssen authentisch & glaubwürdig sein
- Ihr Stil sollte mit deiner Markenidentität harmonieren

Kooperationsmöglichkeiten:

- Produkt-Reviews & Unboxings
- Gemeinsame Content-Kampagnen
- Gastauftritte bei Events, Interviews, Podcasts

Praxisbeispiele: *Ich kontaktierte einen anerkannten Experten meiner Branche und bot ihm nicht nur mein Produkt – sondern echten Mehrwert für sein Publikum. Die Kooperation war ehrlich – und brachte nachweisbare Erfolge.*

Nike arbeitet mit weltbekannten Athlet:innen, um Produkte zu bewerben – und nutzt deren Ausstrahlung und Glaubwürdigkeit zur Stärkung der Marke.

Praktische Übung: Erstelle eine Liste mit drei Influencer:innen oder Expert:innen, mit denen du kooperieren könntest.

ÜBERRASCHUNGSEFFEKT UND MARKETINGPSYCHOLOGIE NUTZEN

Menschen erinnern sich an das, was sie unerwartet trifft. Nutze Überraschung als Werkzeug, um einen starken Eindruck zu hinterlassen.
Techniken, um den Überraschungseffekt zu nutzen:

- **Unkonventionelle Produkteinführung**: Stelle dein Produkt auf ungewöhnliche Weise vor, um Neugier zu wecken.
- **Wow-Effekt beim Packaging oder beim Einkaufserlebnis**: Außergewöhnliches Unboxing oder innovatives Design erhöhen die Erinnerungswirkung des Produkts.
- **Disruptives Marketing**: Gehe bewusst gegen den Strom und hebe dich von der Konkurrenz ab, um Aufmerksamkeit zu erzeugen.

Praxisbeispiele: *Ich habe einen neuen Service nicht direkt angekündigt, sondern eine Serie von Hinweisen geschaffen, die zur finalen Entdeckung führten. Das Mysterium erzeugte Spannung und Engagement und machte den Launch viel wirkungsvoller.*

IKEA hat immersive Einkaufserlebnisse geschaffen, wie temporäre Showrooms und Pop-up-Stores mit interaktiven Aktivitäten, die Begeisterung und Neugier bei den Kund:innen geweckt haben.

Praktische Übung: Entwerfe eine Methode, mit der du deine Kund:innen unerwartet überraschen kannst.

LANGFRISTIGES INTERESSE AUFRECHTERHALTEN

Einmaliges Aufsehen reicht nicht: Du musst die Aufmerksamkeit deines Publikums mit langfristigen Strategien wachhalten.

- **Erschaff wiederkehrende Events**: Challenges, Aktionen, neue Initiativen.
- **Interagier mit deiner Community**: Antworte auf Kommentare, starte Gespräche, binde dein Publikum aktiv ein.
- **Halt deine Marke stets aktuell**: Innovation sollte Teil deiner Identität sein.

Praxisbeispiel: *Netflix hält das Interesse des Publikums hoch durch ständige neue Serien-Releases und konstante Interaktion in sozialen Medien.*

Ich habe gelernt, dass ein großer Launch allein nicht reicht. Verpflichte dich, jede Woche interessante Inhalte zu schaffen, damit dein Publikum dich und dein Produkt nicht vergisst.

Praktische Übung: Plane eine langfristige Maßnahme, mit der du die Aufmerksamkeit deines Publikums dauerhaft hochhältst.

Sichtbarkeit ist keine Glückssache, sondern Strategie und Kreativität.

- Find heraus, was dich einzigartig macht, und nutze es zur Abgrenzung.

- Erschaff Kampagnen, die überraschen und das Publikum emotional mitreißen.
- Arbeite mit Influencer:innen und Schlüsselfiguren deiner Branche zusammen.
- Nutz Überraschung und Marketingpsychologie, um Aufmerksamkeit zu gewinnen.
- Halt das Interesse mit langfristigen Strategien hoch.

Merke dir: Die Welt ist laut – aber wer den Mut hat, anders zu sein, wird gehört.

EINE KONSISTENTE UND AUTHENTISCHE MARKE AUFBAUEN

In der Welt von Business und Marketing gewinnt man Aufmerksamkeit durch innovative Strategien, aber Vertrauen durch Konsistenz und Authentizität.

Ich habe das selbst erlebt. Als ich begann, meine Projekte zu bewerben, glaubte ich, eine brillante Idee reiche für den Erfolg. Doch ich erkannte: Ohne klare, konsistente Kommunikation baut sich keine echte Verbindung zum Publikum auf. Ich machte Fehler, wechselte ständig die Richtung, versuchte, jedem Trend zu folgen. Das Ergebnis? Verwirrung. Erst als ich begriff, dass die Lösung in der Treue zu meinen Werten und einer authentischen Kommunikation lag, änderte sich alles.

Eine respektierte, wiedererkennbare Marke bedeutet nicht nur, ein Produkt zu bewerben, sondern über längere Zeit treu zu den eigenen Werten zu stehen und diese klar zu vermitteln. Das Publikum wird immer aufmerksamer und erkennt den Unterschied zwischen ehrlicher und rein aufmerksamkeitsheischender Kommunikation.

WARUM SIND KONSISTENZ UND AUTHENTIZITÄT SO WICHTIG?

Eine inkonsistente oder unauthentische Marke verliert schnell an Glaubwürdigkeit.

- **Konsistenz schafft Vertrauen**: Wenn dein Publikum weiß, was es von dir erwarten kann, entsteht Vertrautheit und Sicherheit.
- **Authentizität erzeugt Verbindung**: Menschen identifizieren sich mit dem, was echt ist – nicht mit dem, was nur verkaufen will.
- **Eine klare Identität stärkt die Positionierung**: Eine Marke, die immer dieselbe Botschaft sendet, wird leichter wiedererkannt und bleibt im Gedächtnis.

Praxisbeispiel: *Apple hat sein Image auf Einfachheit, Innovation und Design aufgebaut. Jedes Produkt, jede Werbung und jede Marketingstrategie spiegeln diese Werte wider – und schaffen so eine starke, konsistente Identität.*

Als ich in der Werbebranche anfing, versuchte ich, mich jeder Kundenanfrage anzupassen – auch wenn das nicht meinem Stil entsprach. Das Ergebnis waren mittelmäßige Arbeiten ohne klare Handschrift. Erst als ich mich auf das konzentrierte, was ich wirklich gut konnte, und dies konsequent kommunizierte, zog ich die richtigen Kunden an.

Praktische Übung: Schreibe drei zentrale Werte deiner Marke oder deines Projekts auf und überprüfe, ob deine Kommunikation diese wirklich widerspiegelt.

KOMMUNIKATION ÜBER ALLE KANÄLE HINWEG KONSISTENT HALTEN

Deine Botschaft sollte überall wiedererkennbar sein – von der Website über soziale Medien bis zum Kundenservice.

Erschaffe eine klare Markenidentität:

- **Tonfall**: Bist du formell oder informell? Motivational oder technisch?
- **Grafischer Stil**: Farben, Schriften, Logo und Bilder sollten stimmig sein.

- **Zentrale Botschaften**: Welche Sätze und Konzepte sollen dein Publikum mit dir verbinden?

Setze Konsistenz in allen Inhalten um:

- Die Website sollte denselben Ton und Look haben wie deine Social-Media-Kanäle.
- Marketing-E-Mails sollten denselben Stil haben wie deine Werbekampagnen.
- Der Kundenkontakt sollte deine Markenwerte widerspiegeln.

Praxisbeispiel: *Wenn deine Marke Nachhaltigkeit propagiert, du aber umweltschädliche Verpackungen nutzt, erkennt das Publikum die Inkonsistenz – und verliert Vertrauen.*

Praktische Übung: Überprüfe all deine Kommunikationskanäle: Sind Tonfall, Design und Botschaften einheitlich?

AUTHENTISCH SEIN: SICH SO ZEIGEN, WIE MAN WIRKLICH IST

Authentizität lässt sich nicht vortäuschen – Menschen spüren, ob eine Marke ehrlich ist oder nur inszeniert.
Wie zeigt man im Business Authentizität?

- **Teil deine Geschichte**: Erzähle deinen Werdegang, überwundene Herausforderungen und deine Werte.
- **Versuch nicht, allen zu gefallen**: Besser für das richtige Publikum relevant sein, als es allen recht machen zu wollen.
- **Gib Fehler zu**: Wenn etwas schiefläuft, sei transparent statt zu vertuschen.

Zeige die menschliche Seite deiner Marke:

- Gewähr Einblicke hinter die Kulissen.

- Teil Erfolge – aber auch Schwierigkeiten.
- Interagier ehrlich mit deinem Publikum – nicht nur, um zu verkaufen.

Praxisbeispiel: *Patagonia ist eine Outdoor-Bekleidungsmarke, die auf Nachhaltigkeit baut. Sie bleibt nicht bei Lippenbekenntnissen: Sie lehnt Fast Fashion ab, repariert Kleidung kostenlos und spendet einen Teil der Gewinne für Umweltinitiativen. Das macht sie authentisch und glaubwürdig.*

Praktische Übung: Schreibe drei Elemente auf, die dein Projekt authentisch machen, und prüfe, ob du sie klar und sichtbar an dein Publikum kommunizierst.

KONSISTENZ ÜBER DIE ZEIT: NICHT ZU OFT DIE RICHTUNG ÄNDERN

Eine Marke, die ständig ihre Botschaften, Werte oder Identität ändert, riskiert, ihr Publikum zu verwirren.

Wie man über die Zeit konsistent bleibt:

- **Definier eine langfristige Vision:** Wo möchtest du in 5–10 Jahren stehen?
- **Lass dich nicht von jedem neuen Trend treiben:** Beobachte Marktveränderungen, ohne deine Identität zu verwässern.
- **Bleib deinen Werten treu:** Auch wenn sich dein Geschäft entwickelt – deine Prinzipien sollten immer erkennbar bleiben.

Praxisbeispiel: *Coca-Cola hat stets eine positive Botschaft rund um Glück und Gemeinschaft vermittelt. Obwohl Design und Marketingstrategien modernisiert wurden, blieb die Kernbotschaft unverändert.*

Praktische Übung: Überprüfe, ob deine Marke über die Zeit hinweg konsistent geblieben ist oder ob sie oft Botschaft und Richtung gewechselt hat.

VERTRAUEN ZUM PUBLIKUM AUFBAUEN

Konsistenz und Authentizität führen zu Vertrauen – die Grundlage für ein treues und engagiertes Publikum.
   Strategien zur Vertrauensbildung:

- **Halt deine Versprechen**: Wenn du etwas ankündigst, sorge dafür, dass du es auch einhältst.
- **Hör deinem Publikum zu**: Interagiere ehrlich und geh auf deren Bedürfnisse ein.
- **Biete echten Mehrwert**: Versuche nicht nur zu verkaufen, sondern hilf deinem Publikum mit nützlichen und sinnvollen Inhalten.

Praxisbeispiel: *Eine kleine Handwerksmarke, die persönlich auf Kundenanfragen reagiert und die Geschichte jedes Produkts erzählt, baut ein viel stärkeres Vertrauensverhältnis auf als ein Unternehmen mit anonymer Kommunikation.*

Ich habe beobachtet, dass Marken, die aktiv auf Kommentare und Nachrichten reagieren, eine viel stärkere Beziehung zum Publikum aufbauen als solche, die distanziert kommunizieren.

Praktische Übung: Analysiere deine Kommunikation mit dem Publikum und identifiziere einen Bereich, in dem du Vertrauen und Engagement verbessern kannst.

Konsistenz und Authentizität sind keine abstrakten Konzepte, sondern kraftvolle Werkzeuge für eine starke und nachhaltige Marke.

- Halt deine Kommunikation über alle Kanäle hinweg konsistent.
- Sei authentisch und transparent in deinem Handeln und deiner Botschaft.
- Vermeide abrupte Richtungswechsel, die dein Publikum verwirren könnten.

- Bau Vertrauen auf, indem du echten Mehrwert bietest und dein Publikum ernst nimmst.

Merke dir: Eine konsistente und authentische Marke muss nicht laut sein – das Vertrauen des Publikums ist ihr stärkstes Sprachrohr.

EINE FESSELNDE GESCHICHTE FÜR DEIN PRODUKT ERSCHAFFEN

Menschen kaufen nicht einfach Produkte oder Dienstleistungen – sie kaufen Emotionen, Erlebnisse und Geschichten. Das habe ich selbst gelernt, als ich begann, meine Projekte zu bewerben. Ich dachte, es reicht zu sagen: „Hier ist mein Produkt, es ist toll, kaufen Sie es!" – aber niemand hörte zu. Dann begriff ich: Statt zu verkaufen, muss ich erzählen.

Eine gut erzählte Geschichte zieht nicht nur Aufmerksamkeit auf sich, sondern schafft Verbindung, inspiriert Vertrauen und macht deine Marke unvergesslich. Das ist der Grund, warum manche Produkte ikonisch werden, während andere in der Masse untergehen.

Wenn du willst, dass sich dein Publikum mit deiner Marke identifiziert, brauchst du eine packende, authentische Geschichte, die Emotionen weckt.

WARUM IST STORYTELLING SO WIRKUNGSVOLL?

Geschichten sprechen unser emotionales Gehirn an und machen Botschaften einprägsamer als bloße Fakten oder technische Eigenschaften.

- **Schaff eine emotionale Verbindung**: Menschen erinnern sich daran, wie du sie fühlen ließest – nicht nur daran, was du gesagt hast.
- **Heb dich von der Konkurrenz ab**: Eine gute Geschichte macht selbst ein gewöhnliches Produkt besonders.
- **Erhöhe den wahrgenommenen Wert**: Ein Produkt mit einer starken Story wird bedeutungsvoller und begehrenswerter.

- **Förder die Weiterverbreitung**: Menschen lieben es, gute Geschichten zu teilen.

Praxisbeispiel: Nike verkauft nicht nur Schuhe – Nike verkauft Geschichten von Athlet:innen, die ihre Grenzen überwinden, unter dem berühmten Motto ‚Just Do It'.

Praktische Übung: Denke an ein Produkt oder eine Dienstleistung, die du täglich nutzt. Hat es eine Geschichte? Was macht sie unvergesslich?

WIE ERZÄHLST DU EINE FESSELNDE GESCHICHTE FÜR DEIN PRODUKT?

Eine gute Geschichte folgt einer klaren und mitreißenden Struktur.

Als ich einen neuen Service einführte, verzichtete ich auf klassische Werbung und erzählte stattdessen meine Geschichte: Warum ich ihn entwickelt habe, welche Fehler ich gemacht habe, welche Hürden ich überwunden habe und welche Ergebnisse ich erzielte. Das machte es authentisch – die Menschen fühlten sich mit meinem Weg verbunden.

Die Schlüsselelemente einer wirkungsvollen Geschichte:

1. **Der/die Protagonist:in**: Wer steht im Mittelpunkt? Gründer:in, Kund:in oder das Produkt selbst.
2. **Das Problem**: Welche Herausforderung stellt sich dem Protagonisten?
3. **Die Transformation**: Wie hilft dein Produkt oder Service, das Problem zu lösen?
4. **Die Emotion**: Welche Gefühle willst du beim Publikum wecken?

Praxisbeispiel: *Airbnb hat seine Marke um das Thema Zugehörigkeit aufgebaut – Geschichten über Reisende und Gastgeber:innen, die überall auf der Welt ein ‚Zuhause fern von der Heimat' finden.*

Praktische Übung: Schreibe eine Rohfassung deiner Geschichte anhand dieser vier Schritte.

DEINE GESCHICHTE IM MARKETING INTEGRIEREN

Storytelling muss mit deiner Kommunikation im Einklang stehen und über alle Kanäle hinweg genutzt werden.

Ich stellte fest, dass eine reine Produktpräsentation kaum Engagement erzeugte. Wenn ich Werbekampagnen für andere Unternehmen plante, empfahl ich, Kundengeschichten zu teilen: ihre Erfolge, Herausforderungen und wie das Produkt ihnen geholfen hatte. Das baute Vertrauen auf und steigerte die Verkäufe.

Wie du deine Geschichte in dein Marketing einbindest:

- **Website**: Erzähle deine Mission und Markengeschichte im Bereich „Über uns".
- **Social Media**: Nutze Posts, Videos und Stories, um Schlüsselmomente und Einblicke hinter die Kulissen zu teilen.
- **Verpackung und Werbematerialien**: Füge narrative Elemente hinzu, die den Wert deines Produkts unterstreichen.
- **Werbung und Branding-Kampagnen**: Erstelle emotionale Spots oder Testimonials, die deine Markengeschichte hervorheben.

Praxisbeispiel: *Die Marke ‚Dove' revolutionierte die Kosmetikbranche mit der Kampagne ‚Real Beauty', in der authentische Geschichten echter Frauen erzählt wurden – ein neuer Blick auf Schönheit.*

Praktische Übung: Wähle einen Kanal (Website, Social Media, Verpackung) und überlege, wie du dort deine Geschichte integrieren kannst.

DIE GESCHICHTE TEILBAR MACHEN

Die effektivsten Geschichten sind jene, die Menschen gerne erzählen und weiterverbreiten.
Strategien für eine virale Story:

- **Weck Emotionen**: Überrasche, berühre oder inspiriere dein Publikum.
- **Schaff eine Bewegung**: Mache deine Marke zum Teil einer größeren Sache oder Botschaft.
- **Bind das Publikum ein**: Ermögliche es Menschen, ihre eigene Erfahrung mit deinem Produkt zu teilen.
- **Nutz das richtige Format**: Videos, Bilder und packende Texte können die Wirkung deiner Geschichte verstärken.

Praxisbeispiel: *GoPro baute seine Marke auf, indem es Kunden erlaubte, ihre Abenteuer in spektakulären Videos zu teilen – und machte sie so zu spontanen Markenbotschaftern.*

Geteilte Geschichten hatten eine unglaubliche Wirkung: mehr Glaubwürdigkeit, mehr Engagement, mehr Mundpropaganda.

Praktische Übung: Überlege dir, wie du deine Geschichte so gestalten kannst, dass dein Publikum sie leicht teilen möchte.

AUTHENTIZITÄT IST DER SCHLÜSSEL ZUM ERFOLG

Eine erfundene oder erzwungene Geschichte wird niemals die gleiche Wirkung haben wie eine authentische Erzählung.
So garantierst du Authentizität in deiner Story:

- **Nutz reale Erfahrungen, Zeugnisse oder wahre Begebenheiten.**
- **Vermeid übertriebene Selbstbeweihräucherung oder zu werbliche Botschaften.**
- **Zeig auch schwierige Momente** – nicht nur die Erfolge.

- **Bleib über die Zeit hinweg konsistent**: Deine Geschichte sollte wirklich widerspiegeln, wer du bist.

Praxisbeispiel: *LEGO hat in seiner Unternehmensgeschichte schwierige Zeiten durchlebt und diese offen kommuniziert – das hat die emotionale Bindung zum Publikum gestärkt.*

Praktische Übung: Überlege, wie du deine Geschichte authentisch und transparent erzählen kannst.

Geschichten verkaufen besser als Produkte. Eine gute Erzählung kann eine Idee in ein weltweites Phänomen verwandeln.

- Identifizier den/die Protagonist:in, das Problem, die Transformation und die Emotion in deiner Story.
- Integrier die Erzählung in dein Marketing, um deine Marke wiedererkennbar zu machen.
- Erschaff eine packende, teilbare Geschichte, über die gesprochen wird.
- Behalt Authentizität und Konsistenz bei, um Vertrauen und Verbundenheit mit dem Publikum aufzubauen.

Merke dir: Ein Produkt kann vergessen werden – eine großartige Geschichte bleibt im Gedächtnis.

DAS PUBLIKUM EINBEZIEHEN: VOM BLOSSEN INTERESSE ZUR AKTIVEN TEILNAHME

Eine Sache habe ich in meiner Laufbahn gelernt: Menschen wollen nicht nur ein Produkt kaufen oder einem Projekt folgen – sie wollen Teil davon sein. Wir leben in einer Zeit, in der Interaktion alles ist. Jeder kann etwas auf den Markt bringen, aber nur wer es schafft, das Publikum aktiv einzubinden, erzeugt langfristige Wirkung.

Ich habe beide Seiten erlebt: Ein Projekt zu launchen, das niemand beachtete – und später mit einer gezielten Strategie dasselbe Publikum in eine aktive Community zu verwandeln. Das ist keine Magie, sondern das Ergebnis echter Beteiligung.

WARUM IST ES SO WICHTIG, DAS PUBLIKUM EINZUBINDEN?

Ein engagiertes Publikum ist mehr als nur eine Gruppe von Kund:innen oder Zuschauer:innen – es wird zu einem echten Verbündeten beim Wachstum deiner Marke. Interaktion schafft Verbindung, Vertrauen – und neue Möglichkeiten.

Als ich ein Online-Projekt startete, dachte ich anfangs, das Interesse würde von allein kommen. Doch ich begriff schnell: Ich musste das Publikum aktiv einbinden. Ich begann Fragen zu stellen, Meinungen einzuholen, Interaktionsmomente zu schaffen. Das Ergebnis? Die Menschen fühlten sich als Teil des Projekts und begannen es spontan weiterzuverbreiten.

- **Steigert Interesse und Engagement** – Wer mitmacht, erinnert sich eher und unterstützt dich.
- **Fördert organische Weiterverbreitung** – Menschen teilen, was sie begeistert.
- **Liefert wertvolles Feedback** – Verbessere dein Angebot dank direkter Rückmeldungen.
- **Stärkt Vertrauen und Verbindung** – Wenn sich das Publikum gehört fühlt, wächst die Loyalität.

Praxisbeispiel: *Netflix nutzt soziale Medien aktiv, um mit Umfragen, offenen Fragen und personalisierten Inhalten das Publikum einzubeziehen – und schafft so das Gefühl, Teil eines großen Gesprächs zu sein.*

Praktische Übung: Analysiere deinen aktuellen Grad an Interaktion mit dem Publikum und finde einen Bereich, in dem du dich verbessern kannst.

INTERAKTIVE MÖGLICHKEITEN ONLINE SCHAFFEN

Die digitale Welt bietet unzählige Chancen, dein Publikum direkt und aktiv einzubinden.

Einmal habe ich einen Wettbewerb organisiert, bei dem das Publikum gebeten wurde, seine Erfahrung mit dem Produkt meines Kunden zu teilen. Das Ergebnis? Mehr Sichtbarkeit – und viele authentische Geschichten, die die Marke menschlicher und nahbarer machten.

Effektive Strategien für Online-Engagement:

- **Umfragen und interaktive Quizze**: Bitte um Meinungen zu relevanten Themen.
- **Wettbewerbe und Verlosungen**: Belohne Teilnahme mit produktspezifischen Preisen.
- **Live-Sessions und Q&As**: Nutze Tools wie Instagram Live, Facebook Live oder YouTube Live für Echtzeit-Interaktion.
- **Challenges und virale Hashtags**: Starte eine unterhaltsame Aktion, an der sich das Publikum aktiv beteiligen kann.
- **User-Generated Content (UGC)**: Fordere Nutzer:innen auf, ihre Erfahrungen mit deinem Produkt zu teilen.

Praxisbeispiel: LEGO hat die Plattform LEGO Ideas geschaffen, auf der Fans neue Sets vorschlagen und über Ideen abstimmen können – und so zu echten Co-Entwicklern werden.

Praktische Übung: Wähle eine dieser Strategien und wende sie auf dein Projekt an, um eine interaktive Aktion für dein Publikum zu starten.

DAS PUBLIKUM BEI LIVE-EVENTS EINBINDEN

Auch in der digitalen Welt bleibt persönliche Interaktion ein Schlüssel für echte Verbindung.

Möglichkeiten zur Einbindung bei Events:

- **Workshops und Masterclasses**: Biete praxisnahe Erlebnisse mit Mehrwert.
- **Meetups und Community-Treffen**: Organisiere informelle Begegnungen zur Stärkung der Beziehung.
- **Immersive Erlebnisse**: Gestalte interaktive Events, bei denen man deine Marke spüren kann.
- **Networking und Diskussionspanels**: Fördere Austausch und Ideenteilung.

Praxisbeispiel: *Red Bull veranstaltet Extremsport-Events, die Adrenalin-Fans anziehen – und verwandelt die Marke in einen echten Lifestyle.*

Praktische Übung: Überlege dir ein Event oder Live-Erlebnis, mit dem du dein Publikum stärker einbinden kannst.

FEEDBACK SAMMELN UND DAS PUBLIKUM ZUM TEIL DES PROZESSES MACHEN

Menschen wollen Teil von etwas sein. Wenn du ihnen eine Stimme gibst, fühlen sie sich deiner Marke verbundener.

So machst du dein Publikum zum Mitgestalter deiner Marke:

- **Hol Meinungen zu neuen Ideen oder Produkten ein** – mit Umfragen oder Tests.
- **Belohn Engagement** – Anerkennung für besonders aktive Community-Mitglieder:innen.
- **Erstell Inhalte**, die auf den Bedürfnissen des Publikums basieren.
- **Reagier auf Kommentare und pflege den Dialog** – veröffentliche nicht nur, sondern baue echte Gespräche auf.

Praxisbeispiel: *Spotify hat personalisierte Playlists auf Basis der Vorlieben der Nutzer eingeführt – ein Beispiel dafür, wie Zuhören das Kundenerlebnis verbessert.*

Praktische Übung: Erstelle eine kleine Umfrage für dein Publikum, um herauszufinden, was sie sich für deine Brand wünschen oder verbessern würden.

EINE AKTIVE, LOYALE COMMUNITY AUFBAUEN

Engagement sollte keine Einzelaktion sein, sondern ein kontinuierlicher Prozess zur Stärkung deiner Community.

Wie du eine starke Community erschaffst:

- **Gib deiner Community eine Identität** – ein Name, ein Hashtag oder eine exklusive Gruppe fördern den Zusammenhalt.
- **Förder Austausch unter den Mitglieder:innen** – z. B. mit Foren, Facebook-Gruppen oder privaten Communities.
- **Organisier regelmäßige Interaktionsmomente** – wöchentliche Lives, feste Termine, wiederkehrende Events.
- **Vermittle Zugehörigkeit** – Gib deinem Publikum das Gefühl, Teil von etwas Größerem zu sein.

Praxisbeispiel: *Harley-Davidson verkauft nicht nur Motorräder – die Marke steht für eine ganze Kultur mit Events, Clubs und einem starken Gemeinschaftsgefühl.*

Du könntest eine private Gruppe für deine treuesten Kund:innen gründen, mit exklusiven Inhalten und direkter Interaktion – das stärkt die Bindung und macht sie zu wahren Markenbotschafter:innen.

Praktische Übung: Überlege dir eine Initiative, die dein Publikum Teil einer exklusiven Community werden lässt.

Dein Publikum ist mehr als nur eine Ansammlung von Kund:innen oder Follower:innen – es ist eine Community, die zum Herz deiner Marke werden kann.

- Schaff interaktive Online-Erlebnisse mit ansprechenden Inhalten.

- Organisier Live-Events, um die Verbindung zu stärken.
- Hol Feedback ein und beziehe dein Publikum aktiv in die Markenentwicklung ein.
- Bau eine loyale, engagierte Community auf, die dein Projekt langfristig trägt.

Merke dir: Engagement verwandelt Zuschauer:innen in Mitgestalter:innen, Kund:innen, Botschafter:innen, und Ideen in Bewegungen.

ECHTE BEZIEHUNGEN ZU DEINEM PUBLIKUM AUFBAUEN

Erfolg hängt nicht nur von der Qualität eines Produkts oder einer Dienstleistung ab, sondern auch von der Fähigkeit, echte und dauerhafte Beziehungen zum eigenen Publikum aufzubauen.

Das habe ich erkannt, als ich begann, meine Projekte zu promoten. Ich dachte, es genügt, etwas Gutes anzubieten – und die Leute würden automatisch kommen. Doch bald merkte ich, dass das Publikum mehr erwartet: gesehen, gehört und wertgeschätzt zu werden. Menschen wollen nicht nur Kund:innen oder Follower:innen sein – sie möchten Teil einer Community sein, in der ihre Meinung zählt.

Wenn du ein treues und engagiertes Publikum aufbauen willst, musst du Zeit und Energie investieren, um echte Beziehungen zu knüpfen – basierend auf Vertrauen und ehrlicher Kommunikation.

WARUM SIND AUTHENTISCHE BEZIEHUNGEN SO WICHTIG?

Kundenbindung ist wertvoller als ständige Neukundengewinnung: Ein treues Publikum unterstützt dich langfristig.

- **Baut Vertrauen und Glaubwürdigkeit auf**: Menschen vertrauen denen, die authentisch und konsistent sind.
- **Erhöht das Engagement**: Ein Publikum, das sich wertgeschätzt fühlt, interagiert häufiger.

- **Fördert Mundpropaganda**: Zufriedene Kund:innen empfehlen deine Marke weiter.
- **Verschafft dir einen Wettbewerbsvorteil**: In einem überfüllten Markt zählt die Verbindung zum Publikum.

Praxisbeispiel: *Starbucks verkauft nicht nur Kaffee, sondern schafft ein Erlebnis, bei dem sich die Kundschaft willkommen fühlt – mit seinem/ihrem Namen auf dem Becher und einer vertrauten Atmosphäre, die die emotionale Bindung stärkt.*

Praktische Übung: Überlege, wie deine Marke oder dein Projekt dem Publikum ein persönlicheres Erlebnis bieten kann.

DEM PUBLIKUM ZUHÖREN UND BEDEUTUNGSVOLL ANTWORTEN

Interaktion mit dem Publikum sollte kein oberflächliches Ritual sein, sondern ein echter Dialog.
Wie du das Zuhören und die Kommunikation verbessern kannst:

- **Antworte auf Kommentare und Nachrichten** – selbst ein einfaches „Danke" zeigt Aufmerksamkeit.
- **Bitte um Meinungen und Feedback** – nutze Umfragen oder offene Fragen.
- **Zeig Empathie und Offenheit** – antworte einfühlsam auf Sorgen oder Kritik.
- **Personalisier deine Kommunikation** – der Name oder das Erkennen treuer Kund:innen macht den Unterschied.

Praxisbeispiel: *Ritz-Carlton ist bekannt für seinen außergewöhnlichen Kundenservice: Jede:r Mitarbeiter:in darf eigenständig handeln, um ein unvergessliches Erlebnis zu schaffen – das stärkt die emotionale Bindung zur Marke.*

Praktische Übung: Nehme dir jeden Tag 10 Minuten Zeit, um auf

Nachrichten deines Publikums individuell und aufmerksam zu reagieren.

PRÄSENT UND ERREICHBAR SEIN

Ein Publikum, das deine konstante Präsenz wahrnimmt, fühlt sich stärker mit dir verbunden.
Strategien, um deine Präsenz zu erhöhen:

- **Veröffentliche regelmäßig** – sei nicht wochenlang verschwunden und plötzlich wieder da.
- **Beteilige dich an Kommentaren und Diskussionen** – zeige echtes Interesse.
- **Schaff direkte Interaktionsmomente** – Lives, Webinare, Q&A fördern die Beziehung.
- **Zeig deine menschliche Seite** – teile persönliche Einblicke, Erfahrungen und echte Momente.

Praxisbeispiel: *Gary Vaynerchuk antwortet regelmäßig auf Kommentare und Nachrichten seiner Follower:innen – und schafft so trotz riesiger Reichweite das Gefühl persönlicher Nähe.*

Praktische Übung: Plane mindestens einen wöchentlichen Content, bei dem du direkt mit deinem Publikum interagierst (Live, Q&A, Kommentarbeantwortung etc.).

EIN GEFÜHL DER ZUGEHÖRIGKEIT SCHAFFEN

Menschen möchten Teil von etwas Größerem sein. Gebe ihnen einen Grund, sich deiner Community zugehörig zu fühlen.
So stärkst du das Zugehörigkeitsgefühl:

- **Gib deiner Community einen Namen** – eine gemeinsame Identität fördert den Zusammenhalt.
- **Belohn Treue** – exklusive Vorteile für besonders aktive Follower:innen.

- **Beteilige dein Publikum an wichtigen Entscheidungen** – z. B. bei neuen Produkten oder Ideen.
- **Teil Geschichten deiner Community** – zeige, dass du deine Kund:innen schätzt.

Praxisbeispiel: *Apple hat eine treue Community aufgebaut, die sich mit der Marke identifiziert – durch exklusive Events, eigene Foren und ein einzigartiges Nutzererlebnis.*

Praktische Übung: Überlege dir eine Möglichkeit, wie du dein Publikum Teil einer besonderen Gruppe rund um deine Marke machen kannst.

ECHTE BEZIEHUNGEN LANGFRISTIG AUFBAUEN

Starke Beziehungen entstehen nicht über Nacht, sondern durch kontinuierliche, authentische Kommunikation.

Was du tun kannst, um Vertrauen langfristig zu stärken:

- **Halt deine Versprechen** – wenn du etwas ankündigst, dann ziehe es durch.
- **Sei nicht nur werblich** – mische Promotion mit Inhalten, die echten Mehrwert bieten.
- **Zeig Dankbarkeit** – bedanke dich für die Unterstützung und Zeit deiner Community.
- **Entwickle dich weiter, ohne deine Identität zu verlieren** – bleib deinen Werten treu.

Praxisbeispiel: *IKEA hat mit Nachhaltigkeit und Erschwinglichkeit eine starke Beziehung zu seinen Kund:innen aufgebaut – z. B. mit dem ‚IKEA Family'-Programm und Initiativen rund ums Möbel-Recycling, die eine treue Community geschaffen haben, die die Markenwerte teilt.*

Praktische Übung: Finde drei Wege, deinem Publikum zu zeigen, dass du ihre Treue wertschätzt und ernst nimmst.

Echte Beziehungen sind der Schlüssel zu einem treuen und leidenschaftlichen Publikum.

- Hör deinem Publikum zu und interagiere ehrlich.
- Sei präsent und erreichbar – nicht nur eine digitale Silhouette.
- Erschaff Zugehörigkeit und beziehe das Publikum aktiv ein.
- Bau über die Zeit hinweg Vertrauen auf – mit Konsistenz und Authentizität.

Merke dir: Menschen erinnern sich daran, wie du sie hast fühlen lassen – mehr als daran, was du ihnen verkauft hast.

ZUSAMMENFASSUNG

Um im Leben und bei der Verwirklichung deiner Ziele erfolgreich zu sein, ist es entscheidend, dein Publikum und deine Zielkundschaft zu verstehen. Setze gezielte Promotion-Strategien ein, überrasche und erzeuge einen bleibenden Eindruck.

Bleibe konsistent, sei authentisch, erzähle eine mitreißende Geschichte, binde dein Publikum aktiv ein und pflege aufrichtige Beziehungen. Das sind die wichtigsten Zutaten für nachhaltigen Erfolg, getragen von echter Aufmerksamkeit und Interesse.

9 ZEITMANAGEMENT

„Zeit ist Geld." Wie oft habe ich diesen Satz in meinem Leben gehört? Zu oft. Und jahrelang habe ich sogar geglaubt, dass er stimmt. Ich arbeitete ohne Pause, überzeugt davon, dass ich umso mehr Geld verdienen und erfolgreicher sein würde, je mehr Stunden ich meinem Business widmete. Erst mit der Zeit habe ich erkannt, wie falsch dieses Denken war.

Zeit ist kein Geld! Geld kann man verdienen, verlieren und wieder zurückbekommen. Zeit jedoch – wenn sie einmal vergangen ist, ist sie für immer verloren. Wahrer Reichtum liegt also nicht im Ansammeln von Geld, sondern in der Fähigkeit, es so einzusetzen, dass man mehr Zeit für das hat, was wirklich zählt.

DAS PARADOXON VON ARBEIT UND REICHTUM

Am Anfang meiner Karriere war ich in einem endlosen Kreislauf gefangen:

- Je mehr ich arbeitete, desto mehr verdiente ich.
- Je mehr ich verdiente, desto mehr wollte ich arbeiten, um noch weiter zu wachsen.

- Doch je mehr ich arbeitete, desto weniger Zeit blieb für mich selbst.

Ich erinnere mich an eine Zeit, in der ich kaum schlief, sieben Tage die Woche arbeitete, ständig auf der Suche nach neuer Kundschaft und Möglichkeiten war. Ich sagte mir: *„Ich baue meine Zukunft auf, ich muss jetzt Opfer bringen, um später das Leben zu genießen."* Aber wann sollte dieses *„später"* kommen? Wenn ich mein Denken nicht geändert hätte, wahrscheinlich nie.

Der Wendepunkt kam, als ich begann, erfolgreiche Menschen genauer zu beobachten. Ich erkannte: Wirklich reiche Menschen tauschten ihre Zeit nicht gegen Geld. Sie bauten Systeme, investierten und schufen Einkommensquellen, die auch ohne ihren direkten Einsatz funktionierten.

Das war meine erste echte Lektion über finanzielle Freiheit: Es geht nicht darum, mehr zu arbeiten, sondern klüger.

PASSIVE EINKOMMEN SCHAFFEN: DAS GEHEIMNIS DER FREIHEIT

Einer meiner größten Fehler zu Beginn war der Glaube, dass ich mehr arbeiten müsse, um mehr zu verdienen. Eine Illusion, in die viele tappen. Die Wahrheit ist: Finanzieller Erfolg beginnt dann, wenn das Geld für uns arbeitet – nicht umgekehrt.

Als ich das begriff, begann ich, passive Einkommensquellen aufzubauen. Ich investierte in Projekte, die Einkommen generieren konnten, auch wenn ich nicht aktiv beteiligt war. Hier sind einige Strategien, die ich umgesetzt habe:

- **Immobilieninvestitionen** – Ich kaufte Mietobjekte, um stabile Einnahmequellen zu schaffen.
- **Automatisierte Businesses** – Ich entwickelte Systeme und delegierte Aufgaben, die ohne meine ständige Anwesenheit liefen.
- **Geistiges Eigentum** – Ich schrieb Bücher, Drehbücher und

entwickelte TV-Formate – alles Assets, die langfristig Wert schaffen.
- **Online-Einnahmen** – Ich entwickelte digitale Produkte und Dienstleistungen, die ohne feste Zeiteinbindung Einkommen bringen.

Dank dieser Strategien konnte ich Stück für Stück meine Zeit zurückgewinnen. Es geschah nicht über Nacht, aber jeder Schritt brachte mich näher an die Freiheit.

DELEGIEREN UND ZEIT GEWINNEN

Einer der schwierigsten Momente meiner Karriere war die Erkenntnis, dass ich versuchte, alles allein zu machen. Ich dachte, niemand könne die Dinge so gut erledigen wie ich. Ich glaubte, Delegieren bedeute Kontrollverlust.

Doch als ich schließlich begann, Aufgaben an vertrauenswürdige Mitarbeiter zu übergeben, entdeckte ich etwas Erstaunliches: Mein Business lief nicht nur weiter – oft wurden Dinge sogar besser erledigt als von mir!

Wenn wir unsere Zeit maximieren wollen, müssen wir delegieren lernen. Hier sind einige Aufgaben, die ich abgegeben habe:

- **Wiederkehrende Tätigkeiten** – Ich stellte Assistant:innen für Verwaltung und Kommunikation ein.
- **Content-Erstellung** – Ich arbeitete mit Autor:innen und Kreativen zusammen.
- **Investitionsmanagement** – Ich ließ mich von Expert:innen beraten, um meine Finanzen zu optimieren.

Jede delegierte Aufgabe schenkte mir wertvolle Stunden zurück – für meine Familie, Hobbys und kreative Projekte.

DAS WAHRE ZIEL: FREIZEIT UND LEBENSQUALITÄT

Am Ende ist die wichtigste Frage nicht: *„Wie viel Geld habe ich?"*, sondern: *„Wie viel freie Zeit habe ich, um mein Leben zu genießen?"*

Ich habe reiche Menschen kennengelernt, die keine Minute für sich selbst hatten. Sie lebten für die Arbeit, waren ständig gestresst. Und ich habe Menschen mit weniger Geld getroffen, die ein glücklicheres und ausgeglicheneres Leben führten.

Ich entschied, dass mein Reichtum sich nicht nur am Geld messen sollte, sondern an der Freiheit, über meine Zeit zu bestimmen. Denn Zeit ist die kostbarste Ressource, die wir haben – einmal verloren, kommt sie nie zurück.

Wenn ich jemandem einen Rat für den Erfolg geben müsste, wäre es dieser: Arbeite nicht nur, um Geld zu horten. Baue ein System, das dir Zeit zum Leben schenkt.

ZEIT IST EINE CHANCE – VERSCHWENDE SIE NICHT!

Jeder Tag ist eine Gelegenheit. Jede Stunde ist eine Investition. Der Unterschied zwischen erfolgreichen Menschen und denen, die feststecken, liegt in der Art, wie sie ihre Zeit nutzen.

Hier sind einige Fragen, die ich mir täglich stelle, um sicherzugehen, dass ich meine Zeit nicht verschwende:

- Widme ich meine Zeit den Dingen, die wirklich zählen?
- Baue ich etwas auf, das mir in Zukunft mehr Freiheit bringt?
- Wäre ich zufrieden, wenn heute mein letzter Tag wäre?

Wenn die Antwort auf eine dieser Fragen „Nein" ist, weiß ich, dass ich etwas ändern muss.

Warte nicht darauf, „reich genug" zu sein, um das Leben zu genießen. Baue dir heute ein System auf, das dir Zeit für das schenkt, was du liebst. Nutze Geld als Werkzeug, um Zeit zu gewinnen – nicht als Selbstzweck.

Denn am Ende misst sich wahrer Erfolg nicht an dem, was du verdient hast – sondern daran, wie du gelebt hast.

Merke dir: Zeit ist kein Geld. Zeit ist viel mehr. Sie ist Freiheit, Leben, Möglichkeit.

DEN TAG RICHTIG ORGANISIEREN

Ein häufiger Fehler, den ich zu Beginn meiner Karriere machte, war zu glauben, dass Erfolg davon abhängt, wie viel man arbeitet. Ich füllte jeden Tag bis zur letzten Minute mit Aufgaben. Es war fast ein Wettlauf gegen die Zeit – eine Illusion, die mich produktiv fühlen ließ, aber in Wahrheit erschöpfte. Dann entdeckte ich ein Konzept, das alles veränderte: Es geht nicht darum, mehr zu arbeiten – sondern besser zu arbeiten.

Das Buch *„Die 4-Stunden-Woche"* von Timothy Ferriss war eine Offenbarung. Nicht, weil ich glaube, dass jeder nur vier Stunden pro Woche arbeiten kann (auch wenn das schön wäre), sondern weil es mir zeigte, dass die Struktur unserer Zeit über die Lebensqualität entscheidet. Ferriss erklärt, dass Effizienz und Delegation wichtiger sind als bloße Arbeitsstunden – eine Erkenntnis, die mein Denken revolutionierte.

ZEIT IST DIE WERTVOLLSTE RESSOURCE

Viele glauben, Geld sei das Wichtigste – aber in Wahrheit ist Zeit das Einzige, was wir nicht zurückholen können. Den Tag strategisch zu planen bedeutet:

- Chaos und Improvisation vermeiden.
- Jeden Moment optimal nutzen.
- Stress durch Last-Minute-Deadlines reduzieren.
- Mehr Zeit für das Wesentliche schaffen.

Praktische Übung: Nehme ein Blatt Papier und notiere alles, was du im Laufe des Tages tust. Analysiere, wie viel Zeit du tatsächlich den wirklich wichtigen Aktivitäten widmest. Du wirst erstaunt sein, wie viele Stunden durch Ablenkung und Unwichtiges verloren gehen.

EINE ERFOLGREICHE MORGENROUTINE SCHAFFEN

Wie du in den Tag startest, bestimmt, wie die restlichen Stunden verlaufen. Ich habe im Laufe der Jahre viele Routinen ausprobiert und festgestellt, dass bestimmte Elemente wirklich einen Unterschied machen:

- **Früh aufstehen** – Der frühe Morgen gibt dir einen entscheidenden Vorsprung: mehr Zeit für dich und deine Ziele – ohne Ablenkung.
- **Kein Handy direkt nach dem Aufwachen** – E-Mails und Social Media gleich nach dem Aufstehen überladen den Kopf mit unnötigen Infos.
- **Meditation oder bewusstes Atmen** – Schon fünf Minuten helfen, Stress abzubauen und Klarheit zu gewinnen.
- **Körperliche Aktivität** – Eine kurze Trainingseinheit am Morgen bringt Körper und Geist in Schwung.
- **Tagesziele setzen** – Nimm dir fünf Minuten Zeit, um zwei bis drei Hauptziele für den Tag festzulegen – das erhöht den Fokus.

Praktische Übung: Erstelle eine Liste mit Elementen, die du in deine ideale Morgenroutine aufnehmen möchtest. Beginne mit kleinen Änderungen – und füge schrittweise neue Gewohnheiten hinzu.

PLANUNGSTECHNIKEN ZUR MAXIMIERUNG DER PRODUKTIVITÄT

Um den Tag effektiv zu organisieren, können wir bewährte Techniken anwenden:

1. Die Methode der 3 Prioritäten
Jeden Morgen wählst du drei zentrale Aufgaben aus, die – wenn erledigt – deinen Tag erfolgreich machen.

- Schreib diese drei Prioritäten auf ein Blatt Papier oder in eine Notiz-App.
- Bearbeite sie in den ersten Stunden des Tages, wenn deine Energie am höchsten ist.
- Vermeide Ablenkungen, bis du alle drei abgeschlossen hast.

2. Time-Blocking-Technik

Diese Methode besteht darin, den Tag in feste Zeitblöcke für bestimmte Aktivitäten zu unterteilen.

- Plan Blöcke für Arbeit, Weiterbildung, Bewegung und Freizeit ein.
- Vermeide Multitasking – konzentriere dich jeweils nur auf eine Aufgabe.
- Nutz einen Timer, um die Zeitblöcke einzuhalten.

Praktische Übung: Plane deinen Tag in 60- bis 90-Minuten-Blöcken für spezifische Aufgaben. Mache nach jedem Block eine Pause von 5–10 Minuten zur Erholung.

3. Die Pomodoro-Technik

Wenn du oft prokrastinierst oder leicht abgelenkt bist, kann dir die Pomodoro-Technik helfen:

- Arbeite 25 Minuten konzentriert.
- Mach eine 5-minütige Pause.
- Wiederhol den Zyklus viermal und gönne dir dann eine längere Pause von 15–30 Minuten.

Praktische Übung: Stelle einen Timer und teste die Pomodoro-Methode in einer Arbeitssession. Achte darauf, wie sie deine Produktivität beeinflusst.

ZEITFRESSER ELIMINIEREN

Ein Hauptgrund, warum viele Menschen ihre Ziele nicht erreichen, liegt in der Zeit, die sie mit unwichtigen Dingen verschwenden. Hier einige Gewohnheiten, die du eliminieren solltest, um wertvolle Zeit zurückzugewinnen:

- **Zweckloses Scrollen in sozialen Medien** – Begrenze deine Nutzung und setze dir tägliche Zeitlimits.
- **Ständiges E-Mail-Checken** – Plane feste Zeiten zum Lesen und Beantworten von E-Mails.
- **Zu oft „Ja" sagen** – Lerne, auch mal „Nein" zu sagen, wenn es nicht zu deinen Zielen passt.
- **Zu viel Fernsehen oder Serienkonsum** – Erlaube dir Pausen, aber in Maßen.

Praktische Übung: Mache eine Liste deiner größten Ablenkungen und überlege, wie du sie reduzieren oder eliminieren kannst.

DIE ROLLE VON ERHOLUNG UND FREIZEIT

Ein häufiger Irrglaube ist, dass mehr Arbeitsstunden gleich mehr Produktivität bedeuten. In Wahrheit ist die Qualität der Arbeitszeit entscheidend – nicht die Quantität. Pausen und Freizeit sind kein Zeitverlust, sondern essenziell für Energie und Kreativität.

Praktiken für effektive Erholung:

- **Schlaf 7–8 Stunden pro Nacht** – Schlaf ist unerlässlich für geistiges und körperliches Wohlbefinden.
- **Abschalten vor dem Schlaf** – Vermeide Bildschirme und E-Mails am Abend, um die Schlafqualität zu verbessern.
- **Verbring Zeit mit Hobbys und Leidenschaften** – Aktivitäten außerhalb der Arbeit helfen, mental im Gleichgewicht zu bleiben.

Praktische Übung: Plane täglich mindestens eine Stunde für eine Aktivität ein, die dich entspannt und auflädt.

Den Tag zu organisieren heißt nicht, ihn mit Aufgaben zu überladen – sondern ihm Richtung und Sinn zu geben.

Ich habe am eigenen Leib erfahren, dass Produktivität nicht in gearbeiteten Stunden, sondern in erreichten Ergebnissen gemessen wird. Wie Ferriss in seinem Buch sagt: *Das Geheimnis ist nicht, mehr zu arbeiten – sondern klüger.*

Merke dir: Ziel ist nicht, mehr zu tun – sondern das Richtige zu tun. Wer lernt, Zeit intelligent zu nutzen, kann Außergewöhnliches erreichen, ohne sein Wohlbefinden zu opfern.

ARBEITSZEIT STRUKTURIEREN: DIE TIMELINE

Große Ziele zu haben ist wichtig – aber ohne klare Planung verliert man sich schnell im Chaos oder verfällt der Prokrastination. Das weiß ich nur zu gut. In meinen ersten Unternehmerjahren hatte ich unzählige Ideen, doch ohne Strategie rannte ich der Zeit hinterher, arbeitete bis spät in die Nacht und erzielte kaum Resultate. Damals erkannte ich die Bedeutung einer effektiven Arbeitstimeline.

Zeit zu strukturieren ist kein Käfig für Kreativität – sondern ein Werkzeug für mehr Freiheit und Kontrolle über dein Leben.

Eine gut durchdachte Timeline hilft:

- Eine klare Vorstellung der Schritte zu deinen Zielen zu entwickeln.
- Die Zeit effizienter einzuteilen und Ablenkungen zu vermeiden.
- Überlastung und Stress zu reduzieren.
- Dich auf das Wesentliche und Dringliche zu fokussieren.

ZIELE IN KONKRETE AKTIVITÄTEN AUFTEILEN

Ein Ziel ohne Strategie ist nur ein Wunsch. Diese Lektion lernte ich, als ich mein erstes Buch schreiben wollte. Zunächst dachte ich, ich könne einfach drauflosschreiben – doch ich verlor zu viel Zeit ohne echte Fortschritte. Erst als ich das Projekt in klare Etappen mit Deadlines unterteilte, konnte ich es erfolgreich abschließen.

Praxisbeispiel: *Ein Buch mit 200 Seiten in sechs Monaten schreiben. Aufteilung in Aktivitäten:*

- *Recherche und Strukturierung (1 Woche)*
- *Erstes Kapitel schreiben (2 Wochen)*
- *Weitere Kapitel einzeln schreiben (4 Monate)*
- *Endkorrektur und Feinschliff (1 Monat)*

Praktische Übung: Notiere dein Hauptziel und unterteile es in klare Teilaufgaben mit geschätztem Zeitaufwand.

EINE REALISTISCHE TIMELINE ERSTELLEN

Sobald die Teilaufgaben feststehen, solltest du sie in einen realistischen Zeitplan integrieren. So gestaltest du deine Timeline effektiv:

- **Prioritäten zuerst** – Welche Aufgaben sind dringlich oder termingebunden? Beginne damit.
- **Realistische Zeitfenster** – Überfordere dich nicht. Plane ausreichend Zeit für jede Aufgabe.
- **Strategische Pausen** – Vermeide Burnout durch geplante Erholungsphasen.
- **Flexibilität** – Lass Raum für Unvorhergesehenes und Anpassungen.

Wöchentlicher Aufbau einer Timeline:

- **Montag:** Wochenziele planen und priorisieren

- **Dienstag–Donnerstag:** Wichtige, aufwändige Aufgaben umsetzen
- **Freitag:** Ergebnisse überprüfen und abschließen
- **Samstag & Sonntag:** Auftanken, reflektieren, neue Energie schöpfen

Praktische Übung: Erstelle einen Wochenplan für dein aktuelles Projekt mit konkreten Aufgaben für jeden Tag.

HILFREICHE TOOLS FÜR DIE TIMELINE-VERWALTUNG

Es gibt zahlreiche digitale Tools – viele kostenlos – die dir bei der Planung helfen können:

- **Persönlicher Kalender** – Ob analog oder digital: unerlässlich für Tages- und Terminplanung.
- **Strukturierter Kalender** – Termine mit Erinnerungen helfen, den Überblick zu behalten.
- **Aufgabenmanagement-Tools** – Projekte in Schritte zu unterteilen hilft beim Fokussieren und verhindert Aufschieben.

Praktische Übung: Wähle eine Organisationsmethode, die zu deinem Lebensstil passt, und beginne damit, deine Arbeitstimeline zu planen.

ÜBERLASTUNG VERMEIDEN

Ein häufiger Fehler: die eigene Timeline mit Aufgaben überfüllen – ohne Raum für Pausen oder Unvorhergesehenes. Das führt zu Stress, Ineffizienz und Motivationsverlust.

Strategien gegen Überlastung:

- **Lern „Nein" zu sagen** – Aufgaben, die keine Priorität haben, können verschoben oder delegiert werden.

- **Lass Luft zwischen Terminen** – Ein zu voller Kalender blockiert Kreativität und Reflexion.
- **Überwach deinen mentalen und körperlichen Zustand** – Spürst du Erschöpfung, nimm dir eine Auszeit.

Praktische Übung: Analysiere deine aktuelle Arbeitsbelastung. Gibt es Aufgaben, die du streichen oder delegieren kannst, um produktiver und entspannter zu arbeiten?

FOKUS AUF AUFGABEN MIT HOHEM IMPACT

Nicht alle Aufgaben haben denselben Wert. Manche wirken sich direkt auf unsere Ziele aus, andere sind bloß Beschäftigungen, die uns das Gefühl geben, produktiv zu sein – ohne echten Fortschritt.

Die 80/20-Regel (Pareto-Prinzip) 20 % der täglichen Aktivitäten erzeugen 80 % der Ergebnisse. Der Schlüssel zu einer optimalen Zeitplanung liegt darin, genau diese wenigen, aber wirkungsvollen Aufgaben zu identifizieren und sich auf sie zu konzentrieren.

Praktische Übung: Analysiere deine täglichen Aktivitäten und frage dich: „Welche davon bringen das beste Ergebnis bei geringstem Aufwand?" Konzentriere dich gezielt auf diese.

Eine gute Zeitplanung steigert nicht nur die Produktivität, sondern ermöglicht es uns auch, mit weniger Stress und mehr Zufriedenheit zu arbeiten. Ziel ist es nicht, jede Minute mit Aufgaben zu füllen, sondern klug und ausgeglichen zu planen – mit Raum für persönliches Wachstum und Wohlbefinden. Ich habe gelernt: Dauerhafter Erfolg entsteht nicht durch endlose Arbeit, sondern durch kluge und strategische Arbeit.

Merke dir: Die Arbeitszeit effektiv zu planen ist entscheidend, um Ziele in konkrete Ergebnisse zu verwandeln. Starte noch heute mit deiner eigenen Arbeits-Timeline – und erlebe, wie stark sich deine Effizienz und dein Erfolg verbessern können.

DIE KUNST DES DELEGIERENS: WIE MAN ZEIT GEWINNT UND DIE PRODUKTIVITÄT STEIGERT

Ein häufiger Fehler bei Unternehmer:innen, Manager:innen und Fachkräften ist zu glauben, alles selbst machen zu müssen. Dieses Denken führt oft zu Überlastung, Stress und Ineffizienz. Dabei ist Delegieren eine der wirksamsten Strategien, um Zeit zu sparen und produktiver zu werden.

Delegieren bedeutet nicht, die Kontrolle zu verlieren – sondern die eigenen Ressourcen besser zu nutzen und Zeit für strategisch wertvollere Aufgaben freizumachen. Gleichzeitig hilft es, die Stärken anderer zu fördern und ein effizienteres, kooperatives Arbeitsumfeld zu schaffen.

WARUM IST DELEGIEREN SO WICHTIG?

Wer delegiert, erreicht mehr mit weniger Aufwand. Die richtige Aufgabenverteilung bringt viele Vorteile:

- **Zeitersparnis** – Du gewinnst wertvolle Stunden zurück.
- **Mehr Produktivität** – Du konzentrierst dich auf Aufgaben mit hoher Wirkung, während andere sich um das Operative kümmern.
- **Weniger Stress, mehr Balance** – Du reduzierst die Arbeitslast und verbesserst deine Lebensqualität.
- **Wachstum von Team und Unternehmen** – Du gibst anderen Raum zur Entwicklung neuer Kompetenzen.

Praktische Übung: Nehme ein Blatt Papier und liste alle Aufgaben auf, die du täglich erledigst. Welche davon könntest du delegieren?

WAS DELEGIEREN – UND WAS BESSER SELBST MACHEN?

Nicht jede Aufgabe eignet sich zum Delegieren. Der Schlüssel liegt darin, zu erkennen, was man abgeben kann – und was in eigener Verantwortung bleiben sollte.

Aufgaben zum Delegieren:

- **Wiederkehrende, operative Tätigkeiten** – E-Mails, Administration, Social-Media-Management, Systempflege.
- **Aufgaben, die andere besser können** – Wenn jemand mehr Erfahrung hat, gib es ab.
- **Tätigkeiten mit geringem Mehrwert** – Alles, was Zeit kostet, aber nicht direkt zum Ziel beiträgt.

Aufgaben, die du behalten solltest:

- **Strategische Entscheidungen** – Die Ausrichtung deines Business muss in deinen Händen bleiben.
- **Kreative und innovative Tätigkeiten** – Wenn du der Motor deines Projekts bist, konzentriere dich auf das, was den Unterschied macht.
- **Beziehungsaufbau & Networking** – Wertvolle Verbindungen lassen sich nicht delegieren.

Praktische Übung: Analysiere deine Aufgaben und teile sie in zwei Spalten auf: „Delegierbar" und „Selbst erledigen".

WIE MAN EFFEKTIV DELEGIERT

Delegieren bedeutet nicht einfach, eine Aufgabe weiterzureichen – sondern es strategisch zu tun, um das beste Ergebnis zu erzielen.

Die 5 Schritte für effektives Delegieren:

1. **Die richtige Person finden** – Wähle jemanden mit den passenden Fähigkeiten. Falls nötig, investiere in Weiterbildung.
2. **Klar kommunizieren** – Gib genaue Anweisungen, definiere Ziele und setze klare Erwartungen.

3. **Vertrauen schenken** – Vermeide Mikromanagement. Lass Raum für eigene Lösungswege.
4. **Überwachen ohne zu kontrollieren** – Etabliere Checkpoints, aber greife nicht ständig ein.
5. **Feedback geben und unterstützen** – Hilf der Person, sich weiterzuentwickeln – mit konstruktiven Rückmeldungen.

Praktische Übung: Wähle diese Woche eine einfache Aufgabe und delegiere sie anhand dieser fünf Schritte.

DIGITALE TOOLS FÜRS DELEGIEREN

Dank Technologie war es noch nie so einfach zu delegieren. Es gibt zahlreiche Tools, die Teamarbeit, Projektmanagement und Fortschrittsüberwachung effizient ermöglichen:

- **Projektmanagement-Plattformen** – Aufgaben organisieren und zuweisen.
- **Cloud-Speicherlösungen** – Gemeinsames Arbeiten an Dateien und Dokumenten.
- **Interne Kommunikationstools** – Erleichtern Zusammenarbeit im Homeoffice und verbessern Informationsfluss.
- **Freelancer-Marktplätze** – Finde weltweit qualifizierte Experten für bestimmte Aufgaben.

Praktische Übung: Wähle ein Tool, das zu dir passt, und nutze es, um eine Aufgabe zu delegieren.

DIE ANGST VOR DEM DELEGIEREN ÜBERWINDEN

Viele haben Angst zu delegieren – aus Furcht, die Kontrolle zu verlieren oder weil sie denken, „niemand macht es so gut wie ich".

Wenn du dich hier wiedererkennst, versuche, deine Perspektive zu ändern:

- „Delegieren = Kontrollverlust" → „Delegieren = mehr Resultate mit weniger Aufwand"
- „Niemand macht es wie ich" → „Andere können es vielleicht sogar besser – und ich gewinne Zeit für Wichtiges"
- „Ich kann niemandem vertrauen" → „Ich kann andere schulen, damit sie effizient arbeiten"

Praktische Übung: Denk an eine Situation, in der du nicht delegiert hast – aus Angst vor Kontrollverlust. Wie hättest du sie anders lösen können?

Delegieren ist eine der mächtigsten Fähigkeiten, um Zeit zu gewinnen und effizienter zu werden.

Je besser wir lernen, klug zu delegieren, desto mehr Zeit bleibt uns für das, was wirklich zählt.

Merke dir: Es geht nicht nur darum, Aufgaben abzugeben – sondern ein effektives System zu schaffen, in dem jeder sein Potenzial ausschöpfen kann.

Starte heute mit dem Delegieren – und erlebe, wie sich deine Produktivität und Lebensqualität verbessern.

ZEIT FÜR DAS NUTZEN, WAS WIRKLICH ZÄHLT

Es mag wie eine Wiederholung klingen – aber ich betone es immer wieder: Zeit ist unsere wertvollste Ressource. Wie wir sie einsetzen, bestimmt maßgeblich unseren Erfolg und unser Glück. Diese Erkenntnis kam nicht über Nacht, sondern durch Fehler, Phasen des Stillstands und falsche Entscheidungen. Sie haben mir gezeigt, wie entscheidend es ist, sich ausschließlich dem zu widmen, was wirklich zählt.

Oft tappen wir in die Falle, unsere Tage mit scheinbar dringenden, aber wenig wichtigen Aufgaben zu füllen: Wir beantworten unwichtige E-Mails, nehmen an ineffektiven Meetings teil oder verlieren Stunden ziellos auf Social Media. Um unsere Zeit zu maximieren, müssen wir die Aktivitäten identifizieren, die den größten Impact haben – und uns diszipliniert und konsequent auf sie konzentrieren.

DER UNTERSCHIED ZWISCHEN BESCHÄFTIGTSEIN UND PRODUKTIVSEIN

Lange Zeit war auch ich der Überzeugung, dass ständige Beschäftigung gleichbedeutend mit Erfolg sei. Ich glaubte, dass langes Arbeiten und das Ausfüllen jeder Minute mit Aufgaben Fortschritt bedeuteten. Doch die Wahrheit ist eine andere: Beschäftigt zu sein heißt nicht, produktiv zu sein.

Beschäftigt sein bedeutet:

- Den Tag mit wenig bedeutenden Tätigkeiten zu füllen.
- Ständig in Bewegung zu sein – ohne klare Richtung.
- Multitasking zu betreiben, ohne etwas wirklich fertigzustellen.

Produktiv sein bedeutet:

- Die Zeit auf Aufgaben mit größtem Impact zu konzentrieren.
- Ablenkungen auszuschalten und gezielt zu arbeiten.
- „Nein" zu sagen zu allem, was nicht zu deinen Zielen beiträgt.

Praktische Übung: Nehme ein Blatt Papier und schreibe auf, was du heute alles getan hast. Frag dich dann: *„Welche dieser Tätigkeiten haben wirklich zu meinen Zielen beigetragen?"* Du wirst überrascht sein, wie viele Dinge wenig bis gar keinen Wert hatten.

ERFOLG IST MEHR ALS REICHTUM: DIE BALANCE ZWISCHEN ARBEIT UND LEBEN FINDEN

In meiner Karriere gab es Zeiten, in denen ich so fokussiert auf die Arbeit war, dass ich alles andere vernachlässigte: Freunde, Familie, mein eigenes Wohlbefinden. Bis mir klar wurde, dass wahrer Erfolg sich nicht nur in Geld oder beruflichen Ergebnissen messen lässt.

Unsere Zeit jenen Dingen zu widmen, die wirklich zählen, bedeutet auch, Arbeit auszugleichen mit:

- **Persönlichen Beziehungen** – Zeit mit Familie und Freunden ist essenziell für ein erfülltes Leben.
- **Persönlicher Weiterentwicklung** – Lesen, Lernen und Wachsen tragen zu unserer Erfüllung bei.
- **Gesundheit und Wohlbefinden** – Ohne körperliche und mentale Gesundheit ist jeder Erfolg wertlos.

Wenn wir unaufhörlich arbeiten, ohne innezuhalten, stehen wir eines Tages vielleicht mit Geld auf dem Konto da – aber ohne Energie, ohne echte Beziehungen, ohne tiefes Lebensgefühl.

Praktische Übung: Reflektiere, wie viel Zeit du wöchentlich den Menschen widmest, die du liebst, deiner Weiterentwicklung und deinem Wohlbefinden. Falls diese Bereiche zu kurz kommen – ist es Zeit, deine Prioritäten neu zu ordnen.

AKTIVITÄTEN MIT DEM GRÖSSTEN ERTRAG ERKENNEN

Um unsere Zeit zu optimieren, müssen wir zwischen Aufgaben mit hohem und geringem Impact unterscheiden.

Aufgaben mit hohem Impact:

- Erzeugen spürbare Ergebnisse für deine Ziele.
- Führen dich langfristig zum Erfolg.
- Sind strategisch, nicht nur operativ.

Aufgaben mit geringem Impact:

- Sind repetitive Tätigkeiten ohne echten Mehrwert.
- Sind Ablenkungen, die dich von deinen Zielen entfernen.

- Vermitteln ein Gefühl von „Beschäftigtsein", bringen aber wenig Nutzen.

Praktische Übung: Erstelle eine Liste deiner wöchentlichen Aktivitäten und bewerte sie nach ihrem Einfluss. Reduziere oder eliminiere Aufgaben mit geringem Nutzen – und investiere mehr Zeit in jene, die wirklich etwas bewirken.

ABLENKUNGEN ELIMINIEREN

Ein Hauptfeind der Produktivität ist mangelnder Fokus. Oft lassen wir uns von Benachrichtigungen, E-Mails, Social Media oder Anfragen anderer Menschen ablenken.

Strategien zum Schutz deiner Zeit:

- Deaktiviere Handy-Benachrichtigungen während der Arbeit.
- Überprüfe E-Mails nur zu festgelegten Zeiten.
- Sag „Nein" – ohne schlechtes Gewissen – zu Dingen, die dir keinen Mehrwert bringen.
- Setze klare Zeitlimits für Aktivitäten wie Fernsehen oder zielloses Scrollen.

Praktische Übung: Versuche heute, eine Stunde komplett ohne Unterbrechung zu arbeiten – ohne Benachrichtigungen, ohne Ablenkung. Beobachte, wie viel du in kurzer Zeit erreichst.

DISZIPLIN: DAS GEHEIMNIS FÜR OPTIMALE ZEITNUTZUNG

Oft wissen wir, was wichtig ist – aber setzen es nicht um. Selbstdisziplin ist der Schlüssel, um den Fokus zu bewahren und der Versuchung zur Prokrastination zu widerstehen.

So stärkst du deine Disziplin:

- **Starte den Tag mit einem klaren Plan** – Wer weiß, was zu tun ist, verschwendet keine Zeit.

- **„Erst die Arbeit, dann das Vergnügen"** – Erledige zuerst Wichtiges, dann belohne dich.
- **Etabliere feste Gewohnheiten** – Produktivität muss Routine werden, keine Ausnahme.
- **Verfolge deinen Fortschritt** – Zu sehen, wie du deinen Zielen näherkommst, motiviert.

Praktische Übung: Wähle eine produktive Gewohnheit, die du entwickeln willst, und praktiziere sie eine Woche lang täglich.

Jeder Tag ist eine Chance – verschwende sie nicht. Zeit ist unsere knappste Ressource. Jeder vergangene Tag ist unwiederbringlich. Wer Erfolg will, muss entschlossen handeln und jeden Moment bestmöglich nutzen.

Praktische Übung: Frage dich jeden Abend vor dem Schlafengehen: „Habe ich meine Zeit heute sinnvoll und produktiv genutzt?" Wenn die Antwort „Nein" lautet – nimm dir vor, es morgen besser zu machen.

Merke dir: Zeit ist unser wertvollstes Gut – verschwenden wir sie nicht.

ZUSAMMENFASSUNG

Seine Zeit den Dingen zu widmen, die den größten Ertrag bringen, heißt, die Aktivitäten mit Bedacht auszuwählen. Wahrer Erfolg bemisst sich nicht nur in Geld – sondern in der Balance zwischen Arbeit, persönlichem Wachstum und erfüllenden Beziehungen.

10 VERHANDLUNGEN

Viele neigen dazu, Verkauf mit Verhandlung zu verwechseln, doch in Wirklichkeit handelt es sich um zwei unterschiedliche Prozesse.

Verkaufen bedeutet, seine Kundschaft vom Wert eines Produkts oder einer Dienstleistung zu überzeugen, indem aufgezeigt wird, wie es ein Problem löst oder ein Bedürfnis erfüllt. Der Fokus liegt auf Kommunikation, Vertrauensbildung und der Fähigkeit, die Vorteile des eigenen Angebots hervorzuheben.

Verhandeln hingegen betrifft das Erreichen einer Vereinbarung, die beide Parteien zufriedenstellt. Es geht nicht nur darum zu überzeugen, sondern einen Gleichgewichtspunkt zwischen unterschiedlichen Bedürfnissen zu finden, Kompromisse zu managen und alternative Lösungen zu erarbeiten.

Obwohl Verkauf und Verhandlung einige gemeinsame Elemente haben, wie aktives Zuhören und die Fähigkeit, für den Gesprächspartner Wert zu schaffen, ist der Verkauf oft der erste Schritt, während die Verhandlung ins Spiel kommt, wenn es mehrere Variablen zu definieren gibt, wie Preis, Bedingungen oder Vertragsdetails. Kurz gesagt: Man kann verkaufen, ohne zu verhandeln, aber man kann nicht verhandeln, ohne verkaufen zu können.

DIE BEDÜRFNISSE DER KUNDSCHAFT VERSTEHEN: DIE MACHT DES ZUHÖRENS

Im Kontext von Verhandlung und Verkauf wird oft zu viel Wert darauf gelegt, was wir sagen möchten, und dabei der entscheidende Aspekt vernachlässigt: das Zuhören. Das wirkliche Verstehen der Kundenbedürfnisse ermöglicht es, relevante Lösungen anzubieten und eine Vertrauensbasis aufzubauen.

Der häufigste Fehler ist, in eine Verhandlung mit einer vorgefertigten Vorstellung davon zu gehen, was die Kund:innen wünschen sollte, anstatt es direkt von ihm/ihr zu erfahren. Nur durch aktives Zuhören können wir wertvolle Informationen erhalten, um unser Angebot überzeugend und effektiv zu personalisieren.

AKTIVES ZUHÖREN: NICHT NUR HÖREN, SONDERN VERSTEHEN

Aktives Zuhören bedeutet nicht einfach nur, die Worte der Kund:innen zu hören, sondern wirklich präsent im Gespräch zu sein, nicht nur die explizite Bedeutung dessen, was gesagt wird, sondern auch die zugrunde liegenden Emotionen und Absichten zu erfassen.

Elemente des aktiven Zuhörens:

- **Volle Konzentration auf den/die Gesprächspartner:in** – Vermeiden Sie Ablenkungen und Unterbrechungen.
- **Beobachten der nonverbalen Sprache** – Gesichtsausdrücke, Gesten und Tonfall können mehr verraten als Worte.
- **Paraphrasieren und Verständnis bestätigen** – Das Zusammenfassen dessen, was der/die Kund:in gesagt hat, zeigt, dass Sie es wirklich verstanden haben.

Praxisbeispiel: *„Wenn ich es richtig verstehe, ist es für Sie entscheidend, eine Lösung zu finden, die die Bearbeitungszeiten verkürzt, ohne die Qualität zu beeinträchtigen. Ist das korrekt?"*

Praktische Übung: Versuche beim nächsten Gespräch mit

einem/einer Kund:in, nicht sofort deine Meinung einzubringen. Lass den/die Gesprächspartner:in mindestens eine Minute sprechen und fasse dann mit eigenen Worten zusammen, was du verstanden hast.

DIE WAHREN BEDÜRFNISSE DER KUNDSCHAFT IDENTIFIZIEREN

Oft äußern Kund:innen ihre tatsächlichen Bedürfnisse nicht klar, sondern konzentrieren sich auf oberflächliche Details oder unmittelbare Probleme. Ein:e gute:r Verkäufer:in oder Verhandler:in weiß, über die Worte hinauszugehen, um die wahre Motivation hinter den Entscheidungen der Kund:innen zu entdecken.

Wie man die echten Bedürfnisse identifiziert:

- **Offene Fragen stellen** – Sie ermutigen die Kund:innen, mehr Informationen preiszugeben.
- **"Warum?" fragen** – Jedes Mal, wenn ein:e Kund:in sagt, dass er/sie etwas möchte, frage dich, warum er/sie es will.
- **Ihre Prioritäten beobachten** – Ihre Hauptanliegen offenbaren, was ihr wirklich wichtig ist.

Praxisbeispiel: *„Ich möchte verstehen, was Ihnen an dieser Lösung am wichtigsten ist: Ist es die Flexibilität, die Kosten oder die schnelle Umsetzung?"*

Praktische Übung: Nehme ein allgemeines Bedürfnis der Kund:innen und frage dich, welches tiefere Bedürfnis dahintersteckt.

SCHWEIGEN ALS KOMMUNIKATIONSINSTRUMENT

Schweigen ist eine der am meisten unterschätzten Techniken in der Verhandlung. Viele Menschen fühlen sich unwohl mit Momenten der Stille und versuchen, sie durch vermehrtes Reden zu füllen. Doch wer Schweigen strategisch einsetzt, erhält wertvolle Informationen.

Warum ist Schweigen effektiv?

- **Gibt der Kundschaft Zeit zum Nachdenken** – Manchmal ermöglicht eine Pause ihnen, mehr Details zu äußern.
- **Vermeidet übereilte Antworten** – Ein Moment der Stille vor der Antwort zeigt Bedachtheit.
- **Kann zusätzliche Informationen hervorbringen** – Viele Kunden neigen dazu, in der Stille mehr zu sprechen, um sie zu füllen.

Praxisbeispiel: *Nachdem du eine Schlüsselfrage gestellt hast, mach einige Sekunden Pause, bevor du antwortest. Du könntest überrascht sein, was die Kund:innen sagen.*

Praktische Übung: Zähle im nächsten Gespräch mental bis fünf, bevor du auf die Aussagen der Kundschaft antwortest.

ANPASSUNG DER EIGENEN SPRACHE AN DIE KUNDSCHAFT

Jeder/jede Kund:in hat eine andere Art zu kommunizieren, und sich auf seine Sprache einzustellen, erhöht die Wahrscheinlichkeit eines erfolgreichen Abschlusses erheblich.

Wie passt man sich an die Sprache des/der Kund:in an?

- **Beobachte den Kommunikationsstil** – Ist er direkt oder bevorzugt er detaillierte Erklärungen?
- **Verwende Schlüsselwörter, die die Kund:innen selbst verwendet haben** – Das stärkt die Verbindung.
- **Behalt denselben Tonfall und Rhythmus bei** – Wenn die Kund:innen langsam und ruhig sprechen, vermeide es, zu schnell oder zu aggressiv zu sein.

Praxisbeispiel: *„Sie haben gesagt, dass für Sie die Benutzerfreundlichkeit entscheidend ist. Dieses Produkt wurde genau für Menschen entwickelt, die eine intuitive und sofort verständliche Oberfläche suchen."*

Praktische Übung: Wiederhole in einem Gespräch einige der

Schlüsselwörter, die deine Kund:innen verwenden. Beobachte, ob dadurch mehr Harmonie entsteht.

DIE BEDEUTUNG VON EMOTIONEN IM ENTSCHEIDUNGSPROZESS

Kaufentscheidungen sind nicht nur rational – Emotionen spielen eine zentrale Rolle. Gutes Zuhören hilft dabei, emotionale Auslöser zu erkennen, die das Verhalten der Kunschaft beeinflussen.

Wie erkennt man die Emotionen hinter einer Entscheidung?

- **Achte auf Gesichtsausdrücke und Tonfall** – Deuten sie auf Begeisterung, Sorge oder Unsicherheit hin?
- **Frag, was die Kund:innen am meisten begeistert oder beunruhigt** – Das offenbart die wahren Kaufmotive.
- **Zeig Empathie** – Wenn ein/e Kund:in Zweifel äußert, erkenne diesen zunächst an, bevor du antwortest.

Praxisbeispiel: *„Ich verstehe, dass Sie sich sicher sein möchten, bevor Sie eine Entscheidung treffen. Es ist eine wichtige Wahl, und es ist richtig, alles sorgfältig abzuwägen."*

Praktische Übung: Erkenne in einem Gespräch mit einem/einer Kunden/Kundin eine dominierende Emotion und spiegel diese mit Empathie wider.

Die Bedürfnisse der Kund:innen zu kennen bedeutet nicht nur, ihre Worte zu hören, sondern zu verstehen, was sie wirklich suchen. Aktives Zuhören, strategisches Schweigen, sprachliche Anpassung und das Verstehen von Emotionen sind grundlegende Werkzeuge, um eine wertvolle Erfahrung zu schaffen.

Merke dir: Ein:e Kund:in, der/die sich wirklich verstanden fühlt, ist ein:e Kund:in, der/die dir vertrauen wird.

DIE PHASEN DER VERHANDLUNG: VOM ERSTEN KONTAKT BIS ZUM ABSCHLUSS

Verhandeln ist kein spontanes Kräftemessen, sondern ein strukturierter Prozess mit klar definierten Phasen. Jede Phase zu verstehen, hilft dabei, die Effektivität der Verhandlung zu steigern, Fehler zu vermeiden und ein für beide Seiten vorteilhaftes Ergebnis zu sichern.

Ich habe diese Lektion auf die harte Tour gelernt. Zu Beginn dachte ich, Verhandeln bedeute einfach, die andere Seite davon zu überzeugen, meinen Vorschlag anzunehmen. Dann erkannte ich, dass der Schlüssel zum Erfolg ein anderer war: zuhören, sich vorbereiten und eine Vereinbarung auf solider Basis aufbauen.

Jede Verhandlung ist anders, aber sie folgt einem logischen Ablauf – von der anfänglichen Vorbereitung bis zum endgültigen Abschluss. Diese Phasen zu kennen und zu beherrschen, ermöglicht es, Verhandlungen mit Sicherheit und Flexibilität zu führen.

VORBEREITUNG: EINE SOLIDE BASIS SCHAFFEN

Die Vorbereitung ist das Fundament einer erfolgreichen Verhandlung. Ohne klaren Plan in die Verhandlung zu gehen, bedeutet, im Nachteil zu starten. Ich habe am eigenen Leib erfahren, wie katastrophal es sein kann, sich ohne Strategie in eine Verhandlung zu stürzen. Einmal musste ich ein ganzes Abkommen neu aufrollen, weil ich mein Gegenüber nicht gründlich analysiert hatte – das hat mich Wochen an Arbeit gekostet.

Was ist in dieser Phase zu tun?

- **Ziele definieren** – Was ist das minimal akzeptable Ergebnis? Wie sieht das ideale Abkommen aus?
- **Die Gegenseite analysieren** – Was sind ihre Interessen, Stärken und Schwächen?
- **Alternativen identifizieren** – Welche Optionen gibt es, falls die Verhandlung scheitert?
- **Mögliche Einwände vorhersehen** – Welche Argumente

könnte die Gegenseite bringen, und wie antwortet man darauf?

Strategie: Entwickle ein Verhandlungsschema mit Schwerpunktthemen und möglichen Szenarien.

Praktische Übung: Schreibe vor einer Verhandlung deine Hauptziele und eine Strategie auf, um diese zu erreichen. Analysiere auch die Perspektive der Gegenseite, um auf Einwände vorbereitet zu sein.

ERÖFFNUNGSPHASE: EIN VERTRAUENSKLIMA SCHAFFEN

Der erste Kontakt zwischen den Parteien ist entscheidend, um den Ton der Verhandlung festzulegen. Eine gut geführte Eröffnung hilft, einen konstruktiven Dialog zu etablieren und anfängliche Spannungen oder Vorurteile abzubauen. Ich habe Verhandlungen schon in den ersten fünf Minuten scheitern sehen, nur weil eine Partei zu aggressiv oder zu defensiv auftrat.

Ziele der Eröffnungsphase:

- Ein Klima des gegenseitigen Respekts schaffen.
- Die Spielregeln des Gesprächs klar festlegen.
- Dialogbereitschaft zeigen, ohne gleich alle Karten offenzulegen.

Wie schafft man ein gutes Einstiegsklima?

- Beginn mit einer neutralen und professionellen Haltung.
- Beobachte die Körpersprache des Gegenübers, um nützliche Hinweise zu erhalten.
- Find gemeinsame Anknüpfungspunkte, um die Spannung zu lösen.

Praxisbeispiel: *„Ich schätze es sehr, dass wir uns die Zeit für dieses*

Gespräch nehmen. Ich bin überzeugt, dass wir eine Lösung finden werden, die für beide Seiten vorteilhaft ist."

Praktische Übung: Beginne deine nächste Verhandlung mit einem Satz, der Offenheit und Kooperationsbereitschaft signalisiert.

INFORMATIONSAUSTAUSCH: DIE HINTERGRÜNDE VERSTEHEN

Nachdem ein positives Klima hergestellt ist, ist es Zeit, gezielt Informationen zu sammeln und zu teilen. Ziel dieser Phase ist es, die Position der anderen Seite besser zu verstehen und Bedürfnisse, Erwartungen und Einschränkungen zu identifizieren.
Wie geht man mit dem Informationsaustausch um?

- **Stell gezielte Fragen** – Versuche, Details zu erfahren, die dir helfen, ein passendes Angebot zu gestalten.
- **Vermeide es, deine Endposition gleich offenzulegen** – Gebe Informationen schrittweise preis und beobachte die Reaktionen der Gegenseite.
- **Hör mehr zu, als zu sprechen** – Die Informationen, die du erhältst, sind wertvoller als die, die du preisgibst.

Praxisbeispiel: *„Ich würde gerne besser verstehen, welche Faktoren für Sie in dieser Zusammenarbeit besonders wichtig sind. Können Sie mir ein paar Details zu Ihren Prioritäten geben?"*

Praktische Übung: Konzentriere dich in der Anfangsphase des nächsten Verhandlungsgesprächs darauf, mehr zuzuhören als zu sprechen.

LÖSUNGSFINDUNG: EINE WIN-WIN-VEREINBARUNG AUFBAUEN

Eine effektive Verhandlung basiert nicht auf einem „einer gewinnt, der andere verliert"-Ansatz, sondern auf der Fähigkeit, für beide Seiten vorteilhafte Lösungen zu finden. Ich habe gelernt, dass ein kleines strategisches Zugeständnis oft eine ganze Verhandlung in Bewegung setzen kann.

Strategien zur gemeinsamen Lösungsfindung:

- **Fokussier dich auf Interessen, nicht auf Positionen** – Oft wollen beide Seiten dasselbe, drücken es aber unterschiedlich aus.
- **Sei flexibel bei den Alternativen** – Manchmal genügt ein kleines Zugeständnis, um eine größere Einigung zu erzielen.
- **Nutz konkrete Daten** – Objektive Zahlen und Referenzen stärken deine Argumentation.

Praxisbeispiel: *„Wenn für Sie die Liefergeschwindigkeit entscheidend ist, können wir einen Plan ausarbeiten, der kürzere Lieferzeiten garantiert – im Gegenzug für eine höhere Abnahmemenge."*

Praktische Übung: Formuliere in deiner nächsten Verhandlung mindestens zwei Alternativen zum ursprünglichen Vorschlag, um die Chancen auf einen positiven Abschluss zu erhöhen.

ABSCHLUSS: DIE VEREINBARUNG FORMALISIEREN

Die letzte Phase besteht darin, die Einigung zu finalisieren und die endgültigen Bedingungen zu bestätigen. Auch wenn sie einfach erscheint, ist es entscheidend, sie korrekt abzuschließen, um Missverständnisse oder spätere Zweifel zu vermeiden.

Wie schließt man erfolgreich ab?

- **Fass die wichtigsten Punkte der Vereinbarung zusammen**, um sicherzustellen, dass beide Seiten übereinstimmen.
- **Nächste Schritte klar definieren** – Lege präzise fest, welche konkreten Handlungen folgen sollen.
- **Sorg für eine transparente und nachvollziehbare Formalisierung des Abkommens.**

Praxisbeispiel: *„Wir haben vereinbart, dass der Service innerhalb von 30 Tagen aktiviert wird und der Support ein Jahr lang gewährleistet ist. Wollen wir nun den Vertrag unterzeichnen?"*

Praktische Übung: Überprüfe nach der nächsten Verhandlung, ob der Abschluss für beide Seiten klar ist, indem du direkt um Feedback bittest.

Verhandeln ist ein logischer Prozess, der Vorbereitung, Zuhören und die Fähigkeit erfordert, ausgewogene Lösungen zu finden. Jede Phase ist wichtig – wird eine übersprungen, kann das das Ergebnis gefährden.

Merke dir: Ein:e gute:r Verhandler:in ist nicht derjenige/diejenige, der/die seinen/ihren Willen durchsetzt, sondern derjenige/diejenige, der/die die Verhandlung zu einer soliden und nachhaltigen Einigung führen kann.

DIE KUND:INNEN WERTSCHÄTZEN: EINE BEZIEHUNG AUFBAUEN, DIE ÜBER DEN VERKAUF HINAUSGEHT

Ich habe am eigenen Leib erfahren, dass Verkaufen nicht nur bedeutet, einen Deal abzuschließen, sondern eine Verbindung aufzubauen. Ich habe Unternehmen gesehen, die so sehr auf Neukundengewinnung fixiert waren, dass sie ihre bestehende Kundschaft vernachlässigten – und sich dann wunderten, warum ihr Geschäft stagnierte. Das Geheimnis? Jeden Kunden/jede Kundin so behandeln, als wäre er/sie der/die wichtigste – denn das ist er/sie auch.

Kund:innen ,die sich wertgeschätzt fühlen, kommen nicht nur zurück, sondern empfehlen dich auch weiter. Und es gibt keine bessere Werbung als positive Mundpropaganda. Doch wie verwandelt man gelegentliche Kund:innen in echte Markenbotschafter? Es braucht eine Mischung aus Aufmerksamkeit, Personalisierung und authentischer Kommunikation.

DIE KUND:INNEN ÜBER DIE TRANSAKTION HINAUS VERSTEHEN

Zu Beginn meiner Laufbahn dachte ich, meine Aufgabe sei es, ein Produkt oder eine Dienstleistung möglichst gut zu verkaufen. Dann wurde mir klar, dass mein eigentliches Ziel darin bestand, ein Problem der Kund:innen zu lösen. Das verändert alles.
Wie gelingt das?

- **Wirklich zuhören** – Oft sagen die Kund:innen nicht direkt, was sie wollen, sondern lassen es zwischen den Zeilen erkennen.
- **Das Angebot personalisieren** – Die Lösung an ihre Bedürfnisse anzupassen, macht den Unterschied zwischen einem bloßen Verkauf und einer echten Beziehung.
- **Ihnen das Gefühl geben, einzigartig zu sein** – Kund:innen, die sich als Priorität wahrnehmen, werden eher vertrauen und loyal bleiben.

Praxisbeispiel: *„Mir ist aufgefallen, dass in Ihrer Branche Schnelligkeit entscheidend ist. Wir können einen maßgeschneiderten Service anbieten, der maximale Effizienz ohne Qualitätseinbußen garantiert."*

Praktische Übung: Versuche beim nächsten Kundenkontakt, mehr über seinen/ihren beruflichen Kontext und das, was ihm/ihr wirklich wichtig ist, herauszufinden.

EIN ÜBERRAGENDES ERLEBNIS SCHAFFEN

Die Qualität des Produkts oder der Dienstleistung ist wichtig – aber was den Kund:innen wirklich in Erinnerung behält, ist das Gesamterlebnis. Ich habe Kund:innen jahrelang treu bleiben sehen – nicht, weil das Produkt perfekt war, sondern weil sie sich respektvoll und aufmerksam behandelt fühlten.
Wie verbessert man das Kundenerlebnis?

- **Klarheit und Transparenz** – Niemand möchte unangenehme Überraschungen erleben.
- **Einfache Kommunikation** – Menschen schätzen schnelle und präzise Antworten.
- **After-Sales-Support** – Die Kund:innen sollte sich auch nach dem Kauf nicht alleingelassen fühlen.

Praxisbeispiel: *„Wir wissen, wie wichtig der Support nach dem Kauf ist. Deshalb haben wir einen eigenen Kanal eingerichtet, über den Sie sofortige Hilfe bekommen – ohne Zeit zu verlieren."*

Praktische Übung: Analysiere deinen aktuellen Kundeninteraktionsprozess und identifiziere mindestens einen Punkt, an dem du das Gesamterlebnis verbessern kannst.

WERTSCHÄTZUNG UND AUFMERKSAMKEIT ZEIGEN

Wir denken oft, dass ein gutes Produkt ausreicht, um Kund:innen zu halten – in Wirklichkeit sind es die kleinen Gesten, die den Unterschied machen. Ich habe gelernt, dass ein einfaches „Danke" mehr wert sein kann als ein Rabatt.

Wege, die Kund:innen zu wertschätzen:

- **Personalisierte Follow-ups** – Eine Nachricht nach dem Kauf, in der man um Feedback bittet, zeigt Interesse.
- **Treueprämien** – Exklusive Vorteile für wiederkehrende Kund:innen stärken die Bindung.
- **Feedback ernst nehmen** – Ein:e Kund:in, der/die sich gehört fühlt, bleibt eher treu.

Praxisbeispiel: *„Wir haben Ihr Feedback sehr geschätzt und dank Ihrer Anregungen einige Funktionen unseres Services verbessert."*

Praktische Übung: Sende nach einem Verkauf eine personalisierte Nachricht, um den Kund:innen zu danken und ihnen um eine ehrliche Meinung zur Erfahrung zu bitten.

EINE LANGFRISTIGE BEZIEHUNG AUFBAUEN

Ein Verkaufsabschluss allein reicht nicht – das wahre Ziel ist es, eine langfristige Bindung zu schaffen. Ein:e Kund:in, der/die sich betreut fühlt, hat keinen Grund, sich nach Alternativen umzusehen.

Schlüsselelemente zur Pflege der Beziehung:

- **Konstanz im Laufe der Zeit** – Der Service muss dauerhaft auf hohem Niveau bleiben.
- **Regelmäßige Kontakte ohne Verkaufsabsicht** – Eine Nachricht mit Neuigkeiten oder kostenlosem Mehrwert kann einen großen Unterschied machen.
- **Anpassungsfähigkeit an seine/ihre Bedürfnisse** – Wenn du erkennst, was er/sie künftig braucht, noch bevor er/sie es selbst weiß, wird er/sie dir treu bleiben.

Praxisbeispiel: *„Der Markt verändert sich gerade – vielleicht interessiert Sie diese neue Strategie. Wollen wir darüber sprechen, wie sie für Sie nützlich sein könnte?"*

Praktische Übung: Erstelle einen Kontaktplan für deine wichtigsten Kund:innen mit regelmäßigen Updates, um die Beziehung auch nach dem Verkauf aufrechtzuerhalten.

KOMMUNIKATION ALS MITTEL ZUR KUNDENWERTSCHÄTZUNG

Jede Interaktion mit Kundschaft ist eine Gelegenheit, die Beziehung zu stärken. Eine nachlässige E-Mail oder eine übereilte Antwort können die Verbindung belasten.

Wie verbessert man die Kommunikation?

- **Klar und direkt sein** – Vermeide unnötige Umschweife.
- **Empathie zeigen** – Die Kund:innen sollen spüren, dass du ihre Sichtweise verstehst.

- **Reaktionsschnell sein** – Schnelle Antworten zeugen von Respekt und Professionalität.

Praxisbeispiel: *„Ich verstehe vollkommen, dass Ihnen ein schneller Service wichtig ist. Ich kann Ihnen bestätigen, dass wir eine Lieferung innerhalb von 48 Stunden ohne Zusatzkosten garantieren können."*

Praktische Übung: Überprüfe deine Kundenkommunikation: Kannst du sie klarer, empathischer und direkter gestalten?

Die Kund:innen wertzuschätzen bedeutet nicht nur, ihr ein Produkt oder eine Dienstleistung anzubieten, sondern sie als Teil eines Erlebnisses zu behandeln. Ich habe gelernt, dass der Erfolg eines Unternehmens nicht nur von der Qualität des Angebots abhängt, sondern von der Fähigkeit, stabile und langfristige Beziehungen aufzubauen.

Merke dir: Ein:e Kund:in, der/die sich wertgeschätzt fühlt, wird zu deinem/deiner besten Botschafter:in. Behandle ihn/sie wie einen Menschen, nicht wie eine Nummer – und du wirst sehen, wie dein Geschäft auf natürliche und nachhaltige Weise wächst.

EINE VERHANDLUNG GEWINNEN: WERT FÜR BEIDE SEITEN SCHAFFEN

Eine Verhandlung zu gewinnen bedeutet nicht, dem Gegenüber den eigenen Willen aufzuzwingen, sondern einen gemeinsamen Nenner zu finden, von dem alle profitieren. Mit der Zeit habe ich erkannt: Die beste Verhandlung ist nicht die, bei der einer gewinnt und der andere verliert, sondern die, bei der beide das Gefühl haben, etwas Wertvolles erreicht zu haben. Das ist das Geheimnis für dauerhafte Beziehungen und erfolgreiche Partnerschaften.

DIE SIEGERMENTALITÄT IN EINER VERHANDLUNG

Der erste Schritt zu Ergebnissen ist die richtige Einstellung. Zu Beginn meiner Karriere bin ich in Verhandlungen gegangen mit dem Gedanken, um jeden Preis gewinnen zu müssen. Später habe ich verstanden, dass wahrer Erfolg im Miteinander liegt – in der gemeinsamen Entwicklung vorteilhafter Lösungen.

Schlüsselmerkmale einer erfolgreichen Denkweise:

- **Flexibilität** – Offen sein für Alternativen, ohne das eigene Ziel aus den Augen zu verlieren.
- **Zusammenarbeit** – Eine Verhandlung als Chance zur Wertschöpfung sehen, nicht als Kampf.
- **Fokus auf Interessen statt Positionen** – Den Blick vom „Was will ich erreichen?" auf das „Was brauchen wir beide wirklich?" lenken.

Praxisbeispiel: *„Wenn dein Ziel ein niedrigerer Preis ist und mein Ziel die Sicherung eines hohen Qualitätsniveaus, können wir vielleicht ein Zusatzpaket integrieren, um den Wert des Angebots zu erhalten."*

Praktische Übung: Beobachte bei der nächsten Verhandlung dein eigenes Verhalten: Bist du eher defensiv oder offen für Zusammenarbeit?

STRATEGIEN FÜR EINE ERFOLGREICHE VERHANDLUNG

Während der Verhandlung ist es wichtig, den Dialog klug zu führen, um zu einer vorteilhaften Einigung zu gelangen.

Effektive Techniken:

- **Stell offene Fragen** – Sie helfen, Informationen zu gewinnen, ohne zu viel preiszugeben.
- **Nutz Stille zu deinem Vorteil** – Nach einem Vorschlag: Warte ab, was dein Gegenüber sagt, statt die Lücke sofort zu füllen.
- **Zerleg das Problem** – Wenn ein Punkt schwer zu lösen ist, teile ihn in kleinere, handhabbare Abschnitte.

Praxisbeispiel: *„Was ist für Sie der wichtigste Faktor in dieser Verhandlung? Wenn wir diese Priorität erfüllen, finden wir bestimmt eine Lösung, die für uns beide funktioniert."*

Praktische Übung: Halte bei deiner nächsten Verhandlung nach einem Vorschlag einige Sekunden inne, bevor du antwortest. Beobachte die Reaktion deines Gegenübers.

GEMEINSAME INTERESSEN ERKENNEN UND NUTZEN

Oft scheinen die Parteien gegensätzliche Ziele zu haben, doch eine genauere Analyse kann gemeinsame Interessen offenbaren.
Wie man gemeinsame Interessen findet:

- **Frag nach den Prioritäten der Gegenseite** – Oft entdeckt man unerwartete Berührungspunkte.
- **Bewerte die verborgenen Motivationen** – Hinter einer Forderung nach einem niedrigeren Preis könnte der Wunsch stehen, die Betriebskosten zu senken.
- **Schlag Lösungen vor, die beide Seiten zufriedenstellen** – Ziel ist es, eine Vereinbarung zu schaffen, bei der alle etwas gewinnen.

Praxisbeispiel: *„Wenn Ihr Ziel darin besteht, die Lieferzeiten zu verkürzen, und meines darin, eine angemessene Gewinnspanne zu erhalten, können wir vielleicht die Produktion beschleunigen – gegen einen kleinen Aufpreis."*

Praktische Übung: Versuche bei deiner nächsten Verhandlung, ein gemeinsames Wertmerkmal zu identifizieren, das zu einer für beide Seiten vorteilhaften Lösung führen kann.

FLEXIBILITÄT ALS WETTBEWERBSVORTEIL

Unnachgiebigkeit bei jedem Punkt der Verhandlung führt oft zu einer Blockade. Die Kunst, bei Nebensächlichkeiten nachzugeben, um wichtigere Zugeständnisse zu erhalten, ist der Schlüssel, um ohne Konfrontation zu gewinnen.

Wie du Flexibilität zu deinem Vorteil nutzt:

- **Unterscheide zwischen wesentlichen und nebensächlichen Punkten** – Konzentriere dich auf das, was wirklich zählt.
- **Biete alternative Optionen an** – Wenn eine Forderung nicht akzeptabel ist, schlage eine andere Lösung vor.
- **Nutz Zugeständnisse, um Gegenleistungen zu erhalten** – Jede Konzession sollte einen beidseitigen Nutzen bringen.

Praxisbeispiel: *„Ich kann eine Ratenzahlung akzeptieren, wenn wir im Gegenzug einen längerfristigen Vertrag abschließen."*

Praktische Übung: Finde während einer Verhandlung einen Punkt, bei dem du flexibel sein kannst, und nutze ihn, um ein bedeutenderes Zugeständnis zu erreichen.

Eine Verhandlung zu gewinnen bedeutet, ein Ergebnis zu schaffen, das beiden Seiten zugutekommt – auf Basis von Vertrauen und langfristiger Zusammenarbeit. Vorbereitung, gezielte Strategien und Flexibilität sind die Schlüsselelelemente, um bei jeder Verhandlung das Beste herauszuholen.

Merke dir: Eine gut geführte Verhandlung kennt keine Gewinner:innen und Verlierer:innen – nur klug genutzte Chancen.

DIE VORTEILE, EINE VERHANDLUNG „VERLIEREN" ZU KÖNNEN

Wenn es um Verhandlungen geht, denken viele, dass nur der Sieg zählt. Aber was, wenn ich dir sage, dass in manchen Fällen das Verlieren sogar vorteilhafter sein kann? Diese Lektion habe ich aus eigener Erfahrung gelernt – nicht jede Verhandlung muss mit einem sofortigen Erfolg enden. Manchmal ist das Akzeptieren einer „scheinbaren Niederlage" der klügste Schritt für künftige Möglichkeiten.

DER STRATEGISCHE WERT EINER SCHEINBAREN NIEDERLAGE

Nicht immer ist die Person, die kurzfristig den besseren Deal macht, auch der/die wahre Gewinner:in. Es gibt Situationen, in denen es besser ist, einen Deal ziehen zu lassen – und langfristig dafür zu profitieren. Ich selbst habe erlebt, wie geforderte Kompromisse zu schwerwiegend oder die Bedingungen zu ungünstig waren. Hätte ich auf einen Abschluss bestanden, hätte ich mir einen schädlichen Vertrag oder einen unzufriedenen Kunden eingehandelt.

Warum es manchmal besser ist, eine Verhandlung zu verlieren:

- Um nachteilige Vereinbarungen zu vermeiden, die dir langfristig schaden könnten.
- Um die Beziehung zur Gegenseite langfristig zu erhalten.
- Um Weitsicht und Offenheit zu zeigen – das bringt Glaubwürdigkeit.

Praxisbeispiel: *Einmal wollte ein Kunde völlig unrealistische Zahlungsbedingungen. Ich hätte zustimmen können, um den Deal zu machen – aber ich wusste, das wäre langfristig schlecht für mein Geschäft. Ich lehnte ab. Monate später kam derselbe Kunde mit einem viel faireren Angebot zurück – und akzeptierte meine Bedingungen.*

VERTRAUEN UND GLAUBWÜRDIGKEIT DURCH VERZICHT SCHAFFEN

Einer der schlimmsten Fehler ist es, ein Abkommen um jeden Preis zu erzwingen. Manchmal ist die Bereitschaft zu verzichten genau das, was dich für dein Gegenüber vertrauenswürdig macht.

Wie man eine Niederlage in einen Vorteil verwandelt:

- Bleib professionell und respektvoll.
- Vermeide es, ein Abkommen zu erzwingen.
- Lass immer eine Tür für zukünftige Zusammenarbeit offen.

Praxisbeispiel: *Bei einem Treffen mit einem potenziellen Partner merkte ich schnell, dass wir nicht auf derselben Wellenlänge waren. Statt ihn um jeden Preis zu überzeugen, erkannte ich, dass der Zeitpunkt nicht passte. Jahre später meldete sich derselbe Partner bei mir – er erinnerte sich an meine Fairness – und wir schlossen ein viel besseres Geschäft.*

UMGANG MIT EMOTIONEN BEI EINER NIEDERLAGE

Eine Niederlage in einer Verhandlung zu akzeptieren, ist nie angenehm. Doch emotionale Reaktionen verschärfen oft die Situation. Ich habe gesehen, wie Verhandler aus Frust die Kontrolle verloren – mit Wut reagierten und damit langfristige Beziehungen zerstörten.

Strategien, um mit Niederlagen reif umzugehen:

- Akzeptier den Verlust mit Klarheit, nimm es nicht persönlich.
- Analysier die Ursachen des gescheiterten Deals – ziehe Lehren daraus.
- Vermeide impulsive Reaktionen oder durch Stolz getriebene Entscheidungen.

Praxisbeispiel: *Ein wichtiger Kunde sagte mir einmal, dass er sich für einen Mitbewerber entschieden hatte. Statt ihn zu bedrängen oder den Konkurrenten schlechtzureden, fragte ich, was seine Entscheidung beeinflusst hatte. Ich fand heraus, dass es an einem Detail lag, das ich verbessern konnte. Sechs Monate später kam derselbe Kunde zurück – enttäuscht vom anderen Anbieter – und ich schloss den Deal zu meinen Bedingungen ab.*

DIE KRAFT DES „NEINS" ALS STÄRKE

„Nein" zu sagen, mag wie eine Niederlage wirken – ist in Wahrheit aber eines der mächtigsten Werkzeuge in einer Verhandlung. Alles zu akzeptieren, nur um einen Abschluss zu erzielen, kann ein kostspieliger Fehler sein.

Wann sollte man eine Verhandlung ablehnen?

- Wenn der geforderte Kompromiss zu nachteilig ist.
- Wenn die Bedingungen dein Geschäftsmodell gefährden.
- Wenn du bessere Alternativen hast.

Praxisbeispiel: *Ich lehnte ein Angebot eines Distributors ab, der zu aggressive Konditionen forderte. Damals erschien es wie eine verpasste Gelegenheit – doch ein paar Monate später bot mir ein anderer Partner deutlich bessere Bedingungen.*

EINE NIEDERLAGE IN EINE CHANCE VERWANDELN

Jede verlorene Verhandlung ist eine Gelegenheit zur Weiterentwicklung. Aus Fehlern lernt man mehr als aus Erfolgen – sie helfen, bessere Strategien für die Zukunft zu entwickeln.

Wie man eine Niederlage in eine Chance verwandelt:

- Analysier, was schiefgelaufen ist – was hättest du anders machen können?
- Studier die Strategie der Gegenseite – ziehe nützliche Schlüsse.
- Erstell einen Verbesserungsplan für zukünftige Verhandlungen.

Praxisbeispiel: *Nach dem Verlust einer wichtigen Verhandlung habe ich mir ausführliche Notizen gemacht. Mir fiel auf, dass mein größter Fehler war, keine überzeugenden Alternativen parat zu haben. Seitdem habe ich immer mindestens zwei Optionen bereit, die ich in jeder Verhandlung anbieten kann.*

ZUSAMMENFASSUNG

Eine Verhandlung verlieren zu können, ist genauso wichtig wie sie gewinnen zu können. Eine Niederlage auch zu akzeptieren, die eigenen Emotionen im Griff zu behalten und strategisch zu denken, kann aus einer verlorenen Verhandlung ein Sprungbrett für künftigen Erfolg machen. Nicht jeder Sieg ist sofort sichtbar – manchmal ist der wahre Erfolg die Geduld, auf den richtigen Moment zu warten.

11 WIE MAN VERKAUFT

Als ich meine unternehmerische Laufbahn begann, hatte ich nie wirklich über die Bedeutung eines einfachen Lächelns nachgedacht. Ich dachte, Erfolg hänge allein von Vorbereitung, Strategie und perfekter Umsetzung ab. Doch mit der Zeit wurde mir klar, dass eine positive Haltung – ausgedrückt durch ein aufrichtiges Lächeln – mehr Türen öffnen kann als jedes Diplom oder jede Visitenkarte.

DIE KRAFT DES LÄCHELNS IN BEZIEHUNGEN

Einer der ersten Leitsätze, den ich in der Werbe- und Filmbranche lernte, war: *„Menschen kaufen nicht nur ein Produkt – sie kaufen dich."* Und selten waren Worte wahrer. Der erste Eindruck ist entscheidend, und nichts schafft schneller Empathie und Vertrauen als ein echtes Lächeln.

Ich erinnere mich an eine besondere Anekdote: Ich war gerade dabei, einen wichtigen Deal abzuschließen, aber der Kunde wirkte distanziert, fast genervt. Mir wurde klar, dass mein Auftreten zu steif und formell war. Also unterbrach ich meinen üblichen Pitch, machte einen lockeren Scherz und lächelte. Die Spannung löste sich sofort. Von da an verlief das Gespräch viel flüssiger – und am Ende kam der

Abschluss zustande. An diesem Tag verstand ich: Ein Lächeln ist eine universelle Sprache, die Menschen auf einer tiefen Ebene verbindet.

LÄCHELN UND BERUFLICHER ERFOLG

Im Laufe der Jahre habe ich viele erfolgreiche Unternehmer und Fachleute kennengelernt – fast alle hatten eines gemeinsam: die Fähigkeit zu lächeln, selbst unter Druck. Ein Lächeln strahlt Selbstsicherheit, Führungsstärke und Offenheit aus.

Bei einem Networking-Event in London sprach ich mit einem bedeutenden Investor. Ich war nervös – ich wusste, das war eine große Chance. Doch statt sofort mit Zahlen und Statistiken loszulegen, begann ich mit einem Lächeln und einem entspannten Auftreten. Am Ende des Treffens sagte er zu mir: *„Mir gefällt deine Einstellung – man merkt, dass du wirklich an das glaubst, was du tust."* Das war der Beginn einer erfolgreichen Zusammenarbeit.

DIE VORTEILE DES LÄCHELNS FÜR GESUNDHEIT UND WOHLBEFINDEN

Lächeln ist nicht nur gut fürs Geschäft, sondern auch für die Gesundheit. Ich habe Phasen erlebt, in denen mich der Stress erdrückte: Fristen, offene Rechnungen, Projekte, die einfach nicht anliefen. Mein Gesicht spiegelte genau das wider, was ich innerlich fühlte: Anspannung, Sorgen, Erschöpfung.

Eines Tages – tief in negativen Gedanken versunken – sagte ein Freund zu mir: *„Versuch mal zu lächeln, auch wenn dir nicht danach ist."* Es klang banal, aber ich versuchte es. Der einfache Akt des Lächelns löste eine Kettenreaktion in meinem Gehirn aus: Ich fühlte mich weniger angespannt, klarer im Kopf und war in der Lage, Herausforderungen mit einer neuen Haltung anzugehen. Seitdem nutze ich das Lächeln bewusst als Werkzeug, um Kontrolle zu bewahren, Stress abzubauen und mein allgemeines Wohlbefinden zu verbessern.

LÄCHELN – AUCH IN SCHWIERIGEN ZEITEN

Nicht falsch verstehen: Ich sage nicht, dass man Probleme ignorieren oder so tun soll, als wäre alles in Ordnung. Aber ich habe gelernt, dass man Herausforderungen mit einer positiven Einstellung leichter überwindet.

Vor einigen Jahren lief eines meiner Unternehmen nicht wie erhofft. Ich musste zu einem Meeting mit unzufriedenen Kunden. Ich hätte mit einem ernsten Gesichtsausdruck erscheinen und mich verteidigen können. Stattdessen wählte ich einen anderen Weg: Ich lächelte, hörte zu und bot Lösungen statt Ausreden an. An diesem Tag verstand ich, dass nicht nur der Erfolg, sondern auch der Respekt, den man erhält, davon abhängt, wie man Schwierigkeiten begegnet.

WIE MAN DAS LÄCHELN ZUR GEWOHNHEIT MACHT

Lächeln sollte kein gelegentlicher Akt sein, sondern ein fester Bestandteil unseres Wesens. Ich habe einige Techniken übernommen, die mir helfen, positiv zu bleiben:

- **Starte den Tag mit einem Lächeln** – Schau morgens in den Spiegel und lächle. Es klingt albern, aber es wirkt wirklich.
- **Find das Lustige in jeder Situation** – Selbst in schwierigen Momenten gibt es immer etwas, worüber man lachen kann.
- **Umgib dich mit positiven Menschen** – Meide ständige Nörgler und suche die Nähe von Menschen mit guter Energie.
- **Schenk anderen dein Lächeln** – Lächeln ist ansteckend. Je mehr du lächelst, desto mehr Lächeln bekommst du zurück.

Wenn ich in meiner Karriere eines gelernt habe, dann das: Das Lächeln ist ein mächtiges Werkzeug. Es kann Situationen verändern, Chancen schaffen und die Lebensqualität verbessern. Es kostet nichts – aber es ist von unschätzbarem Wert. Also: Warum nicht öfter lächeln?

DAS ERSTE TREFFEN MIT KUND:INNEN: WIE MAN EINE ECHTE VERBINDUNG SCHAFFT

Ich habe immer geglaubt, dass das erste Treffen mit dem/der Kund:in entscheidend ist. Es geht nicht nur darum, ein Produkt oder eine Dienstleistung zu verkaufen, sondern eine Vertrauensbasis zu schaffen. Diese Lektion habe ich auf die harte Tour gelernt – in mehreren schlecht verlaufenen Terminen in den ersten Jahren meiner Laufbahn. Oft konzentrierte ich mich zu sehr auf mein Angebot, auf Zahlen und Produkteigenschaften, ohne zu erkennen, dass das Entscheidende die menschliche Verbindung ist.

Die Kund:innen wollen sich verstanden, gehört und wertgeschätzt fühlen. Wenn es gelingt, eine echte Verbindung aufzubauen, wird der Verkauf fast zur natürlichen Folge.

EIN KLIMA DER HARMONIE UND DES VERTRAUENS SCHAFFEN

Einmal traf ich einen Kunden, bei dem ich das Gefühl hatte, keinen Draht zu ihm zu finden. Ich sprach, stellte mein Angebot vor – doch er wirkte distanziert. Dann änderte ich meinen Ansatz: Statt über das Produkt zu reden, fragte ich ihn nach seiner Branchenerfahrung. Es brauchte nicht viel, und er öffnete sich – daraus entstand ein angenehmes Gespräch.

Wie schafft man Harmonie mit den Kund:innen?

- **Zeig echtes Interesse** – Stelle Fragen, um ihren Blickwinkel und Bedürfnisse zu verstehen.
- **Find gemeinsame Themen** – Schon ein kleines Detail kann Empathie schaffen.
- **Sei authentisch** – Verwende keine Floskeln. Menschen merken sofort, ob du es ehrlich meinst.

Praktische Übung: Versuche beim nächsten Treffen mit einem/einer Kund:in, mindestens einen Aspekt seiner/ihrer Lebens-

oder Berufswelt zu entdecken, zu dem du eine Verbindung herstellen kannst.

OFFENE FRAGEN NUTZEN

Eine der effektivsten Techniken, um die Kund:innen einzubeziehen, ist das Stellen offener Fragen. Ich selbst habe den Unterschied gespürt: Wenn ich fragte „Interessiert Sie dieses Produkt?", bekam ich oft knappe Antworten. Wenn ich hingegen sagte „Erzählen Sie mir mehr über Ihre Bedürfnisse und was Sie suchen", wurde das Gespräch viel reicher und konstruktiver.

Beispiele für offene Fragen:

- „Was bewegt Sie dazu, nach dieser Lösung zu suchen?"
- „Was ist für Sie in diesem Zusammenhang am wichtigsten?"
- „Erzählen Sie mir mehr über Ihre Erfahrung in der Branche."

Praktische Übung: Vermeide beim nächsten Kundengespräch geschlossene Fragen und fördere den Dialog mit offenen Fragen.

AKTIVES ZUHÖREN: DER SCHLÜSSEL ZUM KUNDENHERZ

Das erste Mal, dass ich die Bedeutung aktiven Zuhörens wirklich verstand, war bei einem besonders skeptischen Kunden. Anstatt ihn zu unterbrechen oder ihn sofort zu überzeugen, hörte ich einfach aufmerksam zu, nickte und stellte gezielte Fragen. Am Ende sagte er zu mir: *„Mir gefällt, wie Sie zuhören. Sie gehören zu den wenigen, die nicht sofort etwas verkaufen wollen."* Dieser Satz hat sich in mir eingeprägt.

Wie praktiziert man aktives Zuhören?

- **Nicht unterbrechen** – Lass die Kund:innen ausreden.
- **Wiederholen und zusammenfassen** – Das zeigt, dass du richtig zugehört hast.
- **Gezielte Fragen stellen** – Zeigt, dass du den Kern verstanden hast.

Praktische Übung: Wiederhole bei der nächsten Interaktion einen Schlüsselsatz der Kund:innen und frage, ob du ihn richtig verstanden hast.

NONVERBALE KOMMUNIKATION: KÖRPERSPRACHE ZÄHLT

Körpersprache ist mächtig. Ich habe gelernt, dass ein guter Augenkontakt, ein Lächeln und eine offene Haltung einen großen Unterschied machen.

Schlüsselelemente:

- **Echtes Lächeln** – Baut sofort Empathie auf.
- **Augenkontakt** – Zeigt Sicherheit und Aufmerksamkeit.
- **Offene Körperhaltung** – Vermeide verschränkte Arme oder starre Positionen.
- **Positiver Tonfall** – Wie du sprichst, wirkt genauso stark wie was du sagst.

Praktische Übung: Achte beim nächsten Kundengespräch bewusst auf deine Körpersprache und beobachte, wie dein Gegenüber reagiert.

DIE ERSTE MINUTE IST ENTSCHEIDEND

Man sagt, der erste Eindruck zählt – und das stimmt. Es gab Treffen, bei denen ich alles in den ersten 30 Sekunden verloren habe – nur wegen eines zu hastigen oder unsicheren Auftretens.

Wie schafft man einen positiven ersten Eindruck?

- **Sei entspannt und selbstsicher** – Nervosität ist spürbar.
- **Zeig Begeisterung** – Die Kund:innen sollen spüren, dass du helfen willst.
- **Nutz seinen/ihren Namen** – Personalisiere das Gespräch von Anfang an.

Praktische Übung: Achte in den nächsten Gesprächen bewusst auf die ersten 60 Sekunden und gestalte sie möglichst einladend und positiv.

MIT SCHWIERIGEN KUND:INNEN UMGEHEN

Nicht jede:r Kund:in ist einfach. Ich erinnere mich an einen besonders skeptischen und misstrauischen Kunden. Ich blieb ruhig, hörte seine Bedenken genau an und antwortete mit konkreten Fakten – am Ende war er überzeugt.

Strategien im Umgang mit schwierigen Kund:innen:

- **Reagier nicht emotional** – Bleib ruhig und professionell.
- **Stell Fragen, um besser zu verstehen** – Widerstand kommt oft aus negativen Erfahrungen.
- **Zeig Empathie** – Zeig den Kund:innen, dass du sie verstehst.
- **Biete konkrete Lösungen an** – Belege den Wert deines Angebots mit Fakten.

Praktische Übung: Wenn du auf schwierige Kund:innen triffst, wende diese Techniken an und beobachte, ob sich die Haltung verändert.

DAS ERSTE TREFFEN MIT EINEM BLEIBENDEN EINDRUCK ABSCHLIESSEN

Der erste Eindruck zählt – aber der letzte bleibt. Ich habe gelernt, dass ein gutes Ende des Gesprächs den Unterschied ausmacht zwischen Kund:innen, die zurückkommen, und Kund:innen, die dich vergessen.

Wie schließt man effektiv ab?

- Bedank dich immer für die investierte Zeit.
- Fass die wichtigsten Gesprächspunkte zusammen.
- Schlag den nächsten Schritt vor: ein Follow-up oder eine konkrete Handlung.

Praktische Übung: Fasse bei deinem nächsten Kundengespräch am Ende die wichtigsten Punkte zusammen und verabschiede dich mit einer positiven Geste oder Bemerkung.

Der erste Kundenkontakt kann die gesamte Geschäftsbeziehung prägen. Harmonie schaffen, aktiv zuhören, effektiv kommunizieren und Vertrauen aufbauen sind die Schlüssel für ein erfolgreiches erstes Gespräch.

Zufriedene Kundschaft kauft nicht nur – sie spricht gut über dich und kehrt mit Vertrauen zurück. Die Qualität der ersten Interaktionen bestimmt den Verlauf der Beziehung.

Merke dir: Glückliche Kund:innen sind die besten Botschafter:innen deines Unternehmens. Beginne jede Interaktion mit dem richtigen Auftakt!

DAS PRODUKT VORSTELLEN: DER ENTSCHEIDENDE MOMENT

Nachdem du eine Verbindung zum/zur Kund:in aufgebaut und Vertrauen geschaffen hast, kommt der entscheidende Moment: die Vorstellung deines Produkts oder deiner Dienstleistung. Jetzt muss der/die Kund:in den wahren Wert erkennen – wie dein Angebot sein/ihr Problem löst oder sein/ihr Leben verbessert.

Zu Beginn meiner Karriere machte ich den klassischen Fehler: Ich verlor mich in technischen Details und sprach darüber, als wären sie das Wichtigste auf der Welt. Die Wahrheit? Der/die Kund:in will nicht wissen, wie viele Megabyte, Zoll oder Algorithmen ein Produkt hat. Er/sie will wissen, wie es ihm/ihr das Leben erleichtert, Zeit spart oder mehr Geld einbringt. Ich habe verstanden: Verkaufen heißt nicht erklären – sondern eine Geschichte erzählen, in der sich die Kundschaft wiederfindet.

VORTEILE STATT EIGENSCHAFTEN VERKAUFEN

Einer der häufigsten Fehler ist der Fokus auf technische Spezifikationen anstelle der echten Vorteile für die Kund:innen.

Praxisbeispiel:

- *Technisch:* „Diese Kamera hat einen 50-Megapixel-Sensor."
- *Kundennutzen:* „Mit dieser Kamera können Sie selbst bei Nacht gestochen scharfe Bilder machen – und jeden Moment in eine perfekte Erinnerung verwandeln."

Praktische Übung: Nehme ein Produkt oder eine Dienstleistung aus deinem Angebot und schreibe die Beschreibung neu – mit Fokus auf Kundenvorteile statt technischer Merkmale.

EINE FESSELNDE GESCHICHTE ERZÄHLEN

Menschen erinnern sich nicht an Zahlen und Fakten – sondern an Geschichten und Emotionen. So strukturierst du eine wirkungsvolle Präsentation:

- **Das Problem:** Beschreibe eine typische Situation, in der sich der/die Kund:in wiederfinden kann.
- **Die Lösung:** Zeige, wie dein Produkt das Problem behebt.
- **Das positive Ergebnis:** Erkläre den konkreten Vorteil, den der/die Kund:in dadurch erhält.

Praxisbeispiel: „Ist es Ihnen schon mal passiert, dass Sie eine wichtige Gelegenheit verpasst hast, weil keine Präsentation bereit war? Mit unserer Software erstellen Sie professionelle Folien in wenigen Minuten – ganz ohne Designaufwand."

Praktische Übung: Schreibe eine kurze Geschichte, die ein typisches Kundenproblem darstellt und wie dein Produkt zur Lösung beiträgt.

DIE PRÄSENTATION PERSONALISIEREN

Jede:r Kund:in ist anders und hat spezifische Bedürfnisse. Um deine Präsentation effektiver zu gestalten:

- **Zuhören, bevor man spricht** – Finde die wahren Bedürfnisse der Kund:innen heraus, bevor du das Produkt vorstellst.
- **Pass deinen Vortrag an** – Vermeide allgemeine Erklärungen und mache deine Präsentation relevant für die individuelle Situation.
- **Nutz konkrete Beispiele** – Zeige vergleichbare Fälle, in denen das Produkt bereits anderen geholfen hat.

Praktische Übung: Frag bei deiner nächsten Produktpräsentation zuerst nach den größten Herausforderungen des/der Kund:in und passe deine Erklärung entsprechend an.

KLARE UND VERSTÄNDLICHE SPRACHE VERWENDEN

Verkäufer:innen nutzen oft technische Sprache, die eher verwirrt als überzeugt. Die Regel ist einfach: Sprich so, wie du es mit einem/einer Freund:in tun würdest.

Regeln für effektive Kommunikation:

- **Vermeide Fachjargon** – Verwende einfache, verständliche Worte.
- **Gib praktische Beispiele** – Hilf den Kund:innen, sich den Einsatz des Produkts vorzustellen.
- **Sei direkt und konkret** – Zu viele Details langweilen oder verwirren.

Praktische Übung: Erkläre dein Produkt oder deine Dienstleistung einem zehnjährigen bzw. kleinem Kind. Wenn es dich versteht, kommunizierst du richtig.

DIE KUND:INNEN MIT EINER DEMO EINBEZIEHEN

Das Produkt in Aktion zu sehen, ist der effektivste Weg, um seinen Wert zu vermitteln.

Möglichkeiten, die Kundschaft einzubeziehen:

- **Live-Demonstration** – Zeig das Produkt im Einsatz, wenn möglich.
- **Gratis-Testphase** – Biete bei Dienstleistungen eine unverbindliche Probe an.
- **Kundenerfahrungen zeigen** – Nutze Testimonials zufriedener Kund:innen.

Praxisbeispiel: *„Ich zeige Ihnen in 30 Sekunden, wie unsere Software Ihnen täglich eine Stunde Arbeit spart. Sie werden sofort den Unterschied merken!"*

Praktische Übung: Überlege dir, wie ein:e Kund:in dein Produkt ausprobieren kann, ohne ein großes Anfangsinvestment zu tätigen.

EINWÄNDE VORWEGNEHMEN UND SOUVERÄN BEANTWORTEN

Wenn du ein Produkt präsentierst, ist es normal, dass die Kundschaft Zweifel hat. Statt sie zu vermeiden, solltest du ihnen offen und sicher begegnen.

Häufige Einwände und mögliche Antworten:

- **„Das ist zu teuer"** → „Verglichen mit dem Geld, das Sie ohne diese Lösung verlieren, ist es eine Investition, die sich von selbst auszahlt."
- **„Ich bin mir nicht sicher, ob das zu mir passt"** → „Verständlich! Deshalb bieten wir eine kostenlose Probephase an – ganz ohne Risiko."
- **„Ich habe keine Zeit, das zu lernen"** → „Sie brauchen nur 5

Minuten für den Einstieg – wir begleiten Sie Schritt für Schritt."

Praktische Übung: Erstelle eine Liste der häufigsten Einwände deiner Kund:innen und formuliere klare, überzeugende Antworten.

MIT EINEM KLAREN HANDLUNGSAUFRUF ABSCHLIESSEN

Nach der Präsentation musst du den Kund:innen einen nächsten Schritt vorschlagen – lass ihn nicht im Unklaren darüber, was als Nächstes kommt.

So beendest du deine Präsentation wirkungsvoll:

- **Fass die wichtigsten Vorteile zusammen** – Erinnere die Kund:innen, warum das Produkt ideal für sie ist.
- **Gib einen klaren Handlungsaufruf** – Frag direkt: „Möchten Sie es gleich ausprobieren?"
- **Erzeug eine gewisse Dringlichkeit** – Biete einen zeitlich begrenzten Anreiz, z. B. Rabatt oder Bonus.

Praxisbeispiel: *„Dieses Spezialangebot gilt nur bis morgen. Möchten Sie jetzt davon profitieren?"*

Praktische Übung: Überarbeite deinen Verkaufsabschluss so, dass er einen klaren und motivierenden Call-to-Action enthält.

Ein Produkt richtig zu präsentieren bedeutet nicht nur, es zu beschreiben, sondern den Kund:innen seinen Wert zu vermitteln – wie es ihr Leben verbessert. Wenn wir lernen, eine packende Geschichte zu erzählen, die Präsentation zu personalisieren und die Kund:innen aktiv einzubeziehen, erhöhen wir unsere Erfolgschancen erheblich.

Merke dir: Verkaufe kein Produkt. Verkaufe ein Ergebnis, ein Gefühl, eine Lösung.

DIE KUND:INNEN ÜBERZEUGEN – OHNE DRUCK

Nach der Produktvorstellung kommt der entscheidende Moment: den Kund:innen zu vermitteln, dass es die richtige Wahl für sie ist. Überzeugung basiert nicht auf Druck, sondern darauf, mit konkreten Fakten zu zeigen, wie dein Angebot ihr Leben verbessert.

Am Anfang meiner Karriere machte ich einen häufigen Fehler: Ich war so begeistert von meinem Produkt, dass ich versuchte, Kunden mit einer Flut an Worten und technischen Details zu überzeugen. Für mich war es offensichtlich, wie vorteilhaft mein Angebot war – doch ich verstand nicht, dass Verkauf nie nur eine logische Entscheidung ist.

Menschen wollen das Gefühl haben, die richtige Entscheidung selbst zu treffen – nicht dazu gedrängt zu werden. Erst als ich begann, den Fokus darauf zu legen, wie mein Produkt ihnen konkret helfen konnte – ohne Druck und ohne unnötige Technik – veränderten sich meine Ergebnisse radikal.

EIN WERTVOLLES KUNDENERLEBNIS SCHAFFEN

Die Kund:innen sollen das Gefühl haben, dass ihre Entscheidung nicht einfach ein Kauf ist, sondern eine Investition in ihr Wohlbefinden oder ihren Erfolg. Statt mich nur auf das Produkt zu konzentrieren, habe ich gelernt, den Fokus auf das gesamte Erlebnis zu richten.

Strategien zur Wertschöpfung:

- **Bezieh sie in das Gespräch ein** – Hilf ihnen, sich vorzustellen, wie ihr Leben nach der Nutzung des Produkts aussieht.
- **Zeig reale Beispiele** – Berichte von anderen Kund:innen, die durch ihre Entscheidung profitiert haben.
- **Sprich die Emotionen an** – Entscheidungen werden eher emotional als rational getroffen.

Praxisbeispiel: *Einmal habe ich einem Kunden einen Service verkauft, indem ich sagte: ‚Stellen Sie sich vor, Sie könnten die Werbung für Ihr Unternehmen mit weniger Stress und höherer Effizienz verwalten. Dieses Tool ist* *genau dafür gemacht – um Ihnen mehr Freizeit zu schenken, ohne dass Sie an Qualität verlieren.'*

Das war genau das, was er brauchte – aber in einer Weise formuliert, die ihm das Ergebnis vor Augen führte, nicht nur die Funktion.

ZWEIFEL DER KUND:INNEN AUSRÄUMEN

Viele Kund:innen zögern, weil sie noch offene Fragen oder Bedenken haben. Ihnen die Entscheidung zu erleichtern bedeutet, ihre Zweifel proaktiv anzusprechen und zu zeigen, dass du sie schon vorher berücksichtigt hast.

Wie man Unsicherheiten beseitigt:

- **Antizipiere häufige Fragen** – Gib von Anfang an Informationen, die potenzielle Zweifel klären.
- **Biete Qualitätsgarantien** – Zufriedenheitsversprechen, Rückgaberichtlinien oder After-Sales-Support schaffen Vertrauen.
- **Sei transparent** – Keine übertriebenen Versprechen, sondern konkrete Fakten.

Praxisbeispiel: *Ein Kunde sagte mir einmal: ‚Ich befürchte, dass dieser Service nicht zu mir passt.' Ich widersprach ihm nicht, sondern sagte: ‚Ich verstehe Ihren Zweifel – genau deshalb bieten wir eine 30-tägige Geld-zurück-Garantie. Wir möchten, dass Sie zu 100 % zufrieden sind.'*

In Wahrheit improvisierte ich – eine solche Garantie war nicht vorgesehen. Doch in dem Moment verstand er: Er hat nichts zu verlieren – und kaufte.

EINEN IMPULS ZUR HANDLUNG SETZEN

Manchmal sind die Kund:innen überzeugt, verschieben aber die Entscheidung mangels Dringlichkeit. Ohne Druck auszuüben, kannst du sie motivieren, sofort zu handeln.

Strategien zur Aktivierung:

- **Zeitlich begrenzte Angebote** – Boni oder Rabatte für schnelle Entscheider.
- **Exklusivität betonen** – Wenn nur begrenzte Stückzahlen verfügbar sind, mach das deutlich.
- **Zeig die Kosten der Untätigkeit** – Erkläre, was sie verlierren, wenn sie nicht aktiv werden.

Ein Trick, den ich mit der Zeit gelernt habe, ist, eine Frist zu nennen, ohne dass es nach Marketing-Trick klingt: „Dieses Angebot läuft in 48 Stunden ab. Wenn Sie den größtmöglichen Nutzen erzielen wollen, ist jetzt der perfekte Zeitpunkt." Kein Zwang – eine echte Gelegenheit.

DAS SICHERHEITSGEFÜHL DER KUND:INNEN STÄRKEN

Auch wenn die Kund:innen kurz vor dem Abschluss stehen, brauchen sie manchmal noch eine letzte Bestätigung.
Wie man Sicherheit vermittelt:

- Biete risikofreie Optionen – Wenn möglich, eine kostenlose Probe oder Garantie.
- Zeig, dass es mehr als eine Transaktion ist – Betone, dass es auch nach dem Kauf Unterstützung gibt.
- Pass den Abschluss individuell an – Gestalte deine letzten Worte passend zur Person und Situation.

Praxisbeispiel: *Ein Kunde fragte mich einmal: ‚Und wenn ich nach dem Kauf noch Fragen habe?' Ich antwortete: ‚Ich bin auch nach dem Kauf für Sie da. Wenn Sie Fragen haben, können sie sich jederzeit auf mich verlassen!' Diese kleine Geste gab ihm die nötige Sicherheit – und der Deal war perfekt.*

Kund:innen zu überzeugen bedeutet nicht, sie zum Kauf zu drängen, sondern ihnen zu helfen, die beste Entscheidung für sich selbst zu treffen. Wer Vertrauen aufbaut, Zweifel zerstreut und zum Handeln motiviert, schafft die besten Voraussetzungen für eine bewusste Kaufentscheidung.

Merke dir: Eine überzeugte Kundschaft von heute ist die treue Kunschaft von morgen. Und auf lange Sicht ist eine treue Kundschaft viel mehr wert als ein einmaliger Verkauf.

DER ABSCHLUSS: VOM INTERESSE ZUR ENTSCHEIDUNG

Ein Verkauf abzuschließen bedeutet nicht einfach, eine Transaktion zu vollziehen. Es ist der Moment, in dem die Kund:innen sich entscheiden, dir zu vertrauen – dir, deinem Produkt und dem Wert, den du vermittelt hast. Ich habe gelernt, dass der Abschluss weit mehr ist als ein geschäftlicher Akt: Er ist der Anfang einer Beziehung. Wenn er richtig gestaltet ist, führt er zu zufriedenen Kund:innen, die wiederkommen und dich weiterempfehlen.

Am Anfang meiner Karriere hatte ich Angst, die Kund:innen zu „drängen". Ich dachte, insistieren sei Druck und die Kund:innen müssen sich selbst entscheiden. Doch ich habe erkannt: Passiv abzuwarten ist keine Strategie. Menschen brauchen Führung, Sicherheit und einen letzten Schub. Wenn du es nicht machst – macht es vielleicht niemand.

DEN RICHTIGEN MOMENT FÜR DEN ABSCHLUSS ERKENNEN

Zu wissen, wann der perfekte Zeitpunkt gekommen ist, ist entscheidend. Es gibt klare Signale dafür, dass die Kund:innen bereit sind:

- Sie stellen gezielte Fragen zu Preis, Garantie oder Kaufprozess.
- Sie zeigen echtes Interesse, wie das Produkt ihm konkret helfen kann.
- Sie äußern sich positiv über den Nutzen deines Angebots.

Wenn du diese Zeichen erkennst, warte nicht, bis die Kund:innen fragen. Übernimm die Führung – natürlich, ohne Druck.

Praxisbeispiel: *„Ich sehe, dass dieses Produkt perfekt zu Ihren Bedürfnissen passt. Möchten Sie mit der Basisversion starten oder lieber gleich das erweiterte Paket wählen?"*

KLARE UND PERSONALISIERTE OPTIONEN ANBIETEN

Menschen neigen dazu, Entscheidungen aufzuschieben, wenn sie mit zu vielen Optionen konfrontiert werden oder wenn sie nicht wissen, was für sie am besten ist. Kund:innen sagen eher „Ja", wenn ihnen klar strukturierte Auswahlmöglichkeiten präsentiert werden.

Wie man Kaufoptionen aufbaut:

- Stell zwei oder drei Alternativen mit unterschiedlichen Merkmalen und Preisen vor.
- Biete individuelle Lösungen basierend auf den spezifischen Bedürfnissen der Kund:innen an.
- Mach den Kauf einfach und sofort umsetzbar – vermeide komplizierte Schritte.

Praxisbeispiel: *„Sie können das Standardpaket wählen – ideal für den Einstieg – oder die Premiumversion, die zusätzliche Funktionen bietet, um den Nutzen zu maximieren. Welche Variante passt besser zu Ihnen?"*

DIE RICHTIGE SPRACHE VERWENDEN, UM DIE ENTSCHEIDUNG ZU STÄRKEN

Worte haben einen enormen Einfluss auf die endgültige Entscheidung der Kund:innen. Eine positive und mitreißende Sprache hilft den Kund:innen, sich bei ihrer Wahl sicher zu fühlen.

Effektive Formulierungen für den Abschluss:

- „Stellen Sie sich vor, wie dieses Produkt ihr tägliches Leben verbessern wird."
- „Wir sind überzeugt, dass Ihnen diese Lösung ausgezeichnete Ergebnisse bringen wird."
- „Mit dieser Entscheidung gehen Sie einen wichtigen Schritt in Richtung Ihrer Ziele."

Vermeide unsichere Ausdrücke wie *„Ich hoffe, es gefällt Ihnen"* oder *„Sie können es sich überlegen"*, da sie Zweifel bei den Kund:innen hervorrufen können.

DIE LETZTEN ZWEIFEL ÜBERWINDEN

Selbst wenn alles gut läuft, zögern manche Kund:innen kurz vor dem Abschluss. Deine Aufgabe ist es, sie zu beruhigen – ohne sie unter Druck zu setzen.

Strategien, um letzte Unsicherheiten zu meistern:

- **Frag, was sie zurückhält** – Nur wer den Hinderungsgrund kennt, kann ihn auflösen.
- **Betone erneut die Vorteile** – Erinnere der Kund:innen an die wichtigsten Nutzenaspekte.
- **Biete eine Garantie oder After-Sales-Support an** – Das verringert das gefühlte Risiko.

Praxisbeispiel: *„Ich verstehe, dass Sie sich Ihrer Entscheidung ganz sicher sein wollen. Deshalb erinnere ich Sie daran: Wir bieten kostenlosen Support, und wenn Sie Fragen haben, sind wir jederzeit für Sie da."*

DEN KAUF ZU EINEM POSITIVEN ERLEBNIS MACHEN

Der Verkauf endet nicht mit der Zahlung – er ist der erste Schritt in eine Beziehung mit der Kundschaft. Ein gelungener Abschluss hinterlässt ein gutes Gefühl und festigt die Überzeugung, die richtige Wahl getroffen zu haben.

Was nach dem Abschluss zu tun ist:

- Bedank dich für das Vertrauen der Kund:innen.
- Gib klare Informationen darüber, was als Nächstes passiert.
- Versicher den Kund:innen deine zukünftige Unterstützung bei Fragen oder Anliegen.

Praxisbeispiel: *„Vielen Dank, dass sie sich für unser Produkt entschieden haben! Wenn Sie Unterstützung brauchen, zögern Sie nicht, uns zu kontaktieren. Sie erhalten in Kürze alle wichtigen Informationen per E-Mail."*

Der Abschluss ist nicht das Ende eines Verkaufs, sondern der Beginn einer vertrauensvollen Beziehung mit der Kundschaft.

Wenn die Kund:innen Wert, Sicherheit und ein positives Erlebnis wahrnehmen, werden Sie eher wiederkommen – und dich weiterempfehlen.

Merke dir: Ein Abschluss bedeutet nicht, die Kund:innen zu überreden, sondern sie auf ihrem Weg zur besten Entscheidung zu begleiten. Und wenn dieser Prozess mit Sorgfalt geführt wird, wird aus den Käufer:innen begeisterte Botschafter deines Produkts oder deiner Dienstleistung.

ZUSAMMENFASSUNG

Stets ein Lächeln zu zeigen, den ersten Kundenkontakt zu gestalten, das Produkt richtig einzuführen, die Kund:innen zu überzeugen und schließlich den Abschluss zu meistern – all das sind grundlegende Elemente für erfolgreiche Verkaufsgespräche. Die Fähigkeit, echte Verbindungen aufzubauen, effektiv zu kommunizieren und Kaufentscheidungen positiv zu beeinflussen, ist essenziell für den beruflichen Erfolg.

Denke immer daran: Ein Lächeln ist ein Schlüssel, der viele Türen öffnet – und die Sorge um die Kund:innen sollte immer oberste Priorität haben. Wenn du diese Fähigkeiten einsetzt, wirst du starke Beziehungen aufbauen, die dich langfristig zu deinen Zielen führen.

12 WIE MAN MIT GELD UMGEHT

Ein effektives Geldmanagement ist eine grundlegende Fähigkeit, um im Leben erfolgreich zu sein. In diesem Kapitel betrachten wir drei entscheidende Aspekte der Finanzverwaltung: wie du dein Portfolio intelligent managst, warum Sparen wichtig ist und wie du von den besten Finanzlösungen profitierst – wie z. B. dem Einsatz von Kreditkarten.

WIE DU DEIN FINANZPORTFOLIO INTELLIGENT VERWALTEST

Einer der häufigsten Fehler – den ich selbst gemacht habe – ist zu glauben, dass das Verdienen von Geld ausreicht, um finanziell abgesichert zu sein. In Wahrheit beginnt das eigentliche Spiel erst nach dem ersten Einkommen: Wie verwaltet, investiert und vermehrt man es langfristig?

Lange Zeit habe ich die strategische Geldverwaltung unterschätzt. Ich habe falsche Investitionen getätigt, zu viel in wenig rentable Projekte gesteckt und musste mich in manchen Fällen mühsam wieder aufrappeln. Doch diese Fehler haben mir wertvolle Lektionen beigebracht, die ich nun weitergeben möchte.

KLARE FINANZIELLE ZIELE SETZEN

Ein effektives Finanzportfolio beginnt immer mit klar definierten Zielen.

- **Kurzfristige Ziele** – z. B. einen Notfallfonds aufbauen oder für eine Reise sparen.
- **Mittelfristige Ziele** – Kapital für eine Immobilieninvestition ansammeln oder ein Unternehmen aufbauen.
- **Langfristige Ziele** – Vermögen aufbauen, eine sichere Rente gewährleisten oder finanzielle Unabhängigkeit erreichen.

Praxisbeispiel: *Als ich meine erste Firma gründen wollte, wusste ich, dass ich ein Startkapital brauchen würde. Ich setzte mir das konkrete Ziel, in zwei Jahren 50.000 € zu sparen – durch Verzicht auf unnötige Ausgaben und Diversifizierung meiner Einnahmequellen.*

Praktische Übung: Notiere drei finanzielle Ziele – eine kurzfristige, eine mittelfristige, eine langfristige – und definiere jeweils eine sofort umsetzbare Handlung.

EIN FUNKTIONIERENDES BUDGET ERSTELLEN

Eine der besten Entscheidungen meines Lebens war es, damit zu beginnen, meine Einnahmen und Ausgaben systematisch zu erfassen. Vorher war jeder Monat ein Rätsel: Ich verdiente gut – aber ich wusste nicht, wohin das Geld verschwand.

Ein effektives Budgetierungssystem:

- **Einnahmen und Ausgaben erfassen** – Nur wer weiß, wohin das Geld geht, kann es besser steuern.
- **Die 50/30/20-Regel anwenden:**
  - 50 % für essentielle Ausgaben (Miete, Rechnungen, Lebensmittel),
  - 30 % für persönliche Ausgaben (Hobbys, Reisen, Freizeit),

- 20 % für Ersparnisse und Investitionen.
- **Unnötige Ausgaben vermeiden** – Wenn es keinen echten Mehrwert für dein Leben bringt, ist es wahrscheinlich verzichtbar.

Praxisbeispiel: *Ich stellte fest, dass ich monatlich über 500 € für Frühstücke und Restaurantbesuche ausgab. Nach der Überprüfung meines Budgets halbierte ich diese Kosten und leitete das Geld in produktivere Investitionen um.*

Praktische Übung: Analysiere deine Ausgaben der letzten drei Monate und identifiziere drei Kategorien, in denen du sparen kannst – ohne an Lebensqualität zu verlieren.

INVESTITIONEN DIVERSIFIZIEREN, UM RISIKEN ZU MINIMIEREN

Ein Fehler, den ich mehrfach gemacht habe, war, zu viel Geld in eine einzige Gelegenheit zu investieren. Einmal steckte ich mein gesamtes Extra-Kapital in ein einziges Projekt – ohne Alternativen. Als sich das Projekt verzögerte, hatte ich plötzlich keine Liquidität mehr.

Assetklassen, die du berücksichtigen kannst:

- **Aktien** – Hohe Rendite langfristig, aber volatil.
- **Anleihen** – Sicherer, aber mit geringerer Rendite.
- **Immobilien** – Gut für passives Einkommen, erfordert aber Startkapital.
- **Edelmetalle** – Schutz in wirtschaftlich unsicheren Zeiten.
- **Kryptowährungen** – Hohes Renditepotenzial, aber sehr riskant.

Praxisbeispiel: *Nach meiner schlechten Erfahrung mit einem Einzelinvestment begann ich zu diversifizieren. Heute investiere ich u. a. in Urheberrechte, Immobilienanteile und ein kleines Budget in innovative Start-ups.*

Praktische Übung: Analysiere dein aktuelles Portfolio: Hast du eine ausreichende Streuung über verschiedene Anlageklassen?

DAS PORTFOLIO ÜBERWACHEN UND OPTIMIEREN

Ein weit verbreiteter Irrtum ist zu glauben, Investieren sei eine einmalige Handlung. Märkte verändern sich, Chancen entwickeln sich weiter – und deine Strategie muss sich anpassen.

Was du tun solltest:

- **Überprüf deine Performance regelmäßig** – mindestens einmal im Monat.
- **Rebalancing, wenn nötig** – Wenn ein Asset übermäßig wächst, könnte es sinnvoll sein, umzuschichten.
- **Bleib informiert** – Ein:e gut:e Investor:in bleibt ständig am Ball.

Praxisbeispiel: *Wenn der Aktienmarkt stark steigt und dein Portfolio zu aktienlastig wird, kannst du einen Teil verkaufen und in Anleihen umschichten, um das Risiko auszugleichen.*

Praktische Übung: Erstelle einen monatlichen Reminder, um dein Portfolio zu prüfen und ggf. anzupassen.

KAPITAL VOR UNVORHERGESEHENEM SCHÜTZEN

Niemand kann die Zukunft vorhersagen – aber du kannst dich mit einfachen Strategien auf finanzielle Überraschungen vorbereiten:

- **Notfallfonds** – Halte mindestens 3–6 Monate Lebenshaltungskosten auf einem liquiden Konto.
- **Versicherungen** – Schütze dein Vermögen mit angemessenen Absicherungen.
- **Vermeide zu spekulative Anlagen** – Risiko immer kalkulieren.

Praxisbeispiel: *Ein guter Freund hatte all sein Geld in Kryptowährungen investiert – ohne Notfallfonds. Als der Markt einbrach, musste er mit Verlust verkaufen, um unerwartete Ausgaben zu decken. Ich hingegen hatte einen separaten Fonds und konnte ruhig abwarten.*

Praktische Übung: Überprüfe, ob dein Notfallfonds ausreicht, um mindestens drei Monate deiner essenziellen Ausgaben zu decken.

Geldmanagement ist nicht nur eine Frage des Einkommens – sondern der Strategie. Ich habe aus eigener Erfahrung gelernt: Ohne einen soliden Finanzplan können selbst hohe Einnahmen schnell verpuffen.

- Setz klare Ziele und verfolge deinen Fortschritt.
- Erstelle ein Budget, um Ausgaben zu kontrollieren und investierbares Kapital zu erhöhen.
- Diversifizier dein Portfolio, um Risiken zu streuen und Chancen zu maximieren.
- Schütz dein Kapital, um unvorhersehbare Ereignisse gelassen zu meistern.

Merke dir: Geld arbeitet für den/die, der/die es klug verwaltet. Mach dich bereit, es für dich arbeiten zu lassen!

GESPARTES GELD IST VERDIENTES GELD

Viele glauben, finanzieller Erfolg hänge nur davon ab, wie viel man verdient. Auch ich war zu Beginn meiner Karriere überzeugt, dass der einzige Weg zu wirtschaftlichem Wohlstand darin bestünde, mein Einkommen zu steigern. Doch ich musste am eigenen Leib erfahren: Viel zu verdienen reicht nicht – man muss auch wissen, wie man mit dem Geld umgeht.

Sparen bedeutet nicht, ein Leben voller Verzicht zu führen, sondern kluge Entscheidungen zu treffen, um Ausgaben zu optimieren und

Kapital aufzubauen. Ein heute gesparter Euro kann morgen zehn wert sein – wenn er richtig investiert wird.

EINEN NOTFALLFONDS FÜR FINANZIELLE SICHERHEIT AUFBAUEN

Einer meiner größten Fehler zu Beginn war, keinen Notfallfonds zu haben. Als ein Kunde eine hohe Rechnung nicht bezahlte, geriet ich in Schwierigkeiten und musste schlecht bezahlte Aufträge annehmen, nur um meine Ausgaben zu decken.

Wie viel solltest du beiseitelegen?

- Mindestens 3–6 Monate deiner lebensnotwendigen Ausgaben (Miete, Rechnungen, Lebensmittel, Versicherungen).
- Bei variablem Einkommen oder Selbstständigkeit solltest du eher 6–12 Monate an Rücklagen haben.

Wo sollte das Geld liegen?

- Tagesgeldkonto mit hoher Liquidität – Schnell verfügbar im Notfall.
- Niedrigrisiko-Anlagen wie Festgeld oder Geldmarktfonds.

Praxisbeispiel: *Wenn deine monatlichen Lebenshaltungskosten 2.000 € betragen, solltest du 6.000–12.000 € als Notfallfonds aufbauen, um unerwartete Ausgaben stressfrei zu bewältigen.*

Praktische Übung: Berechne deine durchschnittlichen Monatsausgaben und setze dir ein konkretes Ziel für deinen Notfallfonds.

ÜBERFLÜSSIGE AUSGABEN REDUZIEREN UND GELDVERSCHWENDUNG STOPPEN

Es zählt nicht, wie viel du verdienst – sondern wie viel du davon behältst. Aus eigener Erfahrung weiß ich: Ich habe jahrelang unbemerkt Geld für unnötige Dinge ausgegeben und mich am Monatsende gefragt, wo es geblieben ist.

- **Analysier dein Monatsbudget** – Finde wiederkehrende Ausgaben, die du reduzieren oder streichen kannst.
- **Vermeide Impulskäufe** – Warte 24 Stunden, bevor du nicht notwendige Dinge kaufst.
- **Überprüf Abos und ungenutzte Dienste** – Kündige sie oder finde günstigere Alternativen.
- **Ersetz teure Gewohnheiten durch smarte Alternativen** – Koche selbst statt auswärts zu essen, nutze öffentliche Verkehrsmittel, kaufe langlebige Qualitätsprodukte.

Praxisbeispiel: *Zwei Kaffee à 2 € pro Tag kosten dich rund 1.460 € im Jahr. Wenn du dieses Geld investierst, kann es in zehn Jahren auf über 15.000 € anwachsen.*

Praktische Übung: Erstelle eine Liste deiner überflüssigen Ausgaben und wähle drei Posten aus, die du diesen Monat reduzieren oder streichen möchtest.

SPAREN AUTOMATISIEREN – VERMÖGEN AUFBAUEN OHNE MÜHE

Der Schlüssel zum konsequenten Sparen: die Versuchung beseitigen, alles sofort auszugeben. Ein Trick, den ich angewendet habe, war ein Dauerauftrag vom Girokonto auf das Sparkonto.

Praxisbeispiel: *Wenn du monatlich automatisch 200 € auf ein Sparkonto überweist, hast du nach 5 Jahren 12.000 € angespart – ganz ohne es bewusst zu merken.*

Praktische Übung: Richte heute noch einen Dauerauftrag auf dein Sparkonto ein.

ACHTUNG BEI KLEINAUSGABEN: DER TROPFEN-FÜR-TROPFEN-EFFEKT

Kleine tägliche Ausgaben summieren sich und können dein Budget unbemerkt auffressen.

- **Dokumentier jeden Ausgabenposten einen Monat lang** – Analysiere deine Gewohnheiten.
- **Vermeide tägliche Mikroausgaben** – Kaffee, Snacks, Impulskäufe sind versteckte Kosten.
- **Such preiswerte Alternativen** – Kaufe auf Vorrat, nutze Treuekarten, vergleiche Preise.

Praxisbeispiel: *Wenn du täglich 5 € für unnötige Ausgaben ausgibst, verlierst du in einem Jahr über 1.800 € – das ist Geld, das du hättest investieren oder sinnvoll nutzen können.*

Praktische Übung: Notiere jede kleine Ausgabe eine Woche lang und berechne, wie viel du sparen würdest, wenn du unnötige Posten streichst.

SPAREN HEISST NICHT, AUF QUALITÄT ZU VERZICHTEN

- Viele Supermärkte und Shops bieten Treueprogramme und Rabatte für Stammkunden.
- Online-Plattformen und Geschäfte haben Sonderangebote und Aktionen, die große Preisnachlässe ermöglichen.
- Black Friday, Saisonschlussverkauf, Prime Day – Plane deine Einkäufe gezielt, um das Beste rauszuholen.

Praxisbeispiel: *Wenn du beim Black Friday ein neues Notebook mit 40 % Rabatt kaufst, kannst du mit dem gesparten Geld auch noch professionelle Software kaufen, die deine Arbeit verbessert.*

Praktische Übung: Lade eine Cashback-App herunter oder

vergleiche die Preise für einen bevorstehenden Kauf, um die günstigste Option zu finden.

Sparen ist die Grundlage für finanzielle Freiheit. Jeder Euro, den du heute zurücklegst und investierst, kann dir morgen dienen.

- Bau einen Notfallfonds auf, um dich gegen unvorhergesehene Ausgaben abzusichern.
- Reduzier unnötige Ausgaben und entwickle ein bewussteres Konsumverhalten.
- Automatisier dein Sparen, um ohne Aufwand Vermögen aufzubauen.
- Achte auf kleine Ausgaben und nutze jede Sparmöglichkeit.

Merke dir: Sparen bedeutet nicht Verzicht – sondern eine Investition in deine Zukunft. Lass dein Geld für dich arbeiten!

TREUEPROGRAMME, CASHBACK UND PRÄMIEN OPTIMAL NUTZEN

Kreditkarten können dir bei strategischer Nutzung Geld einbringen – über Prämien, Rabatte und Vorteile.

Gängige Arten von Belohnungen:

- **Cashback:** Ein Prozentsatz der Ausgaben wird direkt auf dein Konto zurückerstattet.
- **Treuepunkte:** Bei Einkäufen gesammelt und gegen Prämien oder Rabatte einlösbar.
- **Flugmeilen:** Ideal für Vielreisende – sie ermöglichen kostenlose Flüge oder Upgrades.
- **Exklusive Rabatte:** Einige Karten bieten Zugang zu Events, Sonderaktionen oder kostenlosen Versicherungen.

So holst du das Maximum raus:

- Nutze die Karte für Ausgaben, die du sowieso tätigen würdest (Rechnungen, Lebensmittel, Tanken).
- Wähle eine Karte, die zu deinem Lebensstil passt.
- Checke regelmäßig exklusive Angebote und Partnerprogramme deiner Karte.

Praxisbeispiel: *Wenn deine Karte 3% Cashback auf Lebensmitteleinkäufe bietet und du monatlich 400 € im Supermarkt ausgibst, bekommst du 12 € Cashback – das sind 144 € jährliche Ersparnis, ganz automatisch.*

Praktische Übung: Prüfe die Cashback- und Prämienfunktionen deiner aktuellen Karte und überlege, wie du deren Nutzung optimieren kannst.

KREDITKARTEN ZU DEINEM VORTEIL NUTZEN

Kreditkarten werden oft als gefährliche Schuldenfalle wahrgenommen, doch wenn sie strategisch eingesetzt werden, können sie ein mächtiger finanzieller Verbündeter sein. Sie helfen beim Cashflow-Management, ermöglichen das Sammeln von Prämien, verbessern deinen Kredit-Score und bieten sogar Einsparungen durch Cashback und exklusive Vorteile.

Ohne klare Strategie genutzt, können sie jedoch zu hohen Zinsen, unkontrollierbaren Schulden und schlechter Finanzverwaltung führen. Ich selbst war bei meiner ersten Kreditkarte überzeugt, sie bedenkenlos einsetzen zu können – bis ich vor einem Saldo stand, den ich kaum zurückzahlen konnte. Diese Erfahrung lehrte mich Disziplin – und wie man die Karte als nützliches Werkzeug statt als Problem nutzen kann.

DIE RICHTIGE KREDITKARTE AUSWÄHLEN

Nicht alle Kreditkarten sind gleich. Die richtige Karte hängt von deinem Lebensstil und deinen finanziellen Bedürfnissen ab.

Worauf du achten solltest:

- **Zinssatz (Sollzins und effektiver Jahreszins)** – Wenn du nicht jeden Monat den vollen Betrag zahlst, ist dieser entscheidend.
- **Jahresgebühren** – Manche Karten bieten exklusive Vorteile, haben aber hohe Fixkosten.
- **Treueprogramme & Cashback** – Wähle Karten, die für deine üblichen Ausgaben belohnen.
- **Versicherungen & Extras** – Manche Karten bieten Reiseversicherungen, Einkaufsschutz oder Zugang zu Flughafenlounges.
- **Kreditlimit & Flexibilität** – Prüfe die maximale Ausgabengrenze und Möglichkeiten für zinsfreie Ratenzahlungen.

Praxisbeispiel: *Wenn du viel reist, ist eine Karte mit Meilenprogramm und Lounge-Zugang sinnvoller als eine mit generischem Cashback. Kaufst du oft online ein, ist eine Karte mit Käuferschutz und Betrugsschutz vorteilhafter.*

Praktische Übung: Analysiere deine monatlichen Ausgaben und wähle eine Karte, die deine Konsumgewohnheiten optimal unterstützt.

KREDITKARTEN VERANTWORTUNGSVOLL NUTZEN

Eine Kreditkarte kann ein zweischneidiges Schwert sein. Verantwortungsbewusste Nutzung verhindert finanzielle Probleme und stärkt deine Geldkompetenz.

Regeln für verantwortungsvollen Einsatz:

- Zahle den gesamten Betrag jeden Monat, um hohe Zinsen zu vermeiden.
- Vermeide unnötige Käufe, wenn du das Geld nicht bereits hast.
- Halte deinen Kreditnutzungsgrad niedrig – idealerweise unter 30 % des verfügbaren Limits.

- Keine Bargeldabhebungen mit der Kreditkarte – Die Gebühren sind oft deutlich höher als bei normalen Bankabhebungen.

Praxisbeispiel: *Wenn dein Limit 5.000 € beträgt, versuche, höchstens 1.500 € davon zu nutzen – das verbessert deinen Score und signalisiert solides Finanzverhalten.*

Praktische Übung: Stelle einen wöchentlichen Reminder ein, um dein Kartensaldo zu prüfen und böse Überraschungen zu vermeiden.

TRANSAKTIONEN ÜBERWACHEN & BEDINGUNGEN VERSTEHEN

Fehlende Kontrolle kann teuer werden. Regelmäßige Überprüfung schützt dich vor bösen Überraschungen.

Gewohnheiten, die du übernehmen solltest:

- Kontrollier dein Saldo mindestens einmal pro Woche.
- Lies immer das Kleingedruckte, um versteckte Gebühren zu vermeiden.
- Aktivier Ausgabenbenachrichtigungen, um ungewöhnliche Aktivitäten sofort zu erkennen.
- Prüf Wechselkursgebühren, wenn du die Karte im Ausland einsetzt.

Praxisbeispiel: *Bei einer verdächtigen Abbuchung solltest du sofort deine Bank kontaktieren – um die Karte zu sperren und dein Geld zurückzufordern.*

Praktische Übung: Aktiviere noch heute Ausgabenalarme für deine Karte.

ÜBERSCHULDUNG VERMEIDEN & RISIKEN REDUZIEREN

Das größte Risiko bei Kreditkarten ist, Schulden über die eigenen Möglichkeiten hinaus anzuhäufen.

Strategien zur Vorbeugung:

- Gib nicht mehr aus, als du verdienst.
- Halt die Anzahl deiner Karten überschaubar, um nicht in Versuchung zu geraten.
- Bei Rückzahlungsschwierigkeiten: Reduziere Karteneinsätze und optimiere dein Budget.
- Keine Umschuldungen mit der Kreditkarte ohne Plan – das kann teuer werden.

Praxisbeispiel: *5.000 € Schulden bei 20 % Zins und nur Mindestzahlung bedeuten oft Jahre der Rückzahlung – mit viel höheren Gesamtkosten.*

Praktische Übung: Überprüfe deine Kreditkartennutzung – und reduziere sie bei Bedarf, bevor Schulden entstehen.

Kreditkarten können äußerst nützliche Finanzinstrumente sein – wenn man sie klug einsetzt.

- Wähl eine Karte, die zu deinem Lebensstil passt.
- Nutz sie verantwortungsvoll, um Schulden zu vermeiden.
- Maximiere Prämien & Vorteile durch gezielte Nutzung.
- Überwach deine Ausgaben & informier dich über die Vertragsbedingungen.

Merke dir: Mit Disziplin kann eine Kreditkarte zu einer mächtigen Waffe im Finanzmanagement werden.

ZUSAMMENFASSUNG

Finanzmanagement ist eine der wichtigsten Grundlagen für ein erfolgreiches Leben. Zu lernen, wie man sein Portfolio verwaltet, Geld spart und von den besten finanziellen Lösungen profitiert, bietet dir ein stabiles Fundament, um deine persönlichen und beruflichen Ziele zu erreichen.

Denke daran: Ein gutes Portfoliomanagement erfordert Planung, Disziplin und kontinuierliche Aufmerksamkeit. Setze dir klare finanzielle Ziele, erstelle ein Budget, das dir beim Sparen hilft, und diversifiziere deine Investitionen, um deine Gewinnchancen zu maximieren.

Gespartes Geld ist verdientes Geld. Nutze Automatisierungen, um regelmäßig zu sparen, und reduziere unnötige Ausgaben. Achte auf alltägliche Kleinausgaben und nutze Angebote und Gutscheine, um den maximalen Wert aus deinem Geld herauszuholen.

Wenn es um Kreditkarten geht, wähle die passende Karte für deine Bedürfnisse und verwende sie verantwortungsvoll. Nutze Prämienprogramme, Treuepunkte und überwache deine Transaktionen genau. Vermeide Überschuldung und achte auf ein gesundes Verhältnis zwischen Kreditrahmen und Ausnutzung.

Nehme dir die Zeit, die Grundlagen der Finanzbildung zu verstehen, und sei proaktiv, wenn es darum geht, sie in deinem Alltag umzusetzen. Finanzmanagement ist ein fortlaufender Prozess, der ständiges Engagement erfordert – aber die Resultate lohnen sich.

Sei entschlossen, fokussiert und diszipliniert in deinem Streben nach finanziellem Erfolg. Mit einer soliden finanziellen Strategie kannst du dir ein stabiles Fundament aufbauen, um deine Träume zu verwirklichen und dein Leben erfolgreich zu gestalten.

13 WIE MAN GELD INVESTIERT

Finanzielle Herausforderungen gehören zum Leben eines jeden Menschen – doch wir können sie überwinden und Erfolg erzielen, wenn wir klug investieren und strategisch handeln. In diesem Kapitel beleuchten wir zentrale Themen, die dir helfen werden zu verstehen, welche Investitionen besonders rentabel und sicher sein können, wie man Risiken einschätzt, warum Diversifikation so wichtig ist und welche Chancen sowohl passives als auch aktives Investieren bietet. Zudem schauen wir uns an, wie Bankkredite genutzt werden können, um Gewinne zu erzielen – und das nicht nur beim Kauf einer Immobilie zum Eigenbedarf.

Investieren ist eine der effektivsten Methoden, um Vermögen aufzubauen und sich eine stabile finanzielle Zukunft zu sichern. Doch ich habe am eigenen Leib erfahren, dass es nicht ausreicht, blind in das erstbeste vielversprechende Investment einzusteigen. Ich habe Fehler gemacht, falsche Entscheidungen getroffen – aber auch Erfolge erzielt, aus denen ich viel gelernt habe.

Was ich dabei erkannt habe: Um hohe Renditen zu erzielen, braucht man eine klare Strategie, man muss diversifizieren und wissen, wann man Risiken eingeht – und wann es besser ist, abzuwarten. Schauen wir uns nun gemeinsam einige der lukrativsten Investitionsmöglichkeiten an und wie man die besten Chancen erkennt, während man die Risiken möglichst gering hält.

INVESTITIONEN IM IMMOBILIENSEKTOR

Immobilien sind eine Form der Investition, die – wenn richtig durchgeführt – Sicherheit und stabile Erträge verspricht. Beim Kauf einer Immobilie zur Vermietung solltest du einige Fehler unbedingt vermeiden: Unterschätze nicht die Instandhaltungskosten, achte genau auf die Lage und vergiss nicht die Steuerlast – sie kann im Nachhinein höher ausfallen als erwartet. Investiere mit mehr Bewusstsein.

Arten von Immobilieninvestitionen:

- **Wohnraumvermietung** zur Erzielung eines stabilen passiven Einkommens
- **Immobilien-Flipping**: Kauf, Renovierung und Wiederverkauf von Immobilien
- **Investitionen** in Grundstücke in Wachstumsregionen

Praxisbeispiel: *Ich habe eine Immobilie in einer wachsenden Stadt gekauft und sie vermietet, um ein konstantes Einkommen zu erzielen. Über die Jahre ist der Wert der Immobilie gestiegen, und heute könnte ich sie mit einem hervorragenden Gewinn verkaufen.*

Praktische Übung: Analysiere den Immobilienmarkt deiner Stadt oder einer dir gut bekannten Gegend und identifiziere ein Gebiet mit hohem Wachstumspotenzial.

NEUE TECHNOLOGIEN UND AUFSTREBENDE MÄRKTE

Ein Bereich, der mich besonders fasziniert, sind neue Technologien. Ich habe erlebt, wie unbekannte Unternehmen innerhalb weniger Jahre zu Giganten wurden.

Worauf man heute setzen kann:

- **Künstliche Intelligenz** und Automatisierung – mit Anwendungsbereichen in nahezu jedem Sektor
- **Blockchain und Kryptowährungen** – trotz ihrer Volatilität weiterhin eine Chance
- **Erneuerbare Energien** – mit großem Potenzial im Zuge der ökologischen Wende

Praxisbeispiel: *Hätte ich vor zehn Jahren in ein Unternehmen für Solarenergie investiert, wäre mein Kapital heute durch die steigende Nachfrage nach nachhaltigen Energiequellen verdreifacht.*

Praktische Übung: Identifiziere eine aufkommende Technologie und untersuche ihr Potenzial für die nächsten fünf Jahre.

IN SICH SELBST INVESTIEREN – DIE BESTE INVESTITION ÜBERHAUPT

Bevor du in Immobilien, neue Technologien oder Kryptowährungen investierst – investiere in dich selbst.

Möglichkeiten:

- Weiterbildungskurse besuchen, um die eigenen Fähigkeiten zu verbessern
- Ein eigenes Unternehmen gründen
- Das berufliche Netzwerk erweitern, um neue Chancen zu schaffen

Praxisbeispiel: *Das Lesen von Büchern, das Hören von Erfahrungsberichten und Tipps zu Finanzen und Investitionen haben mir geholfen, kostspielige Fehler zu vermeiden. Hätte ich früher in meine Bildung investiert, hätte ich deutlich mehr verdient.*

Praktische Übung: Wähle ein Gebiet, in dem du dich verbessern möchtest, und investiere in einen Kurs oder eine Lern-Erfahrung.

RISIKEN RICHTIG EINSCHÄTZEN

Investieren bedeutet, sein Geld mit dem Ziel einzusetzen, eine Rendite zu erzielen. Doch jede Investition birgt ein gewisses Risiko – die Fähigkeit, dieses richtig zu bewerten, ist entscheidend für kluge Entscheidungen und den Schutz deines Kapitals.

Es gibt keine Gewinne ohne Risiko. Aber zu verstehen, wie man das Verhältnis zwischen Risiko und Ertrag ausbalanciert, kann den Unterschied zwischen einer durchdachten und einer überstürzten Entscheidung ausmachen.

Hauptkategorien von Investitionen nach Risikolevel:

- **Geringes Risiko, geringe Rendite** – Tagesgeldkonten, langfristige Immobilieninvestitionen, etablierte passive Einkommensquellen
- **Moderates Risiko, mittlere Rendite** – Investitionen in Unternehmen, Franchising, Gewerbeimmobilien
- **Hohes Risiko, hohe Rendite** – Start-ups, neue Geschäftsmodelle, aufstrebende Technologien

Praxisbeispiel: *Wenn ich langfristig ein stabiles Einkommen erzielen möchte, ziehe ich eher risikoarme Investitionen wie Immobilien oder bereits etablierte Geschäftsmodelle vor. Will ich hingegen höhere Gewinne, kann ich auch eine innovative Start-up-Idee finanzieren.*

Praktische Übung: Analysiere drei verschiedene Investitionen und ordne sie nach Risikoniveau und Renditechance ein.

DIE EIGENE RISIKOBEREITSCHAFT ERKENNEN

Nicht jeder geht gleich mit Risiken um. Die eigene Risikobereitschaft zu verstehen, ist essenziell, um impulsive und stressige Entscheidungen zu vermeiden.

Faktoren, die die Risikotoleranz beeinflussen:

- **Alter und Zeithorizont** – Je mehr Zeit du hast, desto eher kannst du auch riskantere Investments eingehen
- **Finanzielle Situation** – Wer finanziell stabil ist, kann mutiger investieren
- **Persönlichkeit und Emotionsmanagement** – Wer bei Risiko schnell nervös wird, sollte eher konservativ agieren

Praxisbeispiel: *Ein junger Unternehmer mit schwankendem Einkommen kann unter Umständen mehr Risiko tragen als ein Rentner, der auf finanzielle Stabilität angewiesen ist.*

Praktische Übung: Beschreibe kurz dein Risikoprofil und welche Investitionen dazu passen.

RISIKOFAKTOREN BEI INVESTITIONEN ANALYSIEREN

Jede Investition ist verschiedenen Variablen unterworfen, die ihre Rentabilität beeinflussen können. Diese zu kennen und zu bewerten, hilft dir, Risiken zu reduzieren und fundiertere Entscheidungen zu treffen.

Wichtige Risikofaktoren:

- **Marktrisiko** – Wirtschaftliche Schwankungen beeinflussen den Wert deiner Investitionen
- **Liquiditätsrisiko** – Manche Investitionen wie Immobilien lassen sich schwer kurzfristig veräußern
- **Unternehmens- oder branchenspezifische Risiken** – Interne oder externe Ereignisse können Einfluss auf Renditen nehmen

Praxisbeispiel: *Wenn ich in ein innovatives Start-up investiere, muss ich das Marktrisiko, die Konkurrenz und die rasche Entwicklung des Sektors berücksichtigen.*

Praktische Übung: Wähle eine Investition aus und identifiziere mindestens drei Risiken, die ihre Rentabilität beeinflussen könnten.

STRATEGIEN ZUR RISIKOMINIMIERUNG

Auch wenn sich Risiken nie vollständig vermeiden lassen, gibt es Methoden, mit denen sie sich steuern und minimieren lassen.
Methoden zur Risikoreduktion:

- **Diversifikation** – Die Streuung des Kapitals auf verschiedene Anlageklassen verringert das Gesamtrisiko
- **Stufenweises Investieren** – Regelmäßige Investitionen sind oft risikoärmer als eine große Einmalanlage
- **Analyse & Information** – Marktstudien, Trendanalysen und historische Daten helfen, emotionale Fehlentscheidungen zu vermeiden

Praxisbeispiel: *Anstatt 10.000 Euro in ein einziges Projekt zu stecken, kann ich den Betrag auf mehrere Branchen verteilen, um mein Gesamtrisiko zu senken.*

Praktische Übung: Überprüfe dein aktuelles Anlageportfolio und beurteile, ob es ausreichend diversifiziert ist.

Während einer Marktkrise hilft dir ein diversifiziertes Portfolio dabei, Verluste zu begrenzen. Wenn du alles auf eine einzige Karte setzt, besteht das Risiko, einen Großteil deines Kapitals zu verlieren.

Investieren bedeutet nicht nur, das beste Geschäft zu finden, sondern auch, Wissen und Disziplin zu entwickeln, um das eigene Kapital langfristig zu verwalten.

Merke dir: Der Schlüssel liegt nicht in Abkürzungen, sondern in einer klaren Strategie, kontinuierlichem Lernen und der Bereitschaft, aus Fehlern zu lernen. Wenn du Vermögen aufbauen willst, beginne noch heute mit kleinen, konkreten Schritten.

ERKENNEN, WANN EINE INVESTITION ZU RISKANT IST

Nicht jede Investition ist für jeden geeignet. Es gibt Situationen, in denen das Risiko zu hoch ist – und es klüger ist, Abstand zu nehmen.
Warnsignale für übermäßig riskante Investitionen:

- **Versprechen von hohen, garantierten Gewinnen** – Kein seriöses Investment garantiert Profite ohne Risiko
- **Fehlende Transparenz** – Wenn du nicht verstehst, wie etwas funktioniert, solltest du nicht investieren
- **Hohe Volatilität ohne solide Fundamentaldaten** – Wenn der Wert stark schwankt, ohne klaren Grund, kann es sich um eine Spekulationsblase handeln

Praxisbeispiel: *Wenn eine Investition zu gut klingt, um wahr zu sein, ist sie es wahrscheinlich auch. Es ist besser, gründlich zu recherchieren, bevor man sein Geld einsetzt.*

Praktische Übung: Recherchiere ein Investment, das dich interessiert, und prüfe, ob es Anzeichen für ein überhöhtes Risiko aufweist.

Risiken zu bewerten bedeutet nicht, Investitionen zu meiden, sondern kluge und bewusste Entscheidungen zu treffen.
Das Geheimnis zufriedenstellender Renditen liegt im richtigen Gleichgewicht zwischen Risiko und Chance – basierend auf sorgfältiger Analyse und gezielten Strategien zur Risikobegrenzung.

Merke dir: Intelligentes Investieren heißt, Risiken zu kennen, sich darauf vorzubereiten und sie in Chancen für finanzielles Wachstum zu verwandeln.

DIE SICHERSTEN INVESTITIONEN

Sicher zu investieren bedeutet nicht, auf Gewinne zu verzichten, sondern ein Gleichgewicht zwischen Stabilität und Wachstum zu finden. Ich habe gelernt, dass es essenziell ist, vor jeder Investition das eigene Risikoprofil zu verstehen und Finanzinstrumente zu wählen, die das Kapital schützen, ohne völlig auf Renditechancen zu verzichten.

Viele Menschen stürzen sich in Aktieninvestitionen, nur weil es im Trend liegt oder weil sie Geschichten von Menschen gehört haben, die durch das Börsenspiel reich geworden sind. Aber Aktieninvestitionen können wie eine Lotterie sein – und wenn man nicht genau weiß, was man tut, riskiert man, mehr zu verlieren als zu gewinnen. Dieser Bereich erfordert spezifisches Wissen, Erfahrung und vor allem die Fähigkeit, Emotionen in Zeiten der Unsicherheit zu kontrollieren.

Was ich besonders bemerkenswert finde, ist, dass viele Menschen ihr Geld Bankberater:innen anvertrauen, in der Überzeugung, dass diese „Expert:innen" ihnen helfen werden, reich zu werden. Aber denk mal darüber nach: Wenn sie wirklich so gut im Investieren wären – meinst du nicht, sie würden sich selbst bereichern, anstatt für ein durchschnittliches Gehalt bei einer Bank zu arbeiten?

Ich persönlich bevorzuge Investitionen in Märkte, die ich gut kenne und die **kontinuierliche Geldflüsse generieren**. Es interessiert mich nicht, auf steigende Aktien zu hoffen, deren Wert stark von sozioökonomischen Ereignissen beeinflusst wird. Stattdessen wähle ich Vermögenswerte mit realem Wert, die im Laufe der Zeit Stabilität und konstante Erträge bieten können.

Wenn du dich umschaust, wirst du feststellen, **dass es überall Investitionsmöglichkeiten gibt** – du musst nur lernen, sie zu erkennen. Von Immobilien über Gold bis hin zu Bitcoin und ausgewählten Kryptowährungen. Ja, sie sind volatil, aber wer an Bitcoin geglaubt und ihn über Jahre hinweg gehalten hat, hat eine enorme Wertsteigerung erlebt. Und das nicht zufällig, sondern weil dahinter ein Projekt und eine Technologie mit enormem Potenzial stehen.

Wenn du glaubst, der Staat werde deine Ersparnisse schützen, bist du auf dem besten Weg, das zu verlieren, was du dir aufgebaut hast. Es gibt kein Finanzsystem, das darauf ausgelegt ist, dich reich zu machen – du musst selbst die Kontrolle über dein Geld und deine Entscheidungen übernehmen.

Hör auf, Investitionen durch die Augen derer zu sehen, die dir immer gesagt haben, du sollst dein Geld einfach auf die Bank bringen und ruhig schlafen. Sicherheit bedeutet nicht, dein Geld ruhen zu lassen, sondern es für dich in den richtigen Bereichen arbeiten zu lassen. Die Banken verwenden dein Geld, um Profite zu machen.

Hier sind einige Investitionsoptionen, die als sicherer gelten als andere.

GOLD: DER ULTIMATIVE SICHERE HAFEN

Gold gilt aus verschiedenen historischen, wirtschaftlichen und finanziellen Gründen als sicherer Hafen schlechthin. Es ist ein weltweit anerkanntes, sicheres Asset, das in Zeiten wirtschaftlicher und geopolitischer Unsicherheit Vermögen schützen kann.

Seit der Antike wird Gold als Zahlungsmittel und Wertaufbewahrungsmittel verwendet. Im Gegensatz zu Papierwährungen, die durch Inflation an Wert verlieren können, behält Gold langfristig seine Kaufkraft.

Wenn Zentralbanken mehr Geld drucken, sinkt der Wert der Währung, was zu Preissteigerungen (Inflation) führt. Gold hingegen ist eine begrenzte Ressource und kann nicht künstlich vermehrt werden – deshalb neigt es dazu, seinen Wert in Inflationszeiten zu halten oder sogar zu steigern.

In wirtschaftlichen Krisen, Kriegen oder politischer Instabilität verlieren nationale Währungen oft rasch an Wert oder werden unbrauchbar. Gold hingegen wird weltweit als Tauschmittel akzeptiert und hat immer einen aktiven Markt.

Gold wird nicht nur als Wertaufbewahrung genutzt, sondern auch in der Industrie, in der Schmuckherstellung und in der Technologie. Diese konstante Nachfrage garantiert die Liquidität und die Möglichkeit, es jederzeit in Geld umzuwandeln.

Im Gegensatz zu Fiatgeld, das von Staaten und Zentralbanken kontrolliert wird, ist Gold ein physisches Gut, das nicht willkürlich durch politische oder wirtschaftliche Entscheidungen manipuliert oder abgewertet werden kann.

Warum also in Gold investieren?

- Schutz vor Inflation und wirtschaftlicher Unsicherheit
- Stabilität in Zeiten finanzieller Krisen
- Portfolio-Diversifikation zur Risikominderung

Möglichkeiten, in Gold zu investieren:

- **Physisches Gold (Barren, Münzen)**: Langfristiger Schutz, jedoch mit Lagerkosten
- **Gold-ETFs**: Investition ohne physischen Besitz des Metalls
- **Aktien von Goldminenunternehmen**: spekulativer, aber mit höherem Ertragspotenzial

Praxisbeispiel: *Wenn du im Jahr 2000 10.000 Euro in Gold investiert hättest, wäre dein Investment heute etwa 91.611 Euro wert – eine Verachtfachung des ursprünglichen Kapitals. Das stetige Wachstum zeigt, dass Gold ein hervorragendes Mittel zur Vermögenssicherung ist.*

Praktische Übung: Analysiere den Goldpreis der letzten 20 Jahre und vergleiche seine Entwicklung mit anderen Anlageformen.

ANLEIHEN: FESTVERZINSLICHE ANLAGEN

Anleihen gehören zu den am weitesten verbreiteten risikoarmen Anlageformen. Es handelt sich um Schuldverschreibungen, die von Regierungen oder Unternehmen ausgegeben werden und periodische Zinszahlungen bis zur Fälligkeit leisten.

Sichere Anleihetypen:

- **Staatsanleihen**: Von Regierungen ausgegeben, gelten sie im Allgemeinen als besonders sicher.
- **Hoch bewertete Unternehmensanleihen**: Von stabilen Unternehmen mit geringem Risiko ausgegeben.
- **Inflationsindexierte Staatsanleihen**: Schützen vor Kaufkraftverlust.

Praxisbeispiel: *Wenn ich 10.000 Euro sicher und mit konstantem Ertrag* *anlegen möchte, könnte ich in Staatsanleihen eines stabilen Landes investieren.*

Praktische Übung: Vergleiche die Renditen verschiedener Anleihen und bewerte, welche am besten zu deinem Risikoprofil passt.

NIEDRIGRISIKOFONDS

Niedrigrisikofonds sind von Fachleuten verwaltete Instrumente, die in eine Mischung sicherer Anlagen wie Anleihen und Staatsanleihen investieren.

Vorteile:

- **Automatische Diversifikation** zur Risikominimierung
- **Professionelles Management** ohne eigene Erfahrung
- **Hohe Zugänglichkeit und Liquidität** für einfachen Markt-Ein- und -Ausstieg

Sichere Fondstypen:

- **Anleihefonds**: Investieren in risikoarme Anleihen
- **Geldmarktfonds**: Investieren in kurzfristige, hochliquide Instrumente
- **ETFs auf Anleiheindizes**: Günstige Alternative zur Diversifikation

Praxisbeispiel: *Wenn ich den Markt nicht täglich verfolgen möchte, kann mir ein Anleihefonds eine vorhersehbare Rendite bei geringem Risiko bieten.*

Praktische Übung: Finde drei Niedrigrisikofonds und vergleiche deren Performance der letzten fünf Jahre.

SPARKONTEN UND FESTGELDANLAGEN

Wenn du keinerlei Risiko eingehen willst, aber dennoch ein wenig Ertrag erzielen möchtest, könnten hochverzinste Sparkonten und Festgeldanlagen eine sichere Wahl sein.
Vor- und Nachteile:

- **Kein Risiko des Kapitalverlustes**
- **Garantierte Zinsen**, wenn auch deutlich niedriger als bei anderen Anlagen
- **Hohe Liquidität bei Sparkonten**
- **Niedrigere langfristige Renditen im Vergleich** zu anderen Anlageformen

Praxisbeispiel: *Wenn ich Geld für Notfälle zur Seite legen möchte, ist ein Sparkonto mit guten Zinsen vielleicht die beste Lösung.*

Praktische Übung: Vergleiche die Zinssätze verschiedener Sparkonten und wähle das vorteilhafteste aus.

WAS IST DAS RICHTIGE GLEICHGEWICHT ZWISCHEN SICHERHEIT UND RENDITE?

Sichere Investitionen schützen das Kapital, bieten jedoch oft geringere Renditen als risikoreichere Anlagen. Der Schlüssel liegt darin, das richtige Gleichgewicht zwischen Sicherheit und Wachstum entsprechend dem eigenen Risikoprofil zu finden.
Strategien zur Balance zwischen Sicherheit und Rendite:

- Einen Teil des Kapitals in sicheren Anlagen halten (Gold, Silber, Anleihen, Sparkonten)
- Einen Anteil in dynamischere Investitionen stecken, um bessere Erträge zu erzielen
- Einen Teil des Kapitals in Immobilien investieren und das Portfolio im Laufe der Zeit anpassen

Praxisbeispiel: *Wenn ich mein Kapital schützen möchte, könnte ich 40 % in Immobilien, 30 % in physisches Gold und die verbleibenden 30 % in dynamischere Investments anlegen, um mein Vermögen zu vermehren.*

Praktische Übung: Entwickle eine Portfoliostrategie, die Sicherheit und Rendite gemäß deinen Zielen kombiniert.

Sichere Investitionen sind ein grundlegender Bestandteil jeder soliden Finanzstrategie.
Es ist möglich, das Kapital zu schützen, ohne vollständig auf Wachstum zu verzichten – durch die Wahl geeigneter Instrumente wie Gold, Anleihen und risikoarme Fonds.

Merke dir: Ein gut ausgewogenes Portfolio muss Sicherheit, Stabilität und langfristige Wachstumsmöglichkeiten bieten. Der Schlüssel liegt in der Diversifikation und einer klaren Strategie – frei von emotionalen Entscheidungen oder kurzfristigen Trends.

WARUM INVESTITIONEN DIVERSIFIZIEREN?

Ohne Diversifikationsstrategie zu investieren, ist wie auf einem Seil ohne Sicherheitsnetz zu balancieren. Ein häufiger Fehler, vor allem bei Einsteigern, ist es, das gesamte Kapital in eine einzige Investition oder Branche zu stecken. Wenn es gut läuft, ist der Gewinn groß. Geht es schief, droht der Totalverlust – und ich habe das schon oft erlebt.

Aus eigener Erfahrung weiß ich: Diversifikation ist der Schlüssel, um Risiken zu senken und langfristige Erträge zu optimieren. Indem man Kapital auf verschiedene Anlageklassen, Sektoren und Märkte verteilt, lässt sich das Portfolio stabilisieren, die Volatilität verringern und die Erfolgschancen erhöhen.

WARUM IST DIVERSIFIKATION SO WICHTIG?

Investieren ist ein Spiel der Wahrscheinlichkeiten. Wir können die Zukunft der Märkte nicht genau vorhersagen, aber wir können uns vorbereiten und Risiken minimieren.

Hauptvorteile der Diversifikation:

- **Verringert das Gesamtrisiko** – Wenn eine Anlage schlecht läuft, können andere Verluste ausgleichen
- **Schützt vor wirtschaftlichen Überraschungen** – Finanzkrisen, Rezessionen oder geopolitische Ereignisse betreffen selten alle Sektoren gleichzeitig
- **Erhöht die Portfolio-Stabilität** – Weniger Volatilität bedeutet weniger Stress und mehr Sicherheit über die Zeit

Praxisbeispiel: *Wenn ich mein gesamtes Geld in ein einziges Projekt investiere und dieses scheitert, verliere ich alles. Wenn ich es jedoch auf verschiedene Sektoren verteile, ist der Schaden im Fall eines Misserfolgs begrenzt.*

Praktische Übung: Analysiere dein aktuelles Portfolio und prüfe, ob es zu stark auf einen einzigen Sektor oder Vermögenswert ausgerichtet ist.

ARTEN DER DIVERSIFIKATION

Diversifikation bedeutet nicht, das Geld wahllos zu verteilen. Man muss gezielt unterschiedliche Anlageklassen wählen, die sich unterschiedlich zu Marktschwankungen verhalten.
Wichtige Formen der Diversifikation:

- **Diversifikation nach Anlageklasse** – Kombination von physischen Vermögenswerten wie Immobilien, Rohstoffen und digitalen Investitionen
- **Geografische Diversifikation** – Investitionen in verschiedene Märkte (USA, Europa, Asien, Schwellenländer)
- **Sektorale Diversifikation** – Balance zwischen Technologie, Gesundheit, Energie, Finanzen, Konsumgütern usw.
- **Zeitorientierte Diversifikation** – Schrittweise Investitionen über die Zeit, um Volatilitätsrisiken zu verringern

Praxisbeispiel: *Ein gut diversifiziertes Portfolio könnte aus 30 % Immobilien, 20 % Rohstoffen wie Gold, 30 % etablierten Unternehmen und 20 % in aufstrebenden Sektoren bestehen – so wird das Risiko-Rendite-Verhältnis ausgeglichen.*

Praktische Übung: Analysiere die Zusammensetzung deines Portfolios und prüfe, ob du eine ausgewogene Verteilung zwischen verschiedenen Anlageklassen hast.

WIE ERSTELLT MAN EIN GUT DIVERSIFIZIERTES PORTFOLIO?

Um eine wirksame Diversifikationsstrategie zu entwickeln, ist ein methodischer Ansatz entscheidend.
Schritte zur intelligenten Diversifikation:

- **Analysier dein Risikoprofil** – Bist du ein:e konservative:r oder aggressive:r Investor:in?
- **Wähl Anlagen mit unterschiedlicher Korrelation** – Vermeide es, nur in Instrumente zu investieren, die sich gleich verhalten.
- **Nutz unterschiedliche Zeithorizonte** – Plane Anlagen auf kurz-, mittel- und langfristige Sicht.
- **Überwach und pass das Portfolio regelmäßig an** – Märkte verändern sich, daher ist ein periodisches Rebalancing notwendig.

Praxisbeispiel: *Wenn mein Portfolio ausschließlich aus einem Unternehmensprojekt besteht, könnte ich in Erwägung ziehen, einen Teil des Kapitals in Immobilien oder Rohstoffe zu investieren, um das Risiko zu verringern.*

Praktische Übung: Schreibe auf, welche Vermögenswerte dein Portfolio im Hinblick auf deine finanziellen Ziele besser ausbalancieren könnten.

HÄUFIGE FEHLER BEI DER DIVERSIFIKATION

Obwohl Diversifikation eine ausgezeichnete Strategie ist, machen viele Investoren Fehler, die ihren Nutzen zunichtemachen.
Die häufigsten Fehler, die es zu vermeiden gilt:

- **Überdiversifikation** – Zu viele Investitionen erschweren das Management und können die Erträge schmälern.
- **Investitionen in zu ähnliche Assets** – Wenn sich alle Anlagen gleich verhalten, bringt die Diversifikation wenig.
- **Fehlendes Rebalancing** – Wenn ein Asset stark wächst, kann es das Portfolio aus dem Gleichgewicht bringen und das Risiko erhöhen.
- **Trendbasiertes Investieren** – Nur populären Hypes zu folgen, ohne Strategie, kann zu Verlusten führen.

Praxisbeispiel: *Wenn ich mehrere Geschäftsaktivitäten habe, die aber alle im selben Sektor tätig sind, diversifiziere ich mein Portfolio im Grunde nicht wirklich.*

Praktische Übung: Analysiere, ob du zu viele Investitionen in einem einzelnen Sektor hast und finde Alternativen, um die Diversifikation zu verbessern.

DIVERSIFIKATION ALS LANGFRISTIGE STRATEGIE

Diversifikation ist keine Technik für schnelle Gewinne, sondern eine Methode, um Kapital zu schützen und über Zeit nachhaltig Vermögen aufzubauen.
So setzt du Diversifikation langfristig ein:

- **Bleib diszipliniert** – Lass dich nicht von kurzfristigen Marktschwankungen leiten.
- **Überwach und rebalancier regelmäßig** – Einige Assets wachsen schneller als andere und verändern das Gleichgewicht.

- **Investier kontinuierlich** – Ein regelmäßiger Investitionsplan (z. B. Sparplan) hilft, den Einstieg zu ungünstigen Zeitpunkten zu vermeiden.

Praxisbeispiel: *Wenn mein ursprünglich gut ausbalanciertes Portfolio nun durch starkes Wachstum eines bestimmten Bereichs aus dem Gleichgewicht geraten ist, ist es Zeit für ein Rebalancing.*

Praktische Übung: Setze dir eine Erinnerung, dein Portfolio alle sechs Monate zu überprüfen und neu auszurichten.

Diversifikation ist eine essenzielle Strategie, um Kapital zu schützen und finanzielle Stabilität zu erhöhen. Die Streuung von Investitionen über verschiedene Anlageklassen, Sektoren und Märkte hilft, Risiken zu minimieren und langfristig die Wachstumschancen zu maximieren.

Merke dir: Es geht nicht darum, Risiken vollständig zu vermeiden, sondern darum, sie intelligent zu steuern, um ein solides und nachhaltiges Vermögen aufzubauen.

PASSIVES UND AKTIVES INVESTIEREN

Wenn es um Investitionen geht, gehört zu den ersten Entscheidungen die Wahl der Strategie für die Verwaltung des eigenen Portfolios. Möchtest du der Typ Investor sein, der sein Geld automatisch für sich arbeiten lässt, oder ziehst du es vor, aktiv und strategisch auf der Suche nach den besten Gelegenheiten zu sein? Im Wesentlichen geht es um die Entscheidung zwischen einem passiven und einem aktiven Ansatz.

Ich persönlich habe es immer vorgezogen, die Kontrolle über meine Entscheidungen zu behalten, aber ich habe auch verstanden, dass ein einfacher und automatisierter Ansatz in manchen Fällen teure Fehler vermeiden kann. Schauen wir uns die Unterschiede zwischen diesen beiden Methoden an, mit ihren Vor- und Nachteilen – und wie man das richtige Gleichgewicht findet.

PASSIVES INVESTIEREN: STABILITÄT OHNE STRESS

Passives Investieren ist ideal für alle, die ihr Geld arbeiten lassen wollen, ohne die Märkte ständig im Blick haben zu müssen. Die Idee ist einfach: Anstatt zu versuchen, den Markt zu schlagen, folgt man ihm, indem man in Instrumente investiert, die langfristige Stabilität bieten.

Hauptinstrumente des passiven Investierens:

- **Gold und Edelmetalle** – Schützen das Kapital vor Inflation und Wirtschaftskrisen.
- **Renditeimmobilien** – Immobilien kaufen, um über die Zeit passive Einnahmen zu generieren.
- **Tagesgeld- und Festgeldkonten (CDs)** – Bankprodukte mit garantierter Rendite.
- **Lebensversicherungen und private Rentenpläne** – Langfristige Strategien zum Kapitalaufbau mit geringem Risiko und steuerlichen Vorteilen.

Vorteile:

- **Geringe Verwaltungskosten** – Kein tägliches Markt-Monitoring nötig.
- **Weniger Stress** – Ideal für alle, die Sicherheit ohne Sorgen bevorzugen.
- **Schutz vor Wirtschaftskrisen** – Einige Anlagen wie Gold oder Immobilien sind weniger anfällig für Marktschwankungen.

Nachteile:

- **Niedrigere Renditen im Vergleich zu aggressiven Strategien** – Sicherheit geht auf Kosten möglicher Gewinne.
- **Weniger Flexibilität** – Manche Instrumente wie Immobilien erfordern hohe Anfangsinvestitionen und sind nicht leicht liquidierbar.

- **Abhängigkeit vom wirtschaftlichen Umfeld** – Der Wert mancher Vermögenswerte wie Immobilien kann sich im Laufe der Zeit verändern.

Praxisbeispiel: *Wenn ich in eine Immobilie investiere, um sie zu vermieten, erhalte ich langfristig konstante passive Einnahmen, ohne täglich den Markt beobachten zu müssen.*

Praktische Übung: Finde drei alternative passive Investitionen zu ETFs (börsengehandelte Fonds, die einen Index nachbilden) und vergleiche ihre historische Rendite und Stabilität.

AKTIVES INVESTIEREN: MIT STRATEGIE ZUR MAXIMALEN RENDITE

Wenn passives Investieren wie das Einschalten des Autopiloten ist, dann ist aktives Investieren wie selbst zu fahren – mit dem Ziel, jede Kurve optimal zu nehmen, um die bestmögliche Rendite zu erzielen.

Hauptinstrumente des aktiven Investierens:

- **Einzelaktien** – Auswahl gezielter Titel mit hohem Potenzial.
- **Aktiv gemanagte Fonds** – Die Auswahl der besten Anlagen einem erfahrenen Manager überlassen.
- **Trading und Spekulation** – Häufige Transaktionen zur Ausnutzung von Marktschwankungen.

Vorteile:

- **Möglichkeit höherer Renditen** – Wer gezielt investiert, kann den Markt schlagen.
- **Mehr Kontrolle** – Du entscheidest, worin du investierst und wann du ein- oder aussteigst.
- **Krisenschutz** – Portfolios können flexibel angepasst werden, um Verluste zu vermeiden.

Nachteile:

- **Erfordert viel Zeit und Wissen** – Nicht für jeden geeignet, da Analyse und Marktkenntnisse notwendig sind.
- **Höhere Verwaltungskosten** – Gebühren, Steuern und Recherchen schmälern die Gewinne.
- **Größeres Risiko** – Falsche Strategien können zu größeren Verlusten führen als Gewinne.

Praxisbeispiel: *Wenn ich in Aktien eines aufstrebenden Tech-Startups investiere, kann ich eine viel höhere Rendite erzielen als mit einem ETF – aber mit dem Risiko, mein Kapital zu verlieren, falls das Unternehmen scheitert.*

Praktische Übung: Wähle drei Aktien aus verschiedenen Sektoren und analysiere ihre Performance der letzten fünf Jahre.

WELCHE STRATEGIE PASST ZU DIR?

Es gibt keine allgemeingültige Antwort. Es hängt von deinem Anlegerprofil, deiner verfügbaren Zeit und deiner Risikobereitschaft ab.

Wann du passiv investieren solltest:

- Wenn du eine einfache, wenig aufwendige Strategie suchst.
- Wenn dein Ziel langfristiges, stetiges Wachstum ist.
- Wenn du niedrige Kosten und wenig Stress bevorzugst.

Wann du aktiv investieren solltest:

- Wenn du Finanzwissen hast und dein Portfolio selbst steuern willst.
- Wenn du Zeit für Marktanalysen aufbringen kannst.
- Wenn du bereit bist, ein höheres Risiko für potenziell höhere Gewinne einzugehen.

Praxisbeispiel: *Wenn ich für den Ruhestand investiere, ohne die Märkte ständig beobachten zu wollen, ist ein Immobilien-Sparplan wahrscheinlich sicherer als aktives Trading.*

Praktische Übung: Beurteile dein eigenes Engagement in Investmentfragen und entscheide, welche Strategie am besten zu deinem Stil passt.

DIE BESTE STRATEGIE? EINE MISCHUNG AUS BEIDEN

Viele Anleger:innen wählen einen hybriden Ansatz, indem sie passives und aktives Investieren kombinieren, um das Beste aus beiden Welten zu vereinen.

So balancierst du die beiden Ansätze:

- Investier den Großteil deines Kapitals in sichere, passive Instrumente (Gold, Immobilien, Rentenpläne).
- Setz einen kleineren Teil für aktive Investments ein, um Wachstumschancen zu nutzen.
- Überwach dein Portfolio regelmäßig und gleiche es bei Bedarf aus.

Praxisbeispiel: *Wenn mein Portfolio zu 80 % aus Immobilien und Gold und zu 20 % aus renditestärkeren Investments besteht, kann ich sowohl die Stabilität des passiven Investierens als auch die Chancen des aktiven Managements nutzen.*

Praktische Übung: Erstelle ein Portfolio, das beide Ansätze kombiniert, und analysiere die potenziellen Vorteile.

Es geht nicht darum, zwischen Schwarz und Weiß zu wählen. Der Schlüssel liegt darin, das richtige Gleichgewicht zwischen passiver und aktiver Verwaltung zu finden – basierend auf deinen individuellen Bedürfnissen und Fähigkeiten. Wichtig ist nur, einen klaren Plan zu haben und sich nicht von kurzfristigen Trends mitreißen zu lassen.

Merke dir: Es gibt keine perfekte Strategie – nur die Strategie, die am besten zu dir passt!

BANKKREDIT ZUR GEWINNERZIELUNG NUTZEN

Bankkredit ist ein mächtiges Finanzinstrument, das – intelligent eingesetzt – das finanzielle Wachstum beschleunigen und Gewinn generieren kann. Es gibt jedoch einen großen Unterschied zwischen dem Einsatz von Schulden als Hebel zur Wertschöpfung und dem Hineingeraten in belastende Kredite.

Ich habe Menschen erlebt, die sich durch falsche Schulden finanziell ruiniert haben, aber auch Unternehmer:innen und Investor:innen kennengelernt, die Kredit genutzt haben, um enorme Vermögen aufzubauen. Der Schlüssel liegt darin, zwischen **guten und schlechten Schulden** zu unterscheiden – und zu wissen, wie man sie zu seinem Vorteil nutzt.

DER UNTERSCHIED ZWISCHEN GUTEN UND SCHLECHTEN SCHULDEN

Nicht alle Schulden sind gleich. Einige können als Investitionen betrachtet werden, andere sind bloß Ballast, der dich dazu bringt, nur noch für Zinsen zu arbeiten – ohne Wert zu schaffen.

Beispiele für schlechte Schulden:

- **Hypothek für das Eigenheim** – Ein Eigenheim ist zwar ein Vermögenswert, aber wenn es keine Einnahmen bringt, ist es nur eine laufende Ausgabe.
- **Konsumentenkredite** – Finanzierungen für Luxusautos, teure Gadgets oder Urlaube belasten das Budget, ohne Ertrag.
- **Kreditkarten mit hohen Zinsen** – Revolvierender Kredit wird schnell zur Falle, wenn er nicht rasch getilgt wird.

Beispiele für gute Schulden:

- **Kauf von Renditeimmobilien** – Eine vermietete Wohnung kann die Kreditrate decken und Cashflow erzeugen.

- **Gründung oder Erweiterung eines Unternehmens** – Wenn ein Kredit dir erlaubt, ein profitables Geschäft aufzubauen, ist das eine gute Investition.
- **Investition in Bildung oder Fähigkeiten** – Die eigene Qualifikation zu steigern, kann langfristig höhere Einnahmen bringen.

Praxisbeispiel: *Wenn ich mit einem Kredit ein Haus zum Wohnen kaufe, habe ich nur Ausgaben. Wenn ich aber mit einem Kredit ein Haus kaufe und vermiete, decken die Mieteinnahmen den Kredit und generieren zusätzliches Einkommen.*

Praktische Übung: Analysiere einen Kredit, den du hast oder aufnehmen könntest, und bewerte, ob es sich um gute oder schlechte Schulden handelt.

MIT BANKKREDIT IN IMMOBILIEN INVESTIEREN

Eine der intelligentesten Möglichkeiten, Kredit zu nutzen, ist der Kauf von Immobilien, die Einnahmen generieren. Mit der richtigen Analyse lässt sich der Immobilienmarkt strategisch erschließen.

Welche Immobilien bringen Gewinn?

- **Ferienimmobilien** – Kurzzeitvermietungen mit hohen Margen.
- **Gewerbeimmobilien** – Längere und stabilere Mietverträge im Vergleich zur Wohnvermietung.
- **Objekte für Co-Living oder Mikrovermietung** – Maximieren die Rendite pro Quadratmeter.

Strategien zur Gewinnmaximierung:

- **Rendite genau berechnen** – Die Mieteinnahmen müssen den Kredit decken und Gewinn übrig lassen.
- **Günstige Finanzierung verhandeln** – Schon ein kleiner Zinsunterschied kann große Auswirkungen haben.

- **Überfüllte Märkte vermeiden** – In Hotspots sinken die Renditen oft wegen zu hoher Konkurrenz.

Praxisbeispiel: *Wenn ich eine Wohnung mit einem Kredit zu 3 % Festzins kaufe und mit 7 % vermiete, habe ich nach Kosten und Steuern trotzdem einen positiven Gewinn.*

Praktische Übung: Finde eine Immobilie in einem Gebiet mit hoher Nachfrage und berechne die potenzielle Rendite im Verhältnis zu den Kreditkosten.

KREDITFINANZIERUNG ZUR GRÜNDUNG EINES PROFITABLEN GESCHÄFTS

Ein weiterer Weg, Kredit sinnvoll zu nutzen, ist die Finanzierung zur Gründung oder Erweiterung eines Unternehmens.
Welche Geschäftsideen profitieren von Kredit?

- **Unternehmen mit stabiler Nachfrage** – Zum Beispiel E-Commerce, digitale Dienstleistungen, Gastronomie, Online-Bildung.
- **Franchises** – Eine etablierte Marke reduziert das unternehmerische Risiko.
- **Skalierbare Geschäftsmodelle** – Unternehmen, die ohne hohe Fixkosten schnell wachsen können.

Wie lässt sich das Risiko verringern?

- **Einen detaillierten Businessplan erstellen** – Nützlich sowohl für die Kreditvergabe als auch zur strategischen Orientierung.
- **Break-even-Point berechnen** – Wissen, wann das Unternehmen die Kosten deckt.
- **Nicht mehr Kredit aufnehmen als nötig** – Übermäßige Verschuldung kann das Unternehmen gefährden.

Praxisbeispiel: *Wenn ich mit einem Kredit von 50.000 Euro ein Café eröffne und monatlich 5.000 Euro Nettogewinn erziele, amortisiert sich die Investition in weniger als einem Jahr.*

Praktische Übung: Formuliere eine Geschäftsidee und berechne, wie viel Kapital du brauchst und wann sie profitabel werden könnte.

RISIKEN UND STRATEGIEN FÜR EINEN SICHEREN UMGANG MIT KREDIT

Kredit kann nützlich sein, muss aber diszipliniert verwaltet werden.
Hauptrisiken:

- **Zu hohe Zinssätze** – Wenn der Kreditzins höher ist als die Rendite, wird der Kredit zur Belastung.
- **Mangel an Liquidität** – Ein finanzieller Puffer ist essenziell, um Engpässe zu überbrücken.
- **Fehlkalkulationen** – Überschätzte Investitionen führen oft zu Verlusten.

Wie lassen sich Risiken reduzieren?

- **Immer eine Liquiditätsreserve haben** – Mindestens sechs Monate Kreditraten pro Projekt als Sicherheit.
- **Realistische Analyse der Rendite** – Alle Kosten und mögliche Marktschwankungen einbeziehen.
- **Nicht überverschulden** – Egal wie verlockend eine Gelegenheit scheint – bei hohem Ausfallrisiko lohnt es sich nicht.

Praxisbeispiel: *Wenn ich einen Kredit zum Kauf einer Immobilie aufnehme, muss ich nicht nur die Rate, sondern auch Steuern, Instandhaltung und mögliche Leerstandszeiten berücksichtigen.*

Praktische Übung: Wenn du eine kreditfinanzierte Investition planst, liste alle potenziellen Risiken auf und überlege dir, wie du sie abfedern kannst.

Bankkredit kann – richtig eingesetzt – den Weg zur finanziellen Freiheit beschleunigen. Das Geheimnis liegt darin, ihn nur zur Einkommensgenerierung zu nutzen – niemals für überflüssigen Konsum.

Merke dir: Schulden sind nicht das Problem. Entscheidend ist, wie du damit umgehst. Wenn der Kredit für dich arbeitet, ist er ein wertvoller Verbündeter. Wenn du aber für ihn arbeitest, ist er eine Falle.

ZUSAMMENFASSUNG

Die Auswahl der richtigen Investitionen ist eine persönliche Entscheidung, die ein gutes Verständnis der Finanzmärkte, des Risikos und der eigenen Ziele erfordert. Eine gut diversifizierte Anlagestrategie, die sowohl passive als auch aktive Investments berücksichtigt, kann wesentlich zum finanziellen Erfolg beitragen. Ebenso wichtig ist die kluge Nutzung von Bankkredit zur Gewinnerzielung – stets mit einem klaren Blick auf das Verhältnis von Risiko und Rendite. Triff fundierte Entscheidungen, um eine stabile Basis für deine finanzielle Zukunft zu schaffen.

14 WIE MAN WIRTSCHAFTLICHE FREIHEIT ERREICHT

Viele glauben, dass der einzige Weg, Geld zu verdienen, darin besteht, ein Unternehmen zu gründen und ein Leben lang darin zu arbeiten. Es gibt jedoch einen alternativen Weg: ein Geschäft mit echtem Wert aufzubauen und es zum richtigen Zeitpunkt zu verkaufen. Im Laufe der Jahre habe ich mehrere Unternehmen gegründet, die ich – sobald sie einen gewissen Umsatz erreicht hatten – an interessierte Käufer:innen verkauft habe, die sie weiterführen wollten. So konnte ich in neue Projekte reinvestieren, ohne in einem einzigen Business gefangen zu bleiben. Das ist die Denkweise eines/einer Unternehmer:in: Vermögenswerte schaffen, die Wert generieren, und den richtigen Moment erkennen, sie zu monetarisieren.

Hier möchte ich den Fokus auf die Bedeutung richten, Vermögenswerte und automatische Einkommensquellen zu schaffen – als Weg zum finanziellen Erfolg im Leben. Eine automatische Einkommensquelle stellt ein passives Einkommen dar, das es ermöglicht, Geld zu verdienen, ohne ständig aktiv arbeiten zu müssen. Zu lernen, wie man solche Einkünfte aufbaut, ist ein entscheidender Schritt auf dem Weg zur finanziellen Freiheit und zum Erfolg im Leben.

PASSIVES EINKOMMEN SCHAFFEN: DER SCHLÜSSEL ZUR FINANZIELLEN FREIHEIT

Die meisten Menschen tauschen ihre Zeit gegen Geld, in dem Glauben, dass dies der einzige Weg sei, ihren Lebensunterhalt zu verdienen. „Wenn du aufhörst zu arbeiten, hörst du auf zu verdienen!" – Das war die gängige Meinung, die ich oft gehört habe. Mein Ziel war es jedoch, finanzielle Freiheit zu erreichen – und dafür brauchte ich ein System, das auch dann Einkommen generierte, wenn ich nicht aktiv arbeitete.

An diesem Punkt kommt passives Einkommen ins Spiel.

Passives Einkommen bedeutet Geldzuflüsse, die über die Zeit hinweg eintreffen, ohne dass kontinuierlich aktiv gearbeitet werden muss. Es bedeutet nicht, Geld zu verdienen, ohne etwas zu tun (das ist ein Märchen), sondern Vermögenswerte zu schaffen, die auch dann für dich arbeiten, wenn du schläfst, reist oder anderen Dingen nachgehst.

WAS IST PASSIVES EINKOMMEN UND WARUM IST ES WICHTIG?

Passives Einkommen funktioniert so: Du investierst zu Beginn Zeit, Geld oder Fachwissen – und mit der Zeit erntest du die Früchte dieser Investition.

Hauptvorteile:

- **Kein ständiger Arbeitseinsatz nötig:** Nach der Aufbauphase läuft das Einkommen weitgehend autonom weiter.
- **Skalierbarkeit:** Ein gutes System kann wachsen, ohne dass dein Arbeitsaufwand steigt.
- **Einkommensdiversifizierung:** Mehrere Einkommensquellen senken das finanzielle Risiko.
- **Weg zur finanziellen Freiheit:** Du bist nicht länger auf ein festes Gehalt angewiesen.

Praxisbeispiel: *Eine junge Frau schrieb ein Buch und veröffentlichte es über Amazon und andere Plattformen. Sie schrieb es nur einmal, erhält aber* *jeden Monat weiterhin Tantiemen – das ist die Kraft des passiven Einkommens.*

Praktische Übung: Überlege dir, welche Aktivität du in eine passive Einkommensquelle umwandeln könntest. Verfügst du bereits über Kenntnisse oder Ressourcen, die du dafür nutzen kannst?

DIE BESTEN QUELLEN FÜR PASSIVES EINKOMMEN

Es gibt viele Wege, passives Einkommen zu generieren – manche erfordern Geld, andere Zeit und Wissen. Nach vielen Jahren Erfahrung und Tests habe ich einige der besten Bereiche mit passivem Einkommenspotenzial identifiziert:

1. Immobilieninvestitionen

- **Vermietung von Wohnungen** oder Ferienunterkünften.
- **Langfristige oder mittelfristige Vermietung** an Studierende oder Pendler.
- **Vermietung von Gewerbeflächen** an etablierte Unternehmen.

2. Finanzinvestitionen

- **Aktien mit Dividenden:** Investieren in Unternehmen, die regelmäßig ausschütten.
- **Anleihen und Festgeld:** Sichere Instrumente mit regelmäßigen Zinsen.
- **ETFs und Fonds:** Geld anlegen, ohne es aktiv verwalten zu müssen.

3. Erstellung und Verkauf digitaler Produkte

- **E-Books und Online-Kurse:** Inhalte einmal erstellen, dauerhaft verkaufen.

- **Apps und Software:** Digitale Tools entwickeln, die über Jahre Einnahmen generieren.
- **Stockfotos und lizenzfreie Musik:** Bilder, Videos oder Musik online verkaufen – ohne aktive Verwaltung.

4. Affiliate Marketing

- **Produkte anderer bewerben** und Provision bei Verkäufen verdienen.
- Funktioniert gut über Blogs, YouTube oder Social Media.

5. Automatisierte Geschäftsmodelle

- **E-Commerce mit Dropshipping:** Produkte verkaufen ohne Lagerhaltung.
- **Nischenblogs oder Websites:** Einnahmen durch Werbung und Affiliate-Links.

Praxisbeispiel: *Ein Blogger schreibt wertvolle Artikel und fügt Affiliate-Links zu empfohlenen Produkten ein. Er verdient automatisch Provisionen – ohne direkt zu verkaufen.*

Praktische Übung: Welche dieser Strategien passt am besten zu deinen Fähigkeiten?

PASSIVES EINKOMMEN: DER MYTHOS VOM „VOLLSTÄNDIGEN AUTOMATISMUS"

Viele glauben, passives Einkommen bedeute, Geld zu verdienen, ohne etwas zu tun. In Wahrheit erfordert es fast immer anfängliche Arbeit und zumindest eine gewisse Pflege über die Zeit hinweg.

Hier ein paar unbequeme Wahrheiten:

- **Anfangsinvestition notwendig:** Ob Zeit, Geld oder Wissen – ganz ohne Einsatz geht es nicht.

- **Manche Modelle brauchen Pflege:** Vermietete Immobilien erfordern Instandhaltung und Mieterkommunikation; eine Website muss aktuell gehalten werden.
- **Diversifikation ist entscheidend:** Verlasse dich nicht nur auf eine einzige Einkommensquelle – Märkte ändern sich.

Praxisbeispiel: *Ein Online-Kurs braucht Zeit zur Erstellung, aber nach der Veröffentlichung kann er über Jahre automatisch Einnahmen bringen – mit minimaler Aktualisierung.*

Praktische Übung: Überlege, ob du lieber Zeit oder Geld investieren möchtest, um dein passives Einkommen aufzubauen.

FEHLER, DIE DU BEIM AUFBAU PASSIVEN EINKOMMENS VERMEIDEN SOLLTEST

Viele scheitern schon, bevor sie richtig angefangen haben. Hier die häufigsten Fehler:

1. **Sofortige Gewinne erwarten:** Der Aufbau passiver Einkommensquellen braucht Zeit – Wunder gibt es nicht.
2. **Steuern und Abgaben ignorieren:** Jede Einkommensquelle ist steuerpflichtig. Frühzeitig planen, um Gewinne zu optimieren.
3. **Nicht diversifizieren:** Nur auf eine Einkommensquelle zu setzen, ist riskant. Diversifikation schützt vor Schwankungen.
4. **Keine Erfolgskontrolle:** Auch „passive" Projekte brauchen Überwachung, um ihre Leistung zu optimieren.

Praxisbeispiel: *Ein Investor kauft eine Wohnung zur Vermietung, berücksichtigt aber nicht Steuern, Instandhaltung und Leerstandszeiten – das Ergebnis: Die Gewinne bleiben deutlich hinter den Erwartungen zurück.*

Praktische Übung: Identifiziere mögliche Hindernisse beim

Aufbau deines passiven Einkommens und entwickle Strategien, um sie zu überwinden.

Passives Einkommen aufzubauen ist eine essenzielle Strategie für finanzielle Freiheit – aber es erfordert Einsatz und Planung.
Zusammenfassung:

- Passive Einkünfte erfordern anfängliche Investitionen (Zeit, Geld oder Wissen).
- Es gibt viele Möglichkeiten – von Immobilien über Finanzanlagen bis zu digitalen Produkten.
- Vermeide typische Fehler wie mangelnde Diversifikation oder schlechte Steuerplanung.

Merke dir: Arbeite nicht für Geld – sorge dafür, dass Geld für dich arbeitet.

AUTOMATISIERTE EINKÜNFTE MIT IMMOBILIEN: DIE RICHTIGE STRATEGIE ZUR GEWINNMAXIMIERUNG

Automatische Einkünfte durch kluge Investitionen zu generieren, ist eine der effektivsten Methoden, um langfristige finanzielle Stabilität aufzubauen. Immobilien können – bei richtiger Verwaltung – zu einer stabilen und dauerhaften passiven Einkommensquelle werden.

Doch nicht jede Immobilieninvestition ist gleich rentabel, und manche Strategien bringen deutlich höhere Gewinne als andere. In diesem Kapitel analysieren wir die verschiedenen Möglichkeiten, mit Immobilien automatisiertes Einkommen zu erzielen, welche Chancen sich besonders lohnen und wie du typische Fehler vermeidest.

WARUM IN IMMOBILIEN INVESTIEREN, UM PASSIVES EINKOMMEN ZU GENERIEREN?

Immobilien bieten als langfristige Anlage zahlreiche Vorteile:

- **Stetige Cashflows:** Mieteinnahmen sorgen für regelmäßige Einkünfte, die Ausgaben decken und Gewinne erwirtschaften.
- **Inflationsschutz:** Immobilienwerte steigen tendenziell im Laufe der Zeit und schützen so dein Kapital.
- **Finanzielle Hebelwirkung:** Banken ermöglichen es, mit geringem Eigenkapital zu investieren und dadurch die Kaufkraft zu steigern.
- **Diversifikation:** Immobilieninvestments ergänzen ein Finanzportfolio sinnvoll und reduzieren Risiken.

Aber: Nicht alle Immobilieninvestments sind gleich profitabel. So findest du die richtige Strategie für dich.

WELCHE IMMOBILIEN BRINGEN DIE HÖCHSTE RENDITE?

Nicht jede Immobilie ist gleich – und wie du sie verwaltest, kann den Unterschied zwischen Top-Investment und Flop ausmachen. Hier sind die Vor- und Nachteile der wichtigsten Optionen:

Kurzzeitvermietung an Touristen und Geschäftsreisende

- **VORTEILE:** Dank Plattformen wie Airbnb lässt sich deutlich mehr verdienen als mit klassischer Vermietung.
- **NACHTEILE:** Erfordert intensivere Verwaltung (Check-in, Reinigung, Gästeservice) – kann jedoch an einen Property Manager:in ausgelagert werden.

Praxisbeispiel: *Ein Freund kaufte eine kleine Wohnung in einer Touristenstadt und vermietet sie tageweise. Sein Jahresgewinn ist mehr als doppelt so hoch wie bei langfristiger Vermietung derselben Immobilie.*

Vermietung an Studierende und Pendler:innen

- **VORTEILE:** Stabile Nachfrage und Möglichkeit, die Wohnung in mehrere Zimmer zu unterteilen und separat zu vermieten.
- **NACHTEILE:** Studierende ziehen häufig um – es braucht aktives Management, um regelmäßig neue Mieter:innen zu finden.

Praxisbeispiel: *Eine Dreizimmerwohnung, an Studierende vermietet, bringt in einer Großstadt durch Zimmervermietung mehr ein als eine langfristige Einheitsmiete.*

Langfristige Vermietung: Warum du vorsichtig sein solltest

Aus meiner Sicht sind klassische Langzeitvermietungen oft nicht die rentabelste Strategie. Warum?

- **Geringere Einnahmen:** Nach Steuern und Betriebskosten bleibt meist wenig übrig.
- **Zahlungsausfälle und Räumungsschwierigkeiten:** In vielen Ländern sind Mieter:innen gesetzlich besser geschützt als Vermieter:innen – ein:e zahlungsunfähige:r Mieter:in kann schwierig zu kündigen sein.
- **Wertverlust der Immobilie:** Langjährige Mieter:innen können durch mangelnde Pflege den Zustand verschlechtern – eine Renovierung ist oft nur mit Leerstand möglich.

Praxisbeispiel: *Viele glauben, dass eine langfristige Vermietung Stabilität bringt. Aber wenn Mieter:innen nicht zahlen und man jahrelang auf eine Räumung warten muss, zahlt sich das Investment nicht aus.*

Bessere Alternative: Die Vermietung an Studierende oder Pendler:innen bietet mehr Flexibilität und höhere Renditen.

STRATEGIEN ZUR GEWINNMAXIMIERUNG

Um das Maximum aus deiner Immobilieninvestition herauszuholen, ist eine gezielte Strategie entscheidend:

1. Die richtige Lage wählen

- Investier in Gebiete mit hoher touristischer, universitärer oder geschäftlicher Nachfrage.
- Meide Regionen mit hoher Ausfallquote oder schwer verkäuflichen Objekten.

2. Struktur der Immobilie optimieren

- Große Wohnungen in mehrere Einheiten aufteilen, um die Rendite zu steigern.
- Renovieren und geschmackvoll einrichten, um höhere Mieten zu erzielen.

3. Steuervorteile nutzen

- Einige Kurzzeitmietmodelle bieten steuerliche Vorteile gegenüber langfristigen Mietverträgen.
- Konsultier einen Steuerberater, um die Nettorendite zu optimieren.

4. Verwaltung automatisieren

- Verwalte Zahlungen, Ausgaben und Fristen über digitale Tools.
- Lagere Aufgaben an eine:n Property Manager:in aus, um deinen Aufwand zu reduzieren.

Häufige Fehler vermeiden

- **Kauf ohne Marktanalyse:** Viele investieren in Immobilien, ohne die lokale Nachfrage und Renditechancen zu prüfen.
- **Kosten unterschätzen:** Steuern, Instandhaltung und Verwaltung können die Gewinne deutlich schmälern.

- **Fehlende Diversifikation:** Alles auf eine Karte zu setzen, birgt ein hohes Risiko.
- **Steuerliche Aspekte ignorieren:** Wer die steuerlichen Regeln nicht kennt, verliert bares Geld.

Praxisbeispiel: *Ich kenne Leute, die Häuser am Stadtrand kauften, überzeugt davon, sie schnell vermieten zu können. Doch nach monatelangem Leerstand merkten sie: Ohne Nachfrage kein Einkommen.*

Immobilien sind eine hervorragende Möglichkeit, automatisiertes Einkommen zu schaffen – vorausgesetzt, du gehst strategisch vor:

- Kurzzeitvermietung sowie Vermietung an Studierende oder Pendler sind die lukrativsten Optionen.
- Langfristige Vermietung wirkt zwar sicher, bringt aber oft geringere Margen und mehr Probleme.
- Planung und Diversifikation sind entscheidend, um böse Überraschungen zu vermeiden.

Merke dir: Es geht nicht darum, einfach Immobilien zu besitzen – sondern zu wissen, wie du mit ihnen Rendite erzielst.

DAS RICHTIGE GESCHÄFTSFELD FÜR PASSIVES EINKOMMEN WÄHLEN

Als ich begann, nach Wegen für passives Einkommen zu suchen, machte ich einen der häufigsten Fehler: Ich stürzte mich in einen Sektor, nur weil er im Trend lag – ohne Recherche, ohne zu prüfen, ob er zu mir passte. Das Ergebnis? Ich verlor Zeit und Geld. Später erkannte ich, dass die Wahl des richtigen Bereichs keine Frage von Mode oder Glück ist – sondern von Strategie.

Lass uns analysieren, wie man das passende Feld für den Aufbau automatischer Einnahmen findet, Fehltritte vermeidet und echte Chancen nutzt.

DIE DREI SCHLÜSSELFAKTOREN BEI DER AUSWAHL DES RICHTIGEN SEKTORS

Um ein Geschäftsfeld für passives Einkommen auszuwählen, solltest du drei entscheidende Elemente berücksichtigen:

1. Leidenschaft und persönliches Interesse

- Wenn du in einem Bereich arbeitest, der dich begeistert, bleibst du langfristig motiviert.
- Ein Thema, das deine Neugier weckt, inspiriert dich, tiefer einzusteigen und innovativ zu sein.
- Leidenschaft hilft, anfängliche Hürden zu überwinden und dranzubleiben.

Praxisbeispiel: *Ein Reisebegeisterter könnte einen Blog starten, der durch Affiliate-Links und Werbung monetarisiert wird. Ein Technikfan könnte einen YouTube-Kanal mit Produktbewertungen aufbauen.*

Ich selbst habe früher in einen Bereich investiert, nur weil er profitabel schien – ohne echtes Interesse. Nach ein paar Monaten verlor ich die Motivation und Geld – und brach das Projekt ab. Heute weiß ich: Wer etwas Dauerhaftes aufbauen will, braucht echte Begeisterung für das Thema.

2. Vorhandene Kompetenzen und Wissen

- Bereits vorhandene Fähigkeiten verkürzen die Lernkurve und helfen, Anfängerfehler zu vermeiden.
- Mit Branchenerfahrung erkennst du lukrative Chancen leichter.
- Falls du in einem Bereich noch kein Know-how hast, aber großes Interesse, lohnt sich eine Fortbildung vor dem Einstieg.

Praxisbeispiel: *Wer Erfahrung im digitalen Marketing hat, könnte eine*

Beratungsfirma gründen oder einen Onlinekurs zur Wissensvermittlung entwickeln.

3. Marktanalyse und Rentabilität

- Ein lukrativer Markt braucht stabile oder wachsende Nachfrage. Vermeide überfüllte oder schrumpfende Märkte.
- Achte auf die Konkurrenz: Zu viele Anbieter:innen erschweren den Einstieg, zu wenige können auf mangelnde Nachfrage hindeuten.
- Schätz Gewinnpotenzial und Zeitaufwand realistisch ein – manche Branchen brauchen länger, bis sie profitabel werden.

Praxisbeispiel: *Ein Wachstumsmarkt wie erneuerbare Energien bietet mehr Chancen als ein schrumpfender wie Printmedien.*

Praktische Übung: Führe eine Marktanalyse für dein Wunschfeld durch. Untersuche Nachfrage, Wettbewerb und Wachstumspotenzial in den nächsten 5–10 Jahren.

FEHLER, DIE DU BEI DER SEKTORWAHL VERMEIDEN SOLLTEST

- **Nur Trends folgen** – Trendbranchen können schnell überlaufen sein.
- **Keine Marktanalyse machen** – Ohne Kenntnisse zur Konkurrenz wird's riskant.
- **Einstieg ohne Leidenschaft oder Erfahrung** – Fehlendes Interesse erhöht das Scheitern.
- **Risiken und Eintrittsbarrieren ignorieren** – Manche Felder erfordern hohe Anfangsinvestitionen oder komplexe Regularien.

Praxisbeispiel: *Viele unerfahrene Anleger:innen kaufen Aktien, ohne den Markt zu kennen – und verlieren ihr Kapital, wenn die Kurse abstürzen.*

Praktische Übung: Liste mögliche Risiken deines Interessengebiets auf und entwickle Strategien zur Risikominderung.

WIE DU IM RICHTIGEN SEKTOR STARTEST

Sobald du das passende Feld gewählt hast, folge diesen Schritten:

1. **Bildung und Recherche**
   - Lern über Bücher, Kurse und Mentor:innen.
   - Studier Erfolgsbeispiele und bewährte Geschäftsmodelle.
2. **Planung und Testphase**
   - Erstell einen detaillierten Businessplan mit klaren Zielen und Strategien.
   - Teste dein Konzept am Markt, um Feedback zu erhalten.
3. **Netzwerken und Kooperationen**
   - Vernetz dich mit Experten, um von deren Strategien zu lernen.
   - Such gezielt Partnerschaften, die dein Wachstum beschleunigen.
4. **Anpassungsfähigkeit und Weiterentwicklung**
   - Überwach die Performance deines Investments und optimiere regelmäßig.
   - Sei bereit, Strategien zu ändern, wenn sich der Markt wandelt.

Fazit:

- **Leidenschaft, Know-how und Marktanalyse sind der Schlüssel** zu einer fundierten Entscheidung.
- **Es gibt zahlreiche rentable Branchen** – Immobilien, Finanzen, Online-Business, erneuerbare Energien.
- **Vermeide typische Fehler** wie blindem Trendfolgen oder fehlender Vorbereitung.

Merke dir: Erfolg bedeutet nicht, alles zu machen – sondern das Richtige zu wählen und darin zu brillieren.

PASSIVES EINKOMMEN OHNE GELD INVESTIEREN

Die Idee, ohne Kapital passiv Geld zu verdienen, klingt unmöglich, oder? Aber mit Strategie und Kreativität lässt sich auch ganz ohne Geld eine Einkommensquelle schaffen.

Ich selbst war in einer finanziell schwierigen Phase. Doch ich lernte: Mangel an Geld ist kein Hindernis – sondern ein Antrieb, klüger zu denken und die eigenen Ressourcen optimal zu nutzen. Ich habe mehrere Projekte ohne Startkapital begonnen – nur mit meinen Fähigkeiten, etwas Kreativität und Unternehmergeist. Einige funktionierten, andere nicht – aber jede Erfahrung brachte mir wertvolle Erkenntnisse.

Und die wichtigste Lektion? Geld ist nicht deine einzige Ressource. Zeit, Fähigkeiten und Beziehungen können sogar wertvoller sein.

NUTZE, WAS DU SCHON HAST

Wenn du kein Kapital hast, kannst du trotzdem Zeit, Wissen und dein Netzwerk nutzen. *Praktische Strategien:*

Setze deine Fähigkeiten ein, um Mehrwert zu schaffen

- Kenntnisse in Marketing, Schreiben, Programmieren oder Design können dir helfen, ein Online-Business ohne Startkapital zu starten.
- **Beispiel:** Du kannst einen Blog, YouTube-Kanal oder Social-Media-Account zu einem bestimmten Thema aufbauen und durch Werbung oder Affiliate-Links monetarisieren. Ein guter Freund von mir begann mit einem einfachen Reiseblog – heute lebt er davon.

Nutze dein Netzwerk

- Kennst du Leute, die deine Hilfe brauchen könnten? Biete Beratungen an oder arbeite partnerschaftlich, um gemeinsam Einkommen zu erzielen.

- **Beispiel:** Ein:e Social-Media-Expert:in könnte die Onlinepräsenz kleiner Unternehmen verwalten und dafür umsatzabhängige Provisionen erhalten.

Arbeite für eine Gewinnbeteiligung

- Statt für ein Gehalt zu arbeiten, kannst du dich an Projekten mit Umsatzbeteiligung beteiligen – und so Anteile am Business sichern.
- **Beispiel:** Du bietest einem Start-Up deine Dienstleistung an und erhältst im Gegenzug einen Anteil am künftigen Gewinn. Ich kenne Menschen, die so Beteiligungen an Unternehmen erhalten haben, die heute Millionen wert sind.

Praktische Übung: Erstelle eine Liste deiner Fähigkeiten und deines Netzwerks. Wie könntest du diese nutzen, um ohne Kapital Einkommen zu generieren?

SKALIERBARE UND KOSTENGÜNSTIGE GESCHÄFTSMODELLE

Ein skalierbares Business ist eines, das mit der Zeit wachsen kann, ohne dass dein Arbeitsaufwand oder deine Ausgaben im gleichen Maße steigen. Hier sind einige Ideen:

Verkauf digitaler Produkte

- Die Erstellung eines E-Books, eines Online-Kurses oder eines Leitfadens ist eine Möglichkeit, Einkommen zu erzielen – ohne laufende Produktionskosten.
- **Beispiel:** Ein Freund von mir hat ein kleines Handbuch geschrieben, wie man LinkedIn für die Jobsuche nutzt, und es über Amazon Kindle verkauft. Er investierte nur seine Zeit – heute erhält er jeden Monat passives Einkommen daraus.

Affiliate-Marketing betreiben

- Du kannst Produkte anderer Unternehmen bewerben und erhältst eine Provision für jeden Verkauf.
- **Beispiel:** Manche Menschen bewerten Technik-Gadgets auf YouTube und verdienen über Amazon-Affiliate-Links. Jedes Mal, wenn jemand über ihren Link kauft, erhalten sie eine Beteiligung.

Online-Business ohne Lager starten

- **Dropshipping** ermöglicht es, Produkte online zu verkaufen, ohne Lager oder Logistik selbst zu verwalten.
- **Beispiel:** Ein Online-Shop, der Produkte externer Anbieter verkauft und bei jeder Bestellung verdient.

Praktische Übung: Welches dieser Geschäftsmodelle passt am besten zu dir?

AUTOMATISIERE DEINE EINNAHMEN MIT TECHNOLOGIE

Technologie ist dein bester Verbündeter, um Einnahmen zu generieren, ohne täglich manuell arbeiten zu müssen.

Lead-Generierung automatisieren

- Erstell ein E-Mail-Marketing-System, das automatisch Angebote an potenzielle Kund:innen sendet.
- **Beispiel:** Ein Newsletter, der automatisiert Produkte oder Affiliate-Dienste bewirbt – so verdienst du Geld, während du schläfst.

Social Media monetarisieren

- Durch das Erstellen von Inhalten auf sozialen Netzwerken kannst du durch Werbung oder Affiliate-Links passives Einkommen erzielen.
- **Beispiel:** Ein Nischen-Influencer verdient Geld mit Werbung und Sponsoring – ganz ohne physische Produkte.

Praktische Übung: Welches Tool könntest du nutzen, um eine Einnahmequelle zu automatisieren?

MIT IMMOBILIEN GELD VERDIENEN – GANZ OHNE KAPITAL

Du brauchst kein großes Vermögen, um in den Immobilienmarkt einzusteigen. Hier zwei funktionierende Strategien:

Immobilien im Auftrag verwalten

- Biete dich als Property Manager:in für Eigentümer:innen an, die über Airbnb vermieten wollen, aber keine Zeit für die Verwaltung haben.
- **Beispiel:** Ein Bekannter verwaltet zehn Wohnungen anderer Eigentümer und behält 20 % der Einnahmen. Er hat ein Geschäft aufgebaut, ohne selbst Eigentum zu besitzen.

Untermiete & Rent-to-Rent

- Du mietest eine Immobilie langfristig und vermietest sie gewinnbringender weiter. *(Wichtig: Informiere den/die Eigentümer/in vorher!)*
- **Beispiel:** Ein:e Investor:in mietet ein Haus, teilt es in einzelne Zimmer und vermietet diese an Student:innen oder Berufspendler:innen – mit deutlich höherer Rendite.

Praktische Übung: Gibt es Immobilienchancen in deiner Umgebung, die du ohne Eigenkapital nutzen könntest?

PARTNERSCHAFTEN NUTZEN, UM CHANCEN ZU MULTIPLIZIEREN

Strategische Allianzen können fehlendes Kapital durch gemeinsame Kompetenzen und Ressourcen ausgleichen.

Neben dem Angebot deiner Dienstleistungen gegen Geschäftsanteile kannst du auch profitable Kooperationen mit anderen Profis eingehen:

- Verbinde dich mit Expert:innen aus ergänzenden Bereichen und starte gemeinsam ein Business ohne Startkapital.
- **Beispiel:** Eine:e Designer:in kann mit einem/einer Texter:in zusammen eine Social-Media-Agentur gründen – eine/r schreibt Inhalte, der/die andere gestaltet sie. Kein Kapital nötig – nur geteiltes Know-how.

Praktische Übung: Wer aus deinem Netzwerk könnte ein:e gute:r Geschäftspartner:in sein?

Passives Einkommen ohne Geld ist kein Traum – es erfordert nur ein Umdenken.

Du brauchst kein Startkapital, um zu beginnen. Nutze einfach, was du schon hast: Zeit, Fähigkeiten, Beziehungen und Kreativität.

- Nutz deine Zeit und Talente, um echten Wert zu schaffen.
- Wähl skalierbare und automatisierbare Geschäftsmodelle.
- Setz Technologie ein, um ohne aktive Arbeit Einnahmen zu erzielen.
- Bau strategische Partnerschaften auf, um Zugang zu Ressourcen zu erhalten.

Merke dir: Das wichtigste Kapital ist nicht Geld, sondern Wissen – und die Fähigkeit zu handeln.

ZUSAMMENFASSUNG

Passives Einkommen aufzubauen ist ein realistisches Ziel für alle, die finanziellen Erfolg anstreben. Durch den Aufbau automatischer Einkünfte, die Wahl des richtigen Sektors und Strategien ohne Investitionskosten kannst du dir eine stabile Einnahmequelle schaffen – und so mehr finanzielle Freiheit genießen.

Vergiss nicht: Es braucht Zeit, Energie und Anfangseinsatz, um ein System aufzubauen, das langfristig autonom funktioniert. Aber mit der richtigen Denkweise und Entschlossenheit kannst auch du den Erfolg mit passivem Einkommen erreichen.

15 WIE MAN MIT MISSERFOLGEN UMGEHT

Das Leben kann ein verschlungener Weg sein, voller Herausforderungen und Hindernisse, die unsere mentale Stärke und Motivation auf die Probe stellen.

Manchmal fühlt es sich an, als wäre man in einer Spirale der Negativität gefangen, überfordert vom Alltag und seinen Gewohnheiten. Doch selbst in schwierigen Momenten ist es möglich, wieder aufzublühen und die Freude am Leben zurückzugewinnen. In diesem Kapitel erkunden wir Strategien, um neu anzufangen, Motivation zurückzugewinnen und neue Lebensfreude zu entwickeln.

NEUSTART NACH EINEM SCHEITERN: MOTIVATION UND BEGEISTERUNG ZURÜCKGEWINNEN

Jede:r Unternehmer:in, jeder Profi oder ambitionierte Mensch wird früher oder später Rückschläge erleben: ein Geschäft, das nicht zündet, eine Investition, die sich nicht lohnt, ein gescheitertes Projekt oder eine beendete Beziehung. Ich habe all das selbst erlebt und weiß, wie schwer es ist, wieder aufzustehen.

Scheitern kann die Motivation schwer belasten, zu Frustration, Mutlosigkeit oder – im schlimmsten Fall – zu Lähmung führen. Doch ein Misserfolg ist nicht das Ende der Reise – sondern eine Lektion, eine Gelegenheit zu wachsen. Der Unterschied zwischen denen, die weitermachen, und denen, die aufgeben, liegt in der Fähigkeit, Motivation und Begeisterung zurückzugewinnen.

SCHEITERN AKZEPTIEREN, OHNE SICH DAVON ERDRÜCKEN ZU LASSEN

Die erste Reaktion auf einen Fehlschlag ist oft sich schuldig zu fühlen oder von sich enttäuscht zu sein. Das ist normal – aber zu lange darin zu verweilen, kann lähmen.

Wie gehst du konstruktiv mit Misserfolg um?

- **Akzeptier ihn als Teil des Weges** – Jede:r erfolgreiche Unternehmer:in ist mehrfach gescheitert, bevor er/sie Erfolg hatte.
- **Vermeide übermäßige Selbstkritik** – Analysiere den Fehler sachlich, ohne dich niederzumachen.
- **Trenn das Scheitern von deiner Identität** – Ein Fehler bedeutet nicht, dass du ein:e Versager:in bist.

Praxisbeispiel: Als mein Unternehmensprojekt nicht funktioniert hat, konnte ich mich auf das Gelernte konzentrieren statt mich unfähig zu fühlen. Ich konnte meine Strategie verbessern und es mit einem neuen Ansatz noch einmal versuchen.

Praktische Übung: Schreibe dir selbst einen Brief, in dem du erklärst, was du aus dem Misserfolg gelernt hast und wie du diese Erkenntnis künftig nutzen willst.

NEUE MOTIVATION FINDEN: NACH VORNE SCHAUEN

Sobald du die Situation akzeptiert hast, geht es darum, die Energie auf neue Ziele zu lenken. Grübeln ändert nichts – Handeln schon.

Strategien zur Wiedergewinnung von Motivation:

- **Erinner dich an deine Vision** – Warum hast du angefangen? Ist dein Ziel noch relevant?
- **Schaff neue Reize** – Ein neuer Kontext, neue Gewohnheiten oder Methoden können neue Begeisterung wecken.
- **Umgib dich mit inspirierenden Menschen** – Der Austausch mit Menschen, die selbst Krisen überwunden haben, eröffnet neue Perspektiven.

Praxisbeispiel: *Ich habe eine Jobchance verloren! Statt stillzustehen, widme ich täglich eine Stunde der Weiterbildung und überlege, wie ich meine Fähigkeiten neu einsetzen kann.*

Praktische Übung: Formuliere ein klares, konkretes Ziel für die nächsten drei Monate und plane die ersten drei Schritte, um es zu erreichen.

PERSPEKTIVWECHSEL: JEDER MISSERFOLG IST EINE LEKTION

Erfolgreiche Menschen sehen im Scheitern keine Niederlage, sondern eine Gelegenheit zur Verbesserung. Jeder Fehler enthält wertvolle Informationen – wenn man sie richtig liest.

Wie machst du aus Misserfolg eine Chance?

- **Analysier, was funktioniert hat – und was nicht** – Objektiv, ohne Schuldzuweisungen.
- **Erkenn, was du verbessern kannst** – Gibt es Fähigkeiten, die du entwickeln solltest? Strategien, die du verfeinern kannst?
- **Setz auf kontinuierliche Verbesserung** – Heute zu scheitern heißt, morgen besser zu werden.

Praxisbeispiel: *Wenn mein Business gescheitert ist, frage ich mich: War es das Produkt? Der Markt? Das Geschäftsmodell? Welchen Aspekt kann ich optimieren und neu starten?*

Praktische Übung: Notiere nach einem Rückschlag drei Dinge, die du daraus gelernt hast, und wie du sie in Zukunft anwenden willst.

ENERGIE TANKEN: DIE BEGEISTERUNG WIEDERFINDEN

Ein Scheitern kann die Motivation erschöpfen. Bevor du neu startest, musst du deine mentale und physische Energie wieder aufladen.
Wie findest du wieder Begeisterung und Entschlossenheit?

- **Tu etwas, das dich begeistert** – Manchmal reicht eine Pause, um die Kreativität neu zu entfachen.
- **Betreib Aktivitäten, die positives Denken fördern** – Sport, Lesen, Meditation, Reisen.
- **Setz dir kleine tägliche Erfolge** – Kleine Fortschritte stärken dein Selbstvertrauen.

Praxisbeispiel: *Wenn ich mich blockiert fühle, nehme ich mir eine Woche für ein Nebenprojekt oder eine kreative Aktivität. Oft bringt etwas Abstand ganz neue Ideen.*

Praktische Übung: Widme jeden Tag mindestens 30 Minuten einer Tätigkeit, die dich emotional auflädt.

HANDELN: DER EINZIGE WEG AUS DER BLOCKADE

Nach Reflexion, Energieaufbau und Zielsetzung folgt der entscheidende Schritt: ins Handeln kommen. Die größte Gefahr nach einem Rückschlag ist das Warten auf den perfekten Moment.
Wie startest du effektiv neu?

- **Mach einen ersten Schritt – auch einen kleinen** – Ein Anruf oder eine E-Mail können der Anfang sein.
- **Vermeide die Aufschieberitis** – Der perfekte Moment existiert nicht. Nutze, was du jetzt hast.

- **Überwach deinen Fortschritt ohne Zwang** – Verbesserung ist ein Prozess, kein Sprint.

Praxisbeispiel: *Wenn ich wichtige Kundschaft verloren habe, kann ich sofort neue Kontakte knüpfen, statt im Bedauern zu verharren.*

Praktische Übung: Definiere heute eine konkrete Handlung, mit der du deinem Ziel näher kommst.

Ein Misserfolg definiert nicht, wer du bist. Entscheidend ist, wie du reagierst, was du lernst und was du daraus machst.

Merke dir: Wer nach einem Fall wieder aufsteht, ist nicht nur stärker – sondern auch besser vorbereitet auf zukünftigen Erfolg.

WARUM ES WICHTIG IST, POSITIV ZU BLEIBEN

Positivität ist nicht nur eine Einstellung, sondern ein praktisches Werkzeug, um Herausforderungen zu meistern und Erfolg zu gestalten. Positiv zu sein heißt nicht, Probleme zu ignorieren – sondern Lösungen zu finden, Klarheit zu bewahren und Schwierigkeiten mit Entschlossenheit anzugehen.

In der Geschäftswelt und im Berufsleben hilft dir eine positive Haltung nicht nur, Hindernisse zu überwinden – sie zieht auch Chancen an, steigert deine Produktivität und stärkt Beziehungen. Wer optimistisch bleibt, hat mehr Ausdauer in Krisenzeiten, inspiriert andere und erzielt messbare Ergebnisse.

POSITIVITÄT ALS WETTBEWERBSVORTEIL

Im Leben und im Business sind Rückschläge unvermeidlich. Der Unterschied zwischen Aufgeben und Erfolg liegt in der Reaktion auf diese Momente.

Warum hilft dir ein positives Mindset beim Durchbruch?

- **Bessere Problemlösungskompetenz** – Ein offener, zuversichtlicher Geist fördert Kreativität und strategisches Denken.
- **Höhere Stressresistenz** – Wer positiv denkt, kann Drucksituationen besser bewältigen.
- **Bessere Entscheidungen** – Negativität sieht nur Risiken. Positivität erkennt auch Chancen.

Praxisbeispiel: *Ein:e Unternehmer:in erlebt eine Wirtschaftskrise. Statt sich zu beklagen oder zu lähmen, analysiert er/sie neue Wege, diversifiziert seine Einkommensquellen – und verwandelt die Krise in Wachstum.*

Praktische Übung: Wann immer du vor einer Herausforderung stehst, frage dich: „Welche neue Möglichkeit kann aus dieser Situation entstehen?"

MENTALES TRAINING FÜR POSITIVE RESILIENZ

Positivität ist kein angeborenes Talent, sondern eine Fähigkeit, die man entwickeln und trainieren kann. Positiv zu sein bedeutet nicht, Probleme zu vermeiden, sondern mentale Stärke aufzubauen, um sie produktiv zu bewältigen.
Strategien zur Stärkung einer positiven Denkweise:

- **Negative Gedanken umformulieren** – Statt zu sagen: „Ich schaffe das nicht", frage dich: „Wie kann ich es schaffen?"
- **Positive Sprache verwenden** – Worte beeinflussen unser Denken: Vermeide pessimistische Ausdrücke und fokussiere dich auf konstruktive Aussagen.
- **Selbstlob praktizieren** – Jeder kleine Erfolg bestätigt deine Fähigkeiten und stärkt dein Selbstvertrauen.

Praxisbeispiel: *Wenn ein Projekt scheitert, konzentriere dich nicht auf das, was schiefgelaufen ist, sondern analysiere, was du gelernt hast und wie du es beim nächsten Mal besser machen kannst.*

Praktische Übung: Schreibe am Ende jedes Tages drei Dinge auf, die dir gelungen sind und auf die du stolz bist.

DIE KRAFT DER DANKBARKEIT: PERSPEKTIVWECHSEL

Eine der effektivsten Methoden, Positivität aufrechtzuerhalten, ist das Praktizieren von Dankbarkeit. Den Fokus vom Mangel auf das Vorhandene zu richten, hilft, eine ausgeglichene und widerstandsfähige Denkweise zu entwickeln.

Vorteile der Dankbarkeit:

- **Reduziert Stress und Angst** – Dankbarkeit lenkt den Fokus von Sorgen hin zu den eigenen Stärken.
- **Steigert das Gefühl der Erfüllung** – Wer den Wert der Dinge erkennt, empfindet Schwierigkeiten als weniger belastend.
- **Stärkt die Motivation** – Wer sich auf das Positive konzentriert, schöpft Energie für die eigenen Ziele.

Praxisbeispiel: *Statt dich auf die Kund:innen zu fokussieren, die dein Angebot abgelehnt haben, denke an jene, die an dich geglaubt haben – und verbessere dich weiter, um neue Kund:innen zu gewinnen.*

Praktische Übung: Schreibe jeden Morgen drei Dinge auf, für die du dankbar bist – auch kleine Dinge wie ein inspirierendes Gespräch oder ein Fortschritt in einem Projekt.

DER EINFLUSS VON UMFELD UND MENSCHEN

Die Menschen, mit denen wir unsere Zeit verbringen, haben direkten Einfluss auf unsere mentale Haltung. Der Umgang mit negativen, pessimistischen Personen kann deine Motivation dämpfen, während ein positives Umfeld dein proaktives Denken stärkt.

Wie wählst du das richtige Umfeld?

- **Such inspirierende Menschen** – Mentor:innen, Kolleg:innen und Freund:innen, die Energie und positive Impulse vermitteln.
- **Reduzier Zeit mit toxischen Personen** – Wer dich kleinmacht oder ständig negativ ist, sollte weniger Raum in deinem Leben einnehmen.
- **Nimm aufbauende Inhalte auf** – Bücher, Podcasts und motivierende Videos beeinflussen deine Denkweise positiv.

Praxisbeispiel: *Wenn du merkst, dass dir jemand beim Gespräch Unruhe oder Pessimismus überträgt, frage dich: ‚Hilft mir diese Beziehung zu wachsen oder hält sie mich zurück?'*

Praktische Übung: Analysiere die Menschen, mit denen du am häufigsten zu tun hast. Wer von ihnen hat einen positiven Einfluss auf dein Leben?

POSITIVITÄT IN HANDLUNGEN UMWANDELN

Positiv zu denken allein genügt nicht – es braucht konkrete Taten. Damit deine positive Haltung wirkt, muss sie sich in deinem Verhalten widerspiegeln.

Strategien, um Positivität in Ergebnisse umzusetzen:

- **Handeln statt warten** – Optimismus heißt nicht, passiv zu bleiben, sondern positive Energie für Fortschritte zu nutzen.
- **Auf Lösungen fokussieren, nicht auf Probleme** – In jeder Schwierigkeit steckt eine Möglichkeit zur Verbesserung.
- **Erfolgsgewohnheiten aufbauen** – Positivität wird zum Lebensstil, wenn du produktive Routinen etablierst.

Praxisbeispiel: *Wenn dein Unternehmen stagniert, jammere nicht – entwickle eine Strategie, um neue Märkte zu erschließen oder dein Produkt zu verbessern.*

Praktische Übung: Wähle jede Woche eine Herausforderung, der du gegenüberstehst, und notiere drei Maßnahmen, mit denen du sie verbessern kannst.

Positiv zu bleiben heißt nicht, Probleme zu ignorieren – sondern ihnen mit einer Denkweise zu begegnen, die Lösungen, Chancen und neue Motivation hervorbringt. Positivität ist eine bewusste Entscheidung, eine Gewohnheit, die gepflegt werden muss, und ein klarer Wettbewerbsvorteil – beruflich wie privat.

Merke dir: Du kannst nicht alles kontrollieren, was passiert – aber du kannst kontrollieren, wie du reagierst.

BEGEISTERUNG WIEDERFINDEN: WIE MAN DIE LEIDENSCHAFT FÜR DAS, WAS MAN TUT, NEU ENTFACHT

Begeisterung ist der Motor, der Ideen in Taten verwandelt – der Treibstoff, der Arbeit erfüllender und das Leben lebendiger macht. Doch jeder erlebt irgendwann Phasen der Apathie und Demotivation. Das ist normal – problematisch wird es, wenn dieser Zustand andauert und die Leidenschaft erlischt, sodass alles zur Last wird.

Ich habe das mehrfach erlebt. Es gab Zeiten, da wachte ich morgens auf und alles schien langweilig, eintönig, bedeutungslos. Es war keine Faulheit – es fühlte sich an, als wäre meine Energie versiegt. Ich war mir sicher, dass ich auf dem richtigen Weg war, aber innerlich war etwas erloschen. Ich musste lernen, die Ursachen zu erkennen – und vor allem, Strategien zu finden, um den Funken neu zu entzünden.

URSACHEN FÜR DEN VERLUST VON BEGEISTERUNG ERKENNEN

Der erste Schritt, um Begeisterung zurückzugewinnen, ist zu verstehen, warum man sie verloren hat. Es gibt viele mögliche Gründe, doch oft lassen sie sich auf einige häufige Ursachen zurückführen:

- **Monotone Routine** – Immer das Gleiche tun, ohne neue Impulse, macht den Alltag vorhersehbar und langweilig.
- **Fehlende sichtbare Fortschritte** – Wenn wir viel arbeiten und keine Ergebnisse sehen, schwindet die Motivation.
- **Mentale und körperliche Erschöpfung** – Burnout ist eine der Hauptursachen für Apathie und Desinteresse.
- **Kein klares Ziel** – Ohne eine klare Richtung scheint alles bedeutungslos.

Praxisbeispiel: *Ich habe festgestellt: Immer wenn ich meine Begeisterung verlor, lag das an einem dieser Faktoren. Vielleicht war ich zu sehr auf Probleme fokussiert, statt auf Lösungen – oder ich hatte meine Grenzen überschritten, ohne mir Zeit zur Erholung zu gönnen.*

Praktische Übung: Nehme dir 10 Minuten Zeit, um zu reflektieren und schreibe auf, was mögliche Ursachen für deinen Motivationsverlust sein könnten.

DIE LEIDENSCHAFT DURCH KLEINE DINGE NEU ENTFACHEN

Oft suchen wir nach radikalen Lösungen, um unsere Motivation zurückzugewinnen – dabei genügt es manchmal, bei den kleinen Dingen anzufangen. Schon eine kleine Veränderung kann einen großen Unterschied machen.

Strategien, um die Leidenschaft neu zu entfachen:

- **Etwas Neues ausprobieren** – Selbst kleine Abweichungen von der täglichen Routine können neue Perspektiven bringen.
- **Zeit für Dinge nehmen, die dich glücklich machen** – Alte Hobbys und Leidenschaften wiederzuentdecken, lädt deine mentale Energie auf.
- **Die Arbeit interessanter gestalten** – Neue Herausforderungen oder ein geänderter Ansatz können wieder Begeisterung wecken.

Praxisbeispiel: *Ich erinnere mich an eine Phase, in der alles stagnierte. Meine Lösung? Ich nahm mir jeden Tag mindestens eine Stunde Zeit für etwas, das mich wirklich begeistert – ohne Leistungsdruck. Schritt für Schritt kam das Feuer zurück.*

Praktische Übung: Erstelle eine Liste mit fünf Aktivitäten, die dir Freude bereiten, und integriere mindestens eine davon in deine Woche.

MOTIVIERENDE UND ERREICHBARE ZIELE SETZEN

Begeisterung entsteht, wenn wir ein klares Ziel haben, das uns zum Handeln anregt. Ist ein Ziel jedoch zu vage oder zu weit entfernt, erzeugt es eher Frust als Energie.
Wie setzt du Ziele, die Begeisterung auslösen?

- **Wähl Ziele, die dich wirklich interessieren** – Sie sollen nicht nur notwendig, sondern auch reizvoll sein.
- **Zerleg sie in konkrete Schritte** – Jeder erreichte Meilenstein gibt neue Motivation.
- **Verfolg deine Fortschritte** – Auch kleine Erfolge halten den Antrieb aufrecht.

Praxisbeispiel: *Wenn ich ein neues Projekt starte, sage ich nicht einfach: ‚Ich will, dass es durchstartet.' Stattdessen plane ich: erst Marktforschung, dann eine Idee testen, dann validieren. Jeder Teilerfolg motiviert mich, weiterzumachen.*

Praktische Übung: Schreibe ein für dich wichtiges Ziel auf und teile es in drei konkrete, machbare Schritte auf.

BEGEISTERUNG DURCH INSPIRATION ZURÜCKGEWINNEN

Begeisterung kommt nicht immer von innen – sie braucht oft Impulse von außen. Inspiration zu finden, ist entscheidend, um die Motivation hoch zu halten.

Wo findest du Inspiration?

- **Erfolgsgeschichten lesen** – Zu sehen, dass andere schwierige Phasen überwunden haben, gibt eine neue Sichtweise.
- **Dich mit leidenschaftlichen Menschen umgeben** – Ihre Energie ist ansteckend.
- **Podcasts hören oder motivierende Videos schauen** – Manchmal reicht ein Satz zur richtigen Zeit, um alles zu verändern.

Praxisbeispiel: *Wenn ich mich blockiert fühle, lese ich täglich 15 Minuten in einem Buch über persönliche Entwicklung oder sehe mir ein inspirierendes Video an. Es wirkt jedes Mal.*

Praktische Übung: Finde eine Inspirationsquelle, die dich motiviert, und widme ihr täglich mindestens 10 Minuten.

EIN UMFELD SCHAFFEN, DAS BEGEISTERUNG FÖRDERT

Unser Wohn- und Arbeitsumfeld beeinflusst unser Wohlbefinden maßgeblich. Wenn es chaotisch, bedrückend oder reizlos ist, wird es schwer, Begeisterung zu spüren.

So optimierst du dein Umfeld:

- **Gestalte deinen Arbeitsplatz ansprechend** – Ein angenehmes Umfeld wirkt sich positiv auf deine Stimmung aus.
- **Meide negative Menschen** – Negativität ist ansteckend – besser Zeit mit Menschen verbringen, die dich motivieren.
- **Organisier deine Zeit strategisch** – Überlaste dich nicht. Plane Raum für Aktivitäten ein, die dich aufladen.

Praktische Übung: Überlege dir drei Veränderungen, die du an deinem Umfeld vornehmen kannst, um es inspirierender zu gestalten.

SOFORT HANDELN, UM AUS DER BLOCKADE HERAUSZUKOMMEN

Das wahre Geheimnis, Begeisterung zurückzugewinnen, liegt im Handeln. Selbst der kleinste Schritt schafft Bewegung und weckt Motivation.

Strategien, um ins Tun zu kommen:

- **Beginn mit etwas Einfachem** – Ein kleiner Schritt ist besser als gar keiner.
- **Plan deine nächsten Tage** – Ein klarer Plan hilft, den Fokus zu behalten.
- **Belohn dich für Fortschritte** – Auch kleine Erfolge verdienen Anerkennung.

Praxisbeispiel: *Immer wenn ich blockiert bin, frage ich mich: Was ist die kleinste, einfachste Handlung, die ich heute tun kann, um wieder in Gang zu kommen? Und es funktioniert jedes Mal.*

Praktische Übung: Schreibe heute eine kleine Aktion auf, mit der du deine Begeisterung neu entfachen kannst.

Begeisterung ist nichts, das man für immer verliert. Sie ist eine Flamme, die durch kleine Schritte, neue Gewohnheiten und Inspirationen neu entfacht werden kann.

Merke dir: Warte nicht, bis du begeistert bist, um zu handeln. Handle – und die Begeisterung wird zurückkehren.

AUF DER SUCHE NACH NEUER INSPIRATION

Motivationsverlust entsteht oft durch Monotonie, fehlende Reize oder das Gefühl, in Routinen gefangen zu sein. Um Kreativität und Tatendrang neu zu entfachen, braucht es frische Inspiration. Sie kommt nicht von selbst – du musst sie aktiv suchen und deinen Geist mit neuen Ideen, Erfahrungen und Perspektiven füttern.

Inspiration zu finden bedeutet, den eigenen Horizont zu erweitern, sich selbst herauszufordern und neue Reize an unerwarteten Orten zu suchen.

DEN HORIZONT DURCH NEUE ERFAHRUNGEN ERWEITERN

Um mentale Stagnation zu überwinden, musst du Routinen durchbrechen und neue Aktivitäten ausprobieren. Inspiration entsteht oft durch den Kontakt mit ungewohnten Situationen, die dich zwingen, Dinge anders zu sehen.

Wege, neue Erfahrungen zu sammeln:

- **Reise – auch in die nähere Umgebung** – Ein Ortswechsel stimuliert die Kreativität und bringt neue Ideen.
- **Besuch Events und Konferenzen** – Inspirierende Redner:innen öffnen deinen Geist für neue Möglichkeiten.
- **Beweg dich in neuen Umfeldern** – Andere Communities, Branchen oder Disziplinen bereichern deine Denkweise.

Praxisbeispiel: *Wenn ich mich in meiner Arbeit festgefahren fühle, besuche ich eine Veranstaltung in einer ganz anderen Branche, um neue Ideen und Kontakte zu gewinnen.*

Praktische Übung: Suche dir eine Veranstaltung oder Aktivität außerhalb deiner Komfortzone und nimm innerhalb der nächsten 30 Tage aktiv daran teil.

INSPIRATION AUS DEN GESCHICHTEN ANDERER SCHÖPFEN

Eine der kraftvollsten Inspirationsquellen sind die Geschichten von Menschen, die Herausforderungen gemeistert haben. Erfolgs- und Resilienzgeschichten erinnern uns daran, dass Schwierigkeiten Teil des Weges sind – und Wandel möglich ist.

Wo findest du inspirierende Geschichten?

- **Biografien erfolgreicher Menschen lesen** – Ihr Weg kann dir neue Ideen geben, wie du deine Herausforderungen angehst.
- **Dokumentationen und Interviews ansehen** – Die Worte jener, die Krisen überwunden haben, wirken motivierend.
- **Mit Mentor:innen oder Vorbildern sprechen** – Der direkte Austausch mit Erfahreneren hilft, Klarheit zu gewinnen.

Praxisbeispiel: *Wenn ich eine schwierige Phase im Business erlebe, lese ich die Biografie eines/einer Unternehmers/Unternehmerin, der/die ähnliche Hürden überwunden hat.*

Praktische Übung: Finde eine Biografie, Doku oder ein Interview einer inspirierenden Person und notiere mindestens drei Lektionen, die du auf dein Leben anwenden kannst.

KONTINUIERLICHES LERNEN ALS INSPIRATIONSQUELLE

Persönliches und berufliches Wachstum ist eng mit Lernen verbunden. Wenn wir etwas Neues lernen, erweitern wir unseren Geist – und öffnen uns für neue Chancen.

So integrierst du Lernen in deinen Alltag:

- **Meld dich zu Online- oder Präsenzkursen an** – Schon eine Stunde pro Woche zu einem neuen Thema macht einen Unterschied.
- **Lies Bücher über Themen, die deine Neugier wecken** – Nicht nur beruflich, sondern auch aus Freude am Entdecken.
- **Besuch praxisorientierte Workshops** – Aktives Lernen regt das Gehirn stärker an als passives.

Praxisbeispiel: *Wenn ich merke, dass mir die Leidenschaft für meinen Beruf fehlt, melde ich mich zu einem Fortbildungskurs an – neue Kompetenzen bringen neue Motivation.*

Praktische Übung: Wähle ein neues Thema, das dich interessiert, und widme ihm wöchentlich 30 Minuten durch Bücher, Kurse oder Lernvideos.

DIE KRAFT NEUER VERBINDUNGEN

Manchmal kommt neue Inspiration durch die Menschen, die wir treffen. Wenn du dein Netzwerk erweiterst und dich mit Menschen austauschst, die andere Sichtweisen haben, kann das deinen Horizont erweitern und dir neue Perspektiven eröffnen.

So baust du inspirierende Verbindungen auf:

- **Nimm an Networking-Events oder Branchengruppen teil** – Der Kontakt mit Gleichgesinnten fördert Kreativität und Austausch.
- **Find eine:n Mentor:in – oder werde selbst eine:r** – Lehren und Lernen bringen neue Impulse.
- **Schließ dich Diskussionsgruppen oder Masterminds an** – Der regelmäßige Austausch mit anderen hält die Motivation hoch.

Praxisbeispiel: *Wenn ich im Job demotiviert bin, suche ich gezielt den Austausch mit anderen Profis, um Ideen und neue Energie zu bekommen.*

Praktische Übung: Identifiziere eine Person, mit der du dich gerne vernetzen würdest, und schicke ihr eine Nachricht, um ein Gespräch zu beginnen.

KREATIVITÄT DURCH NEUE SINNESEINDRÜCKE ANREGEN

Inspiration entsteht nicht nur durch Wissen, sondern auch durch sinnliche Erfahrungen und kreative Ausdrucksformen.

Wie du Kreativität und Inspiration förderst:

- **Hör inspirierende Musik** – Klänge beeinflussen Stimmung und Produktivität.
- **Erkunde verschiedene Kunstformen** – Fotografie, Malerei, Theater oder andere kreative Aktivitäten eröffnen neue Blickwinkel.
- **Veränder dein Umfeld** – Schon das Umstellen von Möbeln oder Arbeiten an einem anderen Ort kann neue Energie freisetzen.

Praxisbeispiel: *Wenn ich gedanklich blockiert bin, mache ich einen Spaziergang durch ein Museum oder die Natur – das verändert meine Perspektive sofort.*

Praktische Übung: Probiere diese Woche eine kreative Tätigkeit aus, die du noch nie gemacht hast – und nehme dir dafür mindestens eine Stunde Zeit.

Inspiration kommt nicht zufällig – du musst sie aktiv suchen.
Offenheit für neue Erfahrungen, kontinuierliches Lernen, inspirierende Kontakte und gelebte Kreativität sind Schlüsselfaktoren, um neue Energie, Begeisterung und Ideen zu gewinnen.

Merke dir: Je mehr du die Welt um dich herum erkundest, desto mehr Chancen hast du, die Inspiration zu finden, die du brauchst, um deine Ziele zu erreichen.

NEUSTART: SCHWUNG UND SELBSTVERTRAUEN ZURÜCKGEWINNEN

Manchmal fühlen wir uns blockiert, ohne Energie und Antrieb. Doch ein Neustart muss nicht bedeuten, alles radikal zu verändern – oft reichen kleine, gezielte Veränderungen, um das Vertrauen in uns selbst und die Lust auf Handlung zurückzubringen.

Ein persönlicher Neustart ist kein oberflächlicher Impuls oder kurzfristiger Motivationsschub – sondern ein innerer und äußerer Erneuerungsprozess, der uns neue Kraft, Klarheit und Entschlossenheit verleiht.

DIE WIRKUNG ÄUSSERLICHER VERÄNDERUNGEN AUF DAS SELBSTBEWUSSTSEIN

Unser Erscheinungsbild beeinflusst direkt, wie wir uns selbst wahrnehmen – und wie wir der Welt begegnen. Wenn wir uns äußerlich wohlfühlen, stärkt das unser Selbstbewusstsein und unsere Ausstrahlung.

Wie kleine Veränderungen Großes bewirken können:

- **Frisch deinen Look auf** – Ein neues Accessoire oder ein Haarschnitt können dir neuen Schwung geben.
- **Achte auf Haltung und Körpersprache** – Aufrecht stehen und selbstbewusst auftreten verändert nicht nur die Außenwirkung, sondern auch dein inneres Gefühl.
- **Entrümple deinen Kleiderschrank** – Trenne dich von dem, was nicht mehr zu dir passt, und investiere in Kleidung, die dich stärkt.

Praxisbeispiel: *Wenn ich eine Veränderung brauche, beginne ich damit, mich bewusst so zu kleiden, dass ich mich stark und bereit für neue Herausforderungen fühle.*

Praktische Übung: Wähle heute eine kleine äußere Veränderung, die dir hilft, dich wohler mit dir selbst zu fühlen – und setze sie sofort um.

INITIATIVE ERGREIFEN BEI DEM, WAS DU LANGE AUFGESCHOBEN HAST

Oft fühlen wir uns ausgelaugt, weil wir zu viele Projekte oder Träume unerfüllt gelassen haben. Ständiges Aufschieben führt zu Frust und innerer Unruhe. Stattdessen kann das Anfangen eines lange aufgeschobenen Vorhabens neue Energie und Motivation freisetzen.

So nutzt du die Kraft des Handelns für deinen Neustart:

- **Wähl ein Projekt, das du immer wieder verschoben hast** – Auch wenn es klein ist, sollte es für dich bedeutsam sein.
- **Mach den ersten Schritt – so klein er auch sein mag** – Du musst nicht alles planen, beginne einfach.
- **Genieß den Prozess** – Es geht nicht nur um das Ziel, sondern auch um die Freude am Fortschritt.

Praxisbeispiel: *Ich wollte schon immer eine neue Sprache lernen. Statt es weiter aufzuschieben, starte ich heute mit einer kurzen Online-Lektion – und plötzlich bin ich wieder motiviert.*

Praktische Übung: Notiere ein Ziel, das du lange aufgeschoben hast, und bestimme eine kleine Handlung, mit der du heute damit anfangen kannst.

DIE EIGENE IDENTITÄT UND DAS PERSÖNLICHE ZIEL NEU DEFINIEREN

Manchmal bedeutet ein echter Neustart, sich selbst neu zu entdecken – wer wir wirklich sind und was wir wirklich wollen. Das erfordert einen Schritt zurück, um über unsere Werte, Leidenschaften und das nachzudenken, was uns wirklich erfüllt.

Wie du deine Identität neu definierst:

- **Überleg, was dich wirklich begeistert** – Was lässt dich lebendig und motiviert fühlen?
- **Analysier vergangene Erfahrungen** – Bei welchen Aktivitäten hast du dich wirklich zufrieden und erfüllt gefühlt?
- **Verfass ein persönliches Leitbild** – Definiere, wer du sein möchtest und welche Schritte dich deiner besten Version näherbringen.

Praxisbeispiel: *Wenn ich mich verloren fühle, schreibe ich ein persönli-*

ches Statement über das, was ich in den nächsten sechs Monaten erreichen will – und nutze es als Kompass.

Praktische Übung: Formuliere einen Satz, der beschreibt, wer du in den nächsten Monaten werden willst – und was du tun kannst, um dieser Person näherzukommen.

BEZIEHUNGEN ERNEUERN, UM NEUE ENERGIE ZU FINDEN

Die Menschen um uns herum haben einen enormen Einfluss auf unsere Energie und Motivation. Ein Neustart bedeutet oft auch, soziale Verbindungen zu überdenken und sich von dem zu lösen, was uns zurückhält.

So stärkst du deine Beziehungen:

- **Suche den Kontakt zu inspirierenden Menschen** – Besuche Events, trete Gruppen bei oder erweitere dein Netzwerk.
- **Reduzier den Kontakt zu negativen Menschen** – Wenn jemand dir Energie raubt, überlege, wie du dich abgrenzen kannst.
- **Belebe alte Kontakte neu** – Ein Gespräch mit jemandem, der dich früher inspiriert hat, kann den Funken neu entfachen.

Praxisbeispiel: *Wenn ich neue Energie brauche, suche ich gezielt den Austausch mit Menschen, die ähnliche Interessen haben und neue Ideen einbringen.*

Praktische Übung: Kontaktiere eine Person, die dich früher inspiriert hat, und vereinbare ein Gespräch oder Treffen, um Ideen auszutauschen.

Ein Neustart muss nicht radikal sein – kleine Veränderungen können dich stärker, motivierter und selbstsicherer machen.

Merke dir: Jede große Veränderung beginnt mit einem ersten Schritt. Der richtige Moment für deinen Neustart ist jetzt.

HINDERNISSE IN CHANCEN VERWANDELN

Es gibt Momente im Leben, in denen Hindernisse unüberwindbar erscheinen, in denen alles gegen uns zu laufen scheint.

Ich selbst habe Situationen erlebt, in denen ich dachte, alles verloren zu haben – in denen Scheitern das einzig greifbare Ergebnis war. Und doch habe ich jedes Mal gelernt, dass hinter jeder Schwierigkeit eine Chance verborgen liegt, die ich vorher nicht gesehen hatte.

EINE RESILIENTE DENKWEISE ENTWICKELN

Resilienz ist kein Modewort, sondern ein echtes Überlebenswerkzeug – im Business wie im Leben. Resilient zu sein bedeutet, zu akzeptieren, dass Herausforderungen zum Weg gehören, aber auch, zu verstehen, dass wir selbst entscheiden, wie wir damit umgehen.

So stärkst du deine Resilienz:

- **Akzeptier Schwierigkeiten als Teil des Weges.** Wenn du erwartest, dass immer alles reibungslos läuft, erscheint jedes Problem wie eine Katastrophe. Wer Hindernisse als normal ansieht, erkennt darin Chancen zum Wachsen.
- **Fokussier dich auf Lösungen.** In schwierigen Momenten frage ich mich: „Welche Optionen habe ich? Wie kann ich diese Hürde überwinden?" Die Suche nach Lösungen verändert alles.
- **Sei flexibel.** Der Weg zum Erfolg ist selten geradlinig. Ich musste oft meine Richtung ändern – und fand dabei neue, ungeahnte Möglichkeiten.

Praktische Übung: Denke an eine aktuelle Herausforderung und schreibe drei Wege auf, wie du sie in eine Chance verwandeln könntest.

PERSPEKTIVWECHSEL: VOM HINDERNIS ZUR MÖGLICHKEIT

Oft ist ein Problem nur eine Frage der Perspektive. Was heute wie eine Niederlage aussieht, kann sich morgen als Wendepunkt deines Lebens entpuppen.
   So änderst du deine Perspektive:

- **Such nach der verborgenen Lektion.** Aus meinen Misserfolgen habe ich mehr gelernt als aus meinen Erfolgen.
- **Find die Chance hinter der Schwierigkeit.** Ich habe einmal einen großen Kunden verloren. Erst war ich enttäuscht, dann erkannte ich: Ich habe jetzt Raum für ein viel größeres Projekt.
- **Ersetz negatives Denken durch strategisches Denken.** Frag nicht: „Warum passiert mir das?" – sondern: „Wie kann ich diese Erfahrung nutzen, um besser zu werden?"

Praktische Übung: Nehme ein aktuelles Problem und notiere mindestens eine positive Möglichkeit, die sich daraus ergeben könnte.

SCHEITERN ALS WACHSTUMSHEBEL NUTZEN

Scheitern ist nicht das Ende, sondern ein notwendiger Schritt auf dem Weg zum Erfolg. Wer nie gescheitert ist, hat nie etwas wirklich gewagt.
   So machst du Scheitern zu deinem Vorteil:

- **Analysier, was schiefgelaufen ist.** Ohne Selbstmitleid, aber mit kritischem Blick.
- **Denk in Experimenten.** Jede Erfahrung ist ein Test, jeder Fehler Feedback.
- **Starte neu – mit mehr Klarheit.** Nutze das Gelernte, um deine Strategie zu verfeinern.

Praktische Übung: Notiere drei Dinge, die du aus einem kürzlich erlebten Scheitern gelernt hast – und wie du sie künftig anwenden willst.

HERAUSFORDERUNGEN ALS TREIBER FÜR INNOVATION

Die größten Innovationen entstehen aus Problemen. Wenn wir Hindernisse als Anstoß zur Verbesserung sehen, können wir sie in Wettbewerbsvorteile verwandeln.

So nutzt du Schwierigkeiten als Innovationsquelle:

- **Denk außerhalb des Gewohnten.** Wenn etwas nicht funktioniert, probiere etwas Neues.
- **Beobachte andere – und finde deine eigene Stärke.**
- **Sei experimentierfreudig.** Warte nicht auf die perfekte Lösung – starte und optimiere unterwegs.

Praktische Übung: Wähle ein aktuelles Problem und entwickle eine kreative Idee, um es zu lösen.

ENTSCHLOSSENHEIT DURCH SCHWIERIGKEITEN STÄRKEN

Hindernisse testen unsere Entschlossenheit. Aber wer durchhält, verwandelt selbst große Herausforderungen in Sprungbretter zum Erfolg.

So stärkst du deine Entschlossenheit:

- **Halt an deinen Zielen fest – aber bleib flexibel im Weg.**
- **Bau ein unterstützendes Netzwerk auf.** Menschen, die an dich glauben, geben dir Kraft.
- **Erinner dich an dein „Warum".** Wenn alles schwer erscheint, besinne dich auf deine tieferen Beweggründe.

Praktische Übung: Schreibe dein „Warum" auf – die innere Motivation, die dich angetrieben hat – und lies es immer dann, wenn du vor einem Hindernis stehst.

Hindernisse sind keine Barrieren, sondern verkleidete Chancen. Wenn wir lernen, unsere Perspektive zu ändern, Schwierigkeiten als Entwicklungsmöglichkeiten zu sehen und in harten Zeiten durchzuhalten, können wir jede Herausforderung in einen Vorteil verwandeln.

Merke dir: Frage dich nicht, ob du das Hindernis überwinden wirst – sondern, wie du es in deine größte Chance verwandelst.

DIE KRAFT BEWUSSTER VERÄNDERUNG

Routine gibt Sicherheit – kann aber auch zur unsichtbaren Falle werden. Wenn sich unsere Tage gleich anfühlen und es an neuen Impulsen fehlt, schwindet oft Begeisterung, Neugier und der Wille zur Weiterentwicklung. Dann braucht es neue Reize, das Durchbrechen alter Muster – und die Rückkehr zur Freude am Entdecken.

Du musst nicht dein ganzes Leben umkrempeln – doch kleine, neue Erfahrungen können neue Energie schenken und den Blick auf die Welt verändern.

Routine schleicht sich oft unbewusst ein. Es ist bequem und sicher, jeden Tag dasselbe zu tun – aber diese Wiederholung führt oft zu Langeweile und Stillstand. Wer sich wirklich verändern will, muss erkennen, wo Gewohnheiten das Wachstum blockieren.

Woran du erkennst, dass du Veränderung brauchst:

- Du fühlst dich oft gelangweilt oder unmotiviert – ohne konkreten Grund.
- Deine Tage vergehen ohne inspirierende oder besondere Momente.
- Du vermeidest neue Erfahrungen – aus Angst oder Bequemlichkeit.

Praxisbeispiel: *Wenn ich merke, dass jeder Tag dem vorherigen gleicht,* *fange ich an, kleine Neuerungen einzuführen – wie ein neues Hobby oder eine andere Morgenroutine.*

Praktische Übung: Notiere drei Aspekte deines Lebens, die monoton geworden sind – und überlege, wie du sie spannender gestalten kannst.

MIT KLEINEN VERÄNDERUNGEN DER MONOTONIE ENTKOMMEN

Du musst dein Leben nicht von heute auf morgen umkrempeln. Veränderung beginnt oft mit kleinen, alltäglichen Gesten, die den Automatismus der Routine durchbrechen.

Einfache Wege, um deinem Alltag mehr Abwechslung zu verleihen:

- **Fahr einen anderen Arbeitsweg** – Du wirst neue Details entdecken und die Monotonie durchbrechen.
- **Veränder deine Morgenroutine** – Stehe früher auf, probiere eine neue Aktivität aus oder ändere die Reihenfolge deiner Gewohnheiten.
- **Wähl jede Woche eine neue Aktivität** – Ob Kochen oder ein neues Buchgenre, jede Neuheit stimuliert den Geist.

Praxisbeispiel: *Wenn ich jeden Morgen gleich starte, kann ich eine neue Gewohnheit einbauen – zum Beispiel ein positiver Gedanke oder ein kurzer Spaziergang.*

Praktische Übung: Wähle eine Gewohnheit, die du in deiner täglichen Routine verändern kannst, und probiere es eine Woche lang aus.

DIE KOMFORTZONE VERLASSEN UND UNSICHERHEIT ANNEHMEN

Wirklicher Wandel geschieht, wenn wir uns über das hinauswagen, was wir kennen. Die Komfortzone zu verlassen heißt, neue Erfah-

rungen zuzulassen – ohne Angst vor dem Scheitern – und Unsicherheit als Teil persönlicher Entwicklung zu akzeptieren.
So verlässt du deine Komfortzone:

- **Nimm neue Herausforderungen ohne Angst an** – Jeder Fehler ist eine Chance, zu lernen.
- **Sag „Ja" zu unerwarteten Erlebnissen** – Nimm Einladungen an, probiere Dinge, die du sonst vermeiden würdest.
- **Mach etwas, das dir Angst, dich aber auch neugierig macht** – Kleine Überwindungen stärken dein Selbstvertrauen.

Praxisbeispiel: *Wenn ich bisher aus Angst nie öffentlich gesprochen habe, kann ich mit einem kurzen Beitrag vor einer kleinen Gruppe anfangen.*

Praktische Übung: Identifiziere eine Erfahrung, die du aus Angst vermieden hast, und plane in den nächsten Tagen einen Weg, sie anzugehen.

DEN EIGENEN HORIZONT DURCH NEUE ERFAHRUNGEN ERWEITERN

Neue Erfahrungen eröffnen neue Sichtweisen auf die Welt. Sie helfen dir, versteckte Talente und Leidenschaften zu entdecken. Unbekannte Umfelder, Kulturen und Disziplinen fördern geistige Offenheit und bereichern deinen Blickwinkel.
So kannst du deine Perspektiven erweitern:

- **Reise – auch ohne große Entfernung** – Neue Orte, selbst in deiner Nähe, eröffnen neue Eindrücke.
- **Treff Menschen mit anderen Interessen** – Der Austausch mit Andersdenkenden bringt frischen Input.
- **Vertief Themen, die du nicht kennst** – Durch Bücher, Kurse oder Gespräche mit Expert:innen in fremden Bereichen lernst du Neues kennen.

Praxisbeispiel: *Wenn ich immer nur ein bestimmtes Genre lese, kann ich* *mir bewusst ein ganz anderes Thema vornehmen, um neue Ideen zu bekommen.*

Praktische Übung: Wähle eine Aktivität, ein Buch oder ein Erlebnis außerhalb deiner gewohnten Interessen und beschäftige dich diese Woche damit.

ZEIT FÜR REFLEXION UND REGENERATION SCHAFFEN

Um Motivation und Energie hoch zu halten, brauchst du Momente nur für dich – zum Auftanken und Nachdenken über deine Fortschritte.
Aktivitäten, um Körper und Geist zu regenerieren:

- **Meditation oder Achtsamkeit** – Schon wenige Minuten täglich reduzieren Stress und verbessern die Konzentration.
- **Spaziergänge in der Natur** – Eine Umgebung außerhalb des Alltags hilft, den Kopf freizubekommen.
- **Digitale Auszeiten** – Handy und soziale Medien bewusst ausschalten, um wieder zu dir selbst zu finden.

Praxisbeispiel: *Wenn mich die Hektik des Alltags überfordert, nehme ich mir täglich 15 Minuten nur für mich – ganz ohne Ablenkung.*

Praktische Übung: Plane einen festen Moment am Tag ein, an dem du dich entspannst und reflektierst – ohne äußere Reize.

Jeder kleine Schritt aus der Komfortzone bringt dich einer erfüllteren und lebendigeren Lebensweise näher.

Merke dir: Routinen aufzugeben heißt nicht, dein Leben komplett zu verändern – sondern neue Impulse zuzulassen, die frische Energie und positive Dynamik bringen.

ZUSAMMENFASSUNG

Sich selbst neu zu erfinden, Motivation und Lebensfreude wiederzufinden, erfordert Engagement und Durchhaltevermögen. Der Weg ist selten geradlinig, doch mit Entschlossenheit und den richtigen Strategien kannst du Negativität überwinden, Inspiration finden und dich selbst neu antreiben.

Denke immer daran: Du bist der/die Regisseur:in deines Lebens – du hast die Kraft, deinen eigenen Erfolg zu gestalten. Begegne jedem Tag mit Positivität, Dankbarkeit und Offenheit – und lasse dich von deiner Begeisterung auf deinem Weg zu Erfolg und persönlicher Erfüllung leiten.

SCHLUSSWORT

Alles, was ich auf diesen Seiten mit dir geteilt habe – jede Lektion, jeder Fehler und jeder Sieg – ist das Ergebnis meiner eigenen Erfahrung. Ich hoffe, dass es dir auf deinem Weg helfen kann. Jedes überwundene Hindernis ist ein Schritt nach vorne – eine Gelegenheit zu wachsen, zu lernen und besser zu werden. Wenn es eine Sache gibt, die du dir nach der Lektüre dieses Buches merken solltest, dann ist es diese: Erfolg ist keine Frage von Geld oder genialen Ideen, sondern von Mindset, Handlung und Ausdauer.

Öffne deinen Geist, hinterfrage die Regeln, die dir beigebracht wurden, und fange an, dein eigenes Business, deine Zukunft – nach deinen Bedingungen – aufzubauen. Und vor allem: Warte nicht auf den perfekten Moment … denn der perfekte Moment ist jetzt.

Wenn du denkst, du bist zu jung, um ein Projekt zu starten, lass mich dir eines sagen: Es gibt kein „richtiges Alter" für den Anfang. Und wenn du meinst, du wärst schon zu alt, dann bedenke: Viele Unternehmer:innen haben ihren Weg erst nach 40, 50 oder sogar 60 Jahren gefunden.

Ray Kroc war 52, als er McDonald's in einen Weltkonzern verwandelte. Colonel Sanders gründete KFC mit 65. Sam Walton startete

Walmart mit 44. Vera Wang begann ihre Designerkarriere mit 40 und Arianna Huffington gründete den Huffington Post mit 55.

Auf der anderen Seite gibt es junge Menschen, die schon vor ihrem 20. Lebensjahr Erfolg hatten – einfach, weil sie nie an die Ausrede *„Ich bin noch nicht bereit"* geglaubt haben. Die Zeit vergeht sowieso – egal, ob du etwas tust oder nicht. Und die Wahrheit ist: Wenn du heute nicht anfängst, wirst du es wahrscheinlich nie tun.

Es spielt keine Rolle, wo du startest – wichtig ist, dass du startest.

Die Welt ist voller Möglichkeiten – aber keine wird von selbst an deine Tür klopfen. Wenn da eine Idee in deinem Kopf schwirrt, hör auf, nur darüber nachzudenken – mach den ersten Schritt.

Erfolg gehört denen, die handeln, nicht denen, die aufschieben.

**Es ist kein unerreichbarer Traum:
Es liegt an dir, ihn Wirklichkeit werden zu lassen!**

www.ingramcontent.com/pod-product-compliance
Lightning Source LLC
Chambersburg PA
CBHW051604010526
44119CB00056B/780